彭建兵　等著

布依族传统文化与区域社会融合发展研究

中国社会科学出版社

图书在版编目（CIP）数据

布依族传统文化与区域社会融合发展研究/彭建兵等著 . —北京：
中国社会科学出版社，2021. 9

ISBN 978 – 7 – 5203 – 8794 – 1

Ⅰ. ①布… Ⅱ. ①彭… Ⅲ. ①布依族—民族文化—研究—中国
Ⅳ. ①K286. 8

中国版本图书馆 CIP 数据核字（2021）第 147067 号

出 版 人	赵剑英
责任编辑	孙　萍
责任校对	李　莉
责任印制	王　超

出　　版	中国社会科学出版社
社　　址	北京鼓楼西大街甲 158 号
邮　　编	100720
网　　址	http://www.csspw.cn
发 行 部	010 – 84083685
门 市 部	010 – 84029450
经　　销	新华书店及其他书店

印　　刷	北京君升印刷有限公司
装　　订	廊坊市广阳区广增装订厂
版　　次	2021 年 9 月第 1 版
印　　次	2021 年 9 月第 1 次印刷

开　　本	710 × 1000　1/16
印　　张	16. 5
插　　页	2
字　　数	266 千字
定　　价	88. 00 元

凡购买中国社会科学出版社图书，如有质量问题请与本社营销中心联系调换
电话:010 – 84083683

序

由彭建兵教授领衔的兴义民族师范学院硕士学位授权单位立项建设重点学科项目成果《布依族传统文化与区域社会融合发展研究》书稿即将出版。因为我是布依族，曾经作过布依族的一些研究，做过贵州省布依学会秘书长；又因为我是做民族学的教学与研究的学者，曾经做过贵州省民族研究会副会长、中国西南民族研究学会副会长、中国民族学学会副会长。所以，2020年春节期间，建兵教授给我电话，嘱我为之作序。其恳切之态度，令我不能拒绝，于是我答应了。

学术界一般认为，布依族的起源可以追溯到中国古代越人集团。根据出土文物考证，在新石器时期，已经有古越人活动于云贵高原，创造了灿烂的石钺文化和青铜文化，是开发云贵高原最早的先民之一。布依族分布特点是"大分散、小聚居"，居住环境依山傍水，传统农业以水稻耕作为主，素有"稻作民族"之称。布依族在长期生产生活劳作中，以其独有的方式存在、传承和发展着。

《布依族传统文化与区域社会融合发展研究》旨在讨论布依族传统文化如何与当代区域社会融合发展。以布依戏、酒文化、民居、节日为重点研究对象，兼及布依族乡村文化、石文化和册亨转场舞等其他传统文化，对布依族优秀传统文化所蕴含的历史文化内涵、经济社会价值等方面进行了较为深入的分析、研究，为布依族优秀传统文化如何紧密结合精准扶贫、脱贫攻坚、乡村振兴战略、山地旅游发展等现实社会热点难点问题提出了相关的建议，同时为新时代中国特色社会主义背景下布依族优秀传统文化的保护、传承及发展提供相应的智慧支撑，以促进布依族聚居地区区域经济社会持续、快速、健康发展。

传统文化的全称大概是传统的文化（Traditional Culture），落脚在文化，对应于当代文化和外来文化而言。其内容当为历代存在过的种种物质的、制度的和精神的文化实体和文化意识。例如，民族的生产生活习俗、社会组织、婚姻家族、文学艺术、信仰观念之类；也就是通常所谓的文化遗产。这些文化遗产便是一个民族厚重的历史积淀，进而形成一种社会强制。人的社会属性使每一个人一生下来就处在某个社会群体中，成为该社会的一员，并浸沐在一定的文化氛围中，毫无选择余地地承袭这种文化，并又把这种文化传给后代，形成一种基因复制式的社会强制。在一个民族共同体中，每个社会成员正是在传承共同的民族文化中而成为这个民族的成员的。拒绝这种文化，将不为这个民族社会所接纳。

现代化是现代发生的社会和文化变迁的现象。在马克思主义创立之初，马克思、恩格斯就在《共产党宣言》《资本论》等重要经典著作中对现代化的过程作了系统和科学的批判性分析，作为马克思主义理论的重要命题之一，现代化分析成为学术研究的重要选题，产生诸多理论成果。学者认为：现代化可以理解为五个过程：（1）技术的发展；（2）农业的发展；农产品的商品化；（3）科技创新；（4）工业化、信息化；（5）城镇化。谢立中在考察众多理论观点之后，对现代、现代性、现代化等几个概念做出了辨析，指出现代化是实现"现代性"的过程①，其现代性的概念则认可吉登斯的界定，指的是某种特定的"社会生活或组织模式"②。

随着现代化的行进，每一个民族都要在现代化与传统文化之间寻找平衡，都要协调处理好现代化与民族传统文化的关系。一方面，现代化是每一个民族繁荣昌盛的必由之路，每一个民族都不应当拒绝现代化；另一方面，每一个繁荣昌盛的民族都是从自己优秀的传统文化中走出来的，正如大地上的植物一样，根深才能叶茂。丧失现代化将意味着丧失民族发展的动力和方向，丧失传统文化则意味着丧失民族的根性文化，而无本之木何言参天之树？这就要求我们在现代化建设过程中，认真研究民族文化的传

---

① 参见谢立中《"现代性"及其相关概念词义辨析》，《北京大学学报》（哲学社会科学版）2001 年第 5 期。

② 参见［英］安东尼·吉登斯《现代性的后果》，田禾译，译林出版社 2011 年版，第 1 页。

承问题。

我们的现代化建设正经历着一个全面发展的新时期，经济建设的成就举世瞩目。特别是在建立和发展社会主义市场经济的今天，商品经济向纵深发展，深入每一个山乡、村落，一个村落的人们生计方式的同一性正在发生深刻变革，由此引起的社会的发展变化是前所未有的。但同时也存在着一些亟待解决的问题，在整个社会的发展中有进一步健全和完善的必要。其一是，精神文明建设与物质文明建设还不够协调与同步，集中表现在优秀的民族文化遗产和现代先进的思想意识未能有机地融为一体，并纳入社会主义精神文明的建设体系，民族文化的发展出现断层的趋势。比如，道德文化及其价值体系，传统的体系已明显被冲破，而新的体系又没有建立起来，所以文化价值摇摆不定。其二是，与这种社会发展相对应，在各民族的社会发展中，片面强调经济开发和民族地区普遍的模式化发展，有意无意地使体现民族特征的传统文化丧失或被取代，造成了新的背景下民族意识强化，使民族关系中的某些潜在不稳定因素有所增长。其三是，对正受到全面冲击的传统文化没有相应的保护政策，也缺少鉴别、引导的社会机制，所以造成一方面是传统文化的精华、优秀部分正在丧失；而另一方面，借助所谓的文化"自然回归"，某些传统的糟粕、封建腐朽没落的东西趁机抬头，而且在某些地区还很有市场，与现代化的主旋律极不和谐，甚至就是"反现代化"的东西。这些问题的出现或者说失误的根源在于不重视传统文化，对其所具有的社会调适、整合功能认识不足。当然，我们也要反对另一种极端倾向，这就是在传统文化面前踌躇不前，把它视为一成不变的东西，唯恐其有丝毫的碰撞或改变，在现代化的进程中把民族传统作为一个包袱背在身上，步履艰难。这种错误的根源在于没有动态地认识人类的文化，把传统文化视为僵死不变的东西。实际上，文化是一个发展的概念，它既具有相对的稳定性，又会随环境的变化而变迁，它的选择机制将在这种变迁中吐故纳新，以显示其时代特征，而那种在传统文化面前抱残守缺、消极因循的态度和做法，不仅严重阻碍了现代化进程，而且也制约了新的文化养分的吸收，窒息了它自身的发展。

现代化应当是现代社会全方位的发展，应当是各民族经济文化的共同繁荣。在这一过程中，民族传统文化不仅不与现代化相矛盾，处理得好还会成为有益的补充和动力：一方面，作为优秀的文化遗产，传统文化可以纳入现代精神文明建设的有机体系，在新的条件下发挥作用；另一方面，传统文化还会以其所具有的民族向心力或内聚感对经济建设产生巨大的推动力，而这正是现代化建设中必不可少的精神要素或者说是"精神生产力"。

吉登斯认为：现代性由于变化速度极快，变迁范围极广，以及现代制度固有的特殊性，形成了一种区别于以往变化的断裂特征。① 这些断裂特征表现为：人们开始普遍面临信息缺失的困境，熟人社会逐渐变成陌生人社会，传统的社会调节机制开始失灵，快速发展的风险显著增加，而人们共同行动的可能在降低，风险社会成为现代社会的突出特点。因为现代化是实现现代性的过程，因此，在现代化的行进中，需要注意现代性的断裂特征。

事实上，传统文化与区域社会融合发展将有利于人们从熟人社会向陌生人社会过渡，减缓因为信息缺失和快速发展风险的忧虑，从而建立起族际信任，以消解现代性的断裂。

建兵的《布依族传统文化与区域社会融合发展研究》从布依戏、酒文化、传统民居、传统节日以及传统文化及其社会价值等方面讨论了如何融合发展问题，对于建兵提出的意见我是持肯定的意见。当然，这些显然还不能诠释布依族传统文化与区域社会融合发展的命题，因为，文化是人文化成，文化化人的事实，因此，需要从精神文化、制度文化、物质文化多个角度去讨论传统文化如何与区域社会融合发展，从传统走向现代，在现代化的行进中弘扬民族文化，在民族发展的过程中彰显现代性。期待建兵继续努力，当然也是民族学工作者的使命。

是以为序。

杨昌儒

2020 年 6 月 1 日写于花溪觉悟斋

---

① 参见［英］安东尼·吉登斯《现代性的后果》，田禾译，译林出版社 2011 年版，第 5—6 页。

目　　录

绪　　论

布依族传统文化是布依族自古以来在长期的历史发展过程中形成的、具有自身特色的民族文化。它主要包括语言文字、哲学思想、伦理道德、科技文化、生计方式、农耕文化、民间文学、节日文化、建筑文化、饮食文化、服饰文化、信仰文化、艺术文化、礼仪文化、婚姻文化、丧葬习俗、体育文化、医药文化、民间习惯法、家族文化等诸多方面，随着时代的变迁而不断重构，形成较为稳定而具有自身特点的少数民族生态文化系统。新时代背景下，布依族传统文化大都可成为民族民间文化遗产，在一定知识、技术等条件的作用下，可以转化为促进经济社会发展的文化资源。本书对布依族传统文化进行分析，从民族文化保护与传承发展相结合的角度，对布依族传统民居、节日、酒文化、布依戏等布依族传统文化遗产融合布依族聚居地区经济社会发展进行思考。

一　本书写作目的与意义

在长期的历史发展过程中形成的布依族传统文化在内容上丰富多样，在形式上精彩纷呈，具有浓厚的民族特色。布依族传统文化中的诸多因素不但反映了民族发展历史及文化习俗，而且表现了民族融合、民族团结等方面内容，价值颇高。对于布依族传统文化的保护与传承发展，是新时代背景下中国特色社会主义文化建设的迫切需要，是提振民族认同、文化自信，实现中国特色社会主义文化振兴的时代要求。

本书对布依族传统文化之传统民居、节日、酒文化、布依戏等开展重点研究，对其所蕴含的社会价值进行分析，旨在从经世致用的视角，将传统文化与现实应用有机结合起来，彰显其时代精神，探讨现实条件下布依族传统文化的保护与传承发展方面的问题，通过文旅结合形式，力图为民族文化资源进一步转化为民族特色文化产业提供智力支撑，从而以理论研究成果助力区域经济社会发展，促进新时代布依族地区经济、社会、文化等各方面事业更好更快发展。

二　主要研究内容及重点

布依族传统文化是中华传统文化的有机组成部分，特色鲜明，具有深刻的民族文化内涵。本书以布依族优秀传统文化之布依戏、酒文化、节日、民居为重点研究对象，兼及布依族乡村文化、石文化和册亨转场舞等其他传统文化，在长期田野调查的基础上，理论与实践相结合，充分考虑民族文化如何较好融合经济社会发展问题，对布依族传统文化所蕴含的历史文化内涵、经济社会价值等方面进行较为深入的分析、研究，为布依族传统文化如何紧密结合精准扶贫、脱贫攻坚、乡村振兴战略、山地旅游发展等现实社会热点难点问题提出可行性方案及合理化建议，同时为新时代背景下布依族传统文化的保护与传承发展提供相应的智慧支撑，以促进布依族聚居地区经济社会持续、快速、健康发展。

本书主要研究内容如下：

第一章，关于布依族传统文化及其社会价值体现的研究。布依族传统文化的内涵广泛。研究者在概括布依族传统文化的基础上，以布依族传统乡村文化、石文化和册亨转场舞等为个案，从不同的角度，结合乡村振兴战略、山地旅游发展、民族文化遗产的保护与传承发展等社会现实问题，有选择性地对不同形态的布依族传统文化如何融入布依族地区社会发展进行了充分思考，意在发掘布依族传统文化所蕴含的社会价值，以助力区域经济社会持续、快速、健康发展。

第二章，关于布依族传统民居保护与开发研究。传统民居是人类生存与发展的基础。布依族传统民居干栏式建筑、石板房、石木结构青瓦房具有鲜明的民族特色，是可开发的文化资源。研究者从布依族传统民居历史文化内涵的角度入手，紧密结合山地旅游、精准扶贫、脱贫攻坚等社会热点、难点问题，对其旅游价值进行阐述；又以坝盘、高荡、板万等布依族古寨为个案，对布依族传统民居文化融入旅游发展、精准扶贫的路径进行思考，力图在保护布依族传统文化的同时，深入挖掘其现实应用价值，助力布依族地区山地旅游、脱贫攻坚等事业良好发展。

第三章，关于布依族节庆民俗旅游资源开发及利用研究。文化是旅游的灵魂。布依族传统节日文化是宝贵的非物质文化遗产，本身具有较强的历史文化价值、艺术文化价值和科学价值等社会价值。新时代背景下，布依族传统节庆民俗是可开发的民族文化旅游资源，是推进民族地区科学发展的文化软实力，是促进民族地区科学发展的经济助推器。研究者对布依族节庆民俗旅游资源的开发与利用进行了理论思考，同时以大寨布依族村寨为个案，对布依族传统节日融入区域经济社会山地旅游事业发展进行了路径探索。

第四章，关于布依族传统酒文化及其开发研究。酒文化是布依族传统文化的组成部分。研究者从酒类、酿造技术、酒具、酒歌、酒令等方面深入挖掘布依族传统酒文化内涵及其应用，阐述其礼仪文化内涵，同时结合现实社会旅游事业发展需要，从酿造工艺、旅游酒类产品开发等方面论述其传统工艺的特色以及旅游市场开发诸问题，力图将布依族传统酒文化融入区域生态旅游业态，在保护、传承布依族传统酒文化的同时，发掘布依族酒类产品的文化价值、旅游价值和经济价值，助力布依族地区人民增收，推动区域经济社会发展。

第五章，关于布依戏传承与发展研究。布依戏是布依族民间戏曲文化，享有"天籁之音"美誉，产生于清代乾隆年间南、北盘江流域，至今在贵州省册亨县等地区存在，并被列入国家级非物质文化遗产代表性项目名录。这是一项宝贵的民族文化遗产。由于布依族生态文化的变迁和经济社会发展对布依戏的冲击，布依戏传承与发展陷入困境。研究者从历史与现实相结合的角度，在深刻挖掘布依戏历史文化内涵的基础上，对如何传承与发展布依戏的问题进行了深入的思考，从专业剧团建设、人才队伍建设、作品创作、演出基地建设等方面，提出了有益的建议，可以为有关部门决策提供智慧支撑，从而为布依戏这一民族艺术奇葩的传承发展做出应有的学术贡献。

本书的研究重点在于运用跨学科知识的研究手段，介入布依族传统文化与现实社会融合发展方面问题。文化是血脉，是根基。传统文化是布依族赖以存在、发展的基础。新时代背景下，布依族传统文化的保护与传承发展成为新一轮西部大开发战略背景下的一个重要环节。由此，本书的研究重点在于：第一，对布依族传统民居、节日、布依戏与酒文化等布依族优秀传统文化的文化内涵进行分析，努力挖掘其深厚的文化底蕴与民族特色；第二，结合社会现实发展需要，从服务地方经济社会发展的角度，探讨传统节庆民俗旅游资源的开发与利用、传统民居与旅游开发和精准扶贫、传统酒文化与文化创意产业开发、布依戏传承发展等问题，努力探求布依族传统文化的保护与传承发展与现代经济发展之间的有机融合途径，从宏观与微观两个方面分别开展较为深入的分析，力图获得理论研究成果创新，从而服务现实社会发展。

三　研究思路和基本方法

本书采用田野调查法、文献法、访谈法、综合分析法等研究方法，注重田野调查，综合运用人类学、民族学、历史学、社会学、艺术学、建筑学、经济学、管理学等多学科知识，打破学科界限，跨界研究，从一个较为宽广的整体视角探讨布依族传统文化内涵及其社会价值实现问题。关于本书选题，项目组历经多年知识积累，在长期田野调查的基础上，形成了对布依族传统文化保护与传承发展方面较为全面的认识，最终撰写完成这部著作。

任何民族的存在与发展，与一定地域范围内的自然与社会环境密切相关。民族文化在一定区域范围内的存续状态，与该地区政治、经济、文化之间的联系十分紧密，是相互渗透、互相影响的亲密关系。需要明确的是，关于本书所称"区域社会"的概念，指布依族聚居地区，大至省、市（地、州）、县（市、区），小到乡镇、街道办事处、社区、村寨。这是从宏观与微观相结合的角度来思考的。

在充分了解学术前沿的基础上，本书通过宏观研究与个案分析、理论探讨与实践应用相结合的研究手段的实施，探讨布依族传统文化与区域社会融合发展方面问题，密切结合当今社会发展重点、难点问题，认真思考，深入分析，以期在理论研究上有所创新，努力为布依族传统文化的现实应用提供智力支持，以促进中国西南部布依族地区经济社会发展，坚决打赢脱贫攻坚战，实现布依族地区与全国同步建成全面小康社会的宏伟目标。

四　学术价值与创新之处

党和政府高度重视中华优秀传统文化的传承发展。中共中央办公厅、国务院办公厅印发的《关于实施中华优秀传统文化传承发展过程的意见》对形成中华优秀传统文化传承发展体系，从研究阐发、教育普及、保护传承、创新发展、传播交流等方面协同推进并取得重要成果提出了明确要求。中华优秀传统文化产品的不断丰富，文化自觉和文化自信的显著增强，国家文化软实力根基的更为坚实，中华传统文化国际影响力的明显提升，都需要我们高度关注中华优秀传统文化的保护与传承发展问题。上述文件对少数民族优秀传统文化传承发展十分重视，提出了具体要求，从而为我们深入发掘布依族优秀传统文化内涵，采取研究阐发等方式贯彻落实传承发展措施提供了政策依据。

布依族传统文化内容宏富、特色鲜明，是中华传统文化的有机组成部分。新时代中国特色社会主义现实背景下，对布依族优秀传统文化的保护与传承发展问题的深入思考，研究成果可以促进布依族历史文化研究的不断深入，可以繁荣与发展布依族优秀传统文化，从而促进中华优秀传统文化的大发展大繁荣；可以进一步促进民族团结、进步与发展，增强中华民族凝聚力，增强国家认同、民族认同，坚定文化自信，从而为中华民族多元一体格局的进一步巩固做出应有的学术贡献。

本书的创新之处：一是从理论联系实践、科研成果服务现实社会发展的视角，较为系统地思考布依族传统文化与当前社会发展热点、难点密切融合的问题，从方法论的角度，探讨学术研究成果经世致用的实施途径；二是对布依族传统民居的保护与开发、布依族节庆民俗旅游资源的开发利用、布依戏的传承发展、布依族传统酒文化及其开发等提出了较为全面的策略，在探讨相关布依族传统文化内涵的基础上，尽力拓展其应用性社会价值，采用宏观思维与个案阐述相结合的方法，在文化资源转化为现实生产力方面提出了建设性方案；三是充分运用田野调查手段，对布依族村落文化、石文化、转场舞等民俗文化事象开展考察，提出学术见解，力图在理论研究层面有所创新。总之，本书依据新时代社会形势的发展趋向，密切联系现实社会，尽量使基础研究成果朝着应用性方向转型，以实现布依族传统文化的社会效益、经济效益等多方面价值，使民族文化既在保护中发展，又能在发展中保护，达到保护与传承发展布依族优秀传统文化的目标，从而为中华民族伟大复兴中国梦的实现做出应有的贡献。

第 一 章

布依族传统文化及其社会价值体现

第一节　布依族传统文化概述

一　布依族族源与地理分布

布依族是我们统一的多民族国家中的一员，与全国各民族一起组成中华民族共同体。历史时期以来，睿智、朴实、善良、勤劳的布依族人民与全国各族人民不断加强交往交流交融，为开发西南地区，促进不同时期中国社会的发展进步付出了自身的努力。

关于布依族的族源，至今存在"古濮越人说""古骆越人说""夜郎国居民后裔说""八番①后裔说"等多种观点。实际上，布依族是以古越人为基础，融合古濮人及汉族等其他民族成分而形成的一个南方少数民族。"布依族是世居贵州的一个古老民族，是古越人中的西瓯、骆越支系及其后的僚人逐渐发展起来的，在长期的历史发展过程中，先后有古濮人及后来的汉族和其他民族成分融入，逐步形成了今天人数众多的布依族。"② 布依族世代居住在今贵州省一带，与壮族具有同源共祖的密切关系。布依族在不同历史时期有着不同名称，秦汉以前称"濮越"，东汉六朝称为"僚"，唐宋元时期称"番蛮"，明清至中华人民共和国成立前称

---

① 八番：即大龙番、小龙番、卧龙番、方番、石番、程番、洪番、卢番，是宋元时期讨伐溪洞而留镇今贵州省贵阳市、惠水县一带，在以龙德寿等人为首的龙、方、石、程、韦、洪、卢、张等八姓将士基础上形成的少数民族的总称。中央王朝在该地区实施土司制度，以达到加强政治统治、军事控制之目的。

② 周国炎编著：《中国布依族》，宁夏人民出版社 2012 年版，第 9 页。

"八番""仲家""侬家""土人""夷族"等，1953 年经国务院批准、定名为"布依族"。① 现代布依族的族称定名实则由其自称发展而来。以前大部分布依族人以"布依"或"布越"自称。"布"是"人、民族"之意。"依"即"越"，是布依族族名专称。"布依"就是"依人（越人）"的意思。中华人民共和国关于布依族的族称定名充分尊重了布依族人民自己的意愿，是在民主协商的基础上达成的共识。

贵州省是布依族的世居之地，是布依族主要聚居区。布依族人民世世代代生息繁衍在这片神奇的土地上。布依族至今依然是贵州省十八个世居民族之一。据 2010 年全国第六次人口普查统计，布依族总人口有2870034 人，贵州省的布依族人口最多，占全国布依族总人口的 97%。② 布依族主要聚居在贵州省黔南布依族苗族自治州和黔西南布依族苗族自治州，以及贵阳市、安顺市、六盘水市、毕节市、遵义市等地区。云南省曲靖市、文山市、昭通市以及四川省凉山彝族自治州等地区同样有布依族人口分布。云南、四川两省的布依族大多是清末时期从贵州省南部、西南部以及黔中安顺等地迁移过去的。国外布依族主要分布在越南、缅甸、老挝和泰国等国家。越南北部河江、黄连山和莱州三省等地，有布依、布那与布田三个支系，于清末民国时期迁入越南北部地区。③ 越南布依族分为布依族、热依族两个民族成分，据 2009 年统计，有 60892人，其中布依族 2273 人，热依族 58619 人。④ 老挝北部与西北部、泰国东北部、缅甸东北部的布依族自称"布依""布瑞""布苑""布越""布图""布莱"等，多居住于半山区，据 1988 年人口统计，约有 3 万人，现今约 4 万人。⑤

布依族世居云贵高原一带，所处地理环境多山多石、有田有水，以典

---

① 参见伍文义等著《中国民族文化大观·布依族篇》，暨南大学出版社 2018 年版，第 38 页。

② 参见《布依族》，中华人民共和国国家民族事务委员会网站，网址：http://www.seac.gov.cn/seac/ztzl/byz/gk.shtml。

③ 参见周国炎《越南北部的布依族及其文化》，载贵州省布依学会、安顺地区民委编《布依学研究》（之四），贵州民族出版社 1995 年版，第 274—277 页。

④ 参见范宏贵、刘志强等著《中越跨境民族研究》，社会科学文献出版社 2015 年版，第67—77 页。

⑤ 罗祖虞：《中国布依族古百越文字首始调查暨研究》，云南民族出版社 2016 年版，第12 页。

型的喀斯特地貌为主，高山、峡谷、溪流、江河、田坝相间，生态环境虽然脆弱，但自有其美。布依族一般逐水而居，聚族而居，村寨成片。布依族村寨中多有溪流、小河，形成一片片迷人的田园风光。贵州省黔西南布依族苗族自治州兴义市下纳灰村与卧嘎村、安龙县中坛古寨与香车河村、册亨县板万村、望谟县蔗香村、普安县鱼陇古寨、黔南布依族苗族自治州都匀市包阳村、贵定县音寨村与惠水县好花红村、荔波县联山湾村与长顺县中院村、六盘水市六枝特区月亮河村与落别村、贵阳市花溪区镇山村与龙井村、安顺市镇宁县高荡村与石头寨、云南省罗平县多依河村、腊者村、补笼寨与小河边寨、四川省宁南县拉洛村等传统布依族村寨，莫不如此。

二　布依族传统文化之概况

布依族在长期的历史发展过程中创造了辉煌灿烂的传统文化，属于中华传统文化一部分。布依族传统文化分为物质文化与非物质文化两大类别，包括农耕文化、饮食文化、服饰文化、建筑文化、哲学思想、礼仪文化、艺术文化、民间文学、语言文字、宗教文化、节日文化、婚姻文化、丧葬文化、体育文化、家族文化等，内容丰富，形式多样，具有自身民族特色，对布依族社会生产、生活产生了深远的影响。

古代时期，在布依族摩经等民间文献中存在古文字。"记录摩经的文字符号，从目前的资料看，主要有三种类型。第一种流行于六盘水一带，是一种比较抽象的符号。第二种流行于威宁一带，由自创的表意文字和少部分汉字构成。第三种是借用部分汉字，并根据汉字六书造字法，利用汉字偏旁部首重创部分方块字，另加上少部分抽象符号构成。"[①] 摩经中的象形文字、会意文字及方块字等文字符号是布依族古文字形式的具体表现。布依族摩经等民间文献中存在古越文字。[②] 但是，布依族古越文字使用范围极其有限，主要在部分摩经、择吉等民间文献中出现，也未得到推广，所以未形成为布依族通用的民族文字。新中国成立后，国家于1956

---

① 周国茂：《摩教与摩文化》，贵州人民出版社1995年版，第197页。

② 参见罗祖虞《中国布依族古百越文字首始调查暨研究》，云南民族出版社2016年版，第12—13页。

年创制了布依族拼音文字，但未大力推广、普及。可见，布依族自古及今是有着本民族文字的。布依族现有布依族古越文字、布依族方块（土俗）古文字、布依族 CV 型拼音文字和布依族拉丁型拼音文字四种文字，其中前三种为古代文字，第四种为现代创制文字。布依族古越文字与壮族"石刻"古骆越文字、水族古文字具有同源、同宗、共祖的密切联系。①2009 年，国务院将含有布依族方块古文字的《献酒备用》等四部典籍公布为国家珍贵古籍。之后，学术界开展了较为深入的布依族古文字方面研究，研究成果不断出现。布依族有自己的民族语言。布依语属于汉藏语系壮侗语族壮傣语支，划分为黔南、黔中和黔西三个土语区。② 各土语区语言差别不大，只有土语区之分，而无方言区别。从布依族语言文字应用的历史过程看，我们发现许多摩经中存在用汉字记录，而以布依语朗读的情况。

布依族民间文学包括神话、民间传说、民间故事、童话、寓言、叙事诗、民间歌谣、曲艺剧本、谚语等。布依族神话有《力戛撑天》《洪水潮天》《造人烟》《伏羲兄妹》等。布依族民间传说有《铜鼓的来历》《围腰的传说》《蚌壳姑娘》《老虎和猫》等。民间故事有《三月三的来由》《甲金的故事》《姑娘田》《卜当的故事》《查白场》《四月八》等。布依族童话有《聪明的小山羊》《百兽国》等。布依族寓言有《八哥鸟学舌》《猴子山》等。布依族叙事诗有《王仙姑》等。布依族民歌主要有古歌、情歌、盘歌、对歌、排歌、丧葬歌、礼俗歌等形式，呈现多元化特点，有《十二个太阳》《造天造地》《宵夜歌》《送郎歌》《姊妹歌》《陪客歌》《赶戛歌》《进寨歌》《年歌》《问媒歌》等。

布依族传统艺术文化既包含歌曲（包括古歌、情歌、叙事歌、劳动歌、酒歌等）、铜鼓十二则、八音坐唱等音乐文化，又包括转场舞、竹竿舞、铜鼓舞、高台狮灯舞、板凳龙舞等舞蹈艺术，还包括布依戏、地戏、花灯等戏曲文化，以及书法、绘画、雕塑等。八音坐唱是流传于今贵州省黔西南布依族苗族自治州兴义市、望谟县、册亨县、贞丰县以及安顺市关岭县、

---

① 参见罗祖虞《中国布依族古百越文字首始调查暨研究》，云南民族出版社 2016 年版，第12—14 页。

② 参见王伟、周国炎编《布依语基础教程》，中央民族大学出版社 2005 年版，第 3 页。

镇宁县等布依族地区的一种民间曲艺说唱形式，演出人员八至十四人不等，因使用牛角胡、葫芦琴、月琴、鼓、箫筒、包包锣、小马锣、钗等八种乐器进行演奏而得名。布依族八音坐唱、转场舞、布依族勒尤、贞丰县铜鼓十二则等被列入国家级非物质文化遗产代表性项目名录。兴义市板凳龙舞、册亨县浪哨歌、水城县铜鼓十二调等被列入省级非物质文化遗产代表性项目名录。布依族传统艺术文化丰富多样，魅力无限，可观赏性强，满足了不同时期布依族人民的精神文化生活需要，发挥了积极的历史作用。

传统节日是布依族传统文化的重要内容。布依族除过春节、清明节、端午节、中秋节、重阳节等中华民族传统节日外，还有"三月三""六月六"以及查白歌节、毛杉树歌节、牛王节、尝新节等许多具有自身民族特色的节日。布依族节日中祭祀山神、土地神、祖先等神灵，开展"浪哨"对歌及舞蹈表演等娱乐活动，喜气洋洋，欢快祥和。

布依族是传统稻作民族，远古时代就掌握了水稻种植技术，由此衍生出诸多稻作文化习俗，为世界稻作文明做出了历史贡献。"从耕作技术看，布依族从事农耕的历史悠久，积累了较丰富的耕作经验。"① 贵州省黔西南布依族苗族自治州兴仁市东汉时期交乐墓葬群出土两件水田池塘模型，均系泥质灰陶，手工制作，设计水田、池塘、水渠、禾苗、鱼、莲、蛙等形象。② 这说明东汉时期贵州省西南部布依族地区水稻种植已经相当普遍，农业生产技术已经达到较高水平。古代时期，布依族利用牛力耕作，使用曲辕犁。贵州省黔西南布依族苗族自治州贞丰县龙场镇对门山村至今存留铸造于唐末时期的布依族铜鼓，其上铸绘古人驭使壮牛，以曲辕犁耕种田地的情况，反映了布依族农耕文化。水车在古代时期应用于布依族农业灌溉事业中。铁制农具的使用，牛耕的普遍，农田水利灌溉技术的改进，进一步提升了布依族稻作农业生产技术水平。

布依族饮食文化丰富多样，主食以大米为主，以玉米、小麦、红薯等为辅，喜糯食，善饮酒。布依族特色饮食有花糯米饭、狗肉汤锅、狗灌肠、牛肉、腊鱼、腊肉、枕头粑、饵块粑、清明粑、牛王粑、便当酒、刺梨酒、糯米酒、鸡八块、布依八大碗等。布依八大碗是布依族招待贵宾的

---

① 韦启光等：《布依族文化研究》，贵州人民出版社 1999 年版，第 18 页。
② 参见黄理中编著《黔西南文物古迹》，云南人民出版社 2017 年版，第 128 页。

一桌菜肴，菜品一般为猪脚炖金豆米、红烧肉炖豆腐皮、炖猪皮、酥肉粉条、排骨炖萝卜、素南瓜、素豆腐、花糯米饭。布依族喜食酸辣食品，菜肴中多放花椒、辣椒等佐料。酒在布依族社会生活中占有重要地位。丰收之后，家家户户酿制米酒，以备平时待客之用或自家饮用。布依族酒文化底蕴十分深厚。

民族服饰是民族文化的重要组成部分。布依族善于纺织，自制土布，又擅长刺绣、蜡染、织锦等手工制作技艺，因此传统服饰款式多样、别具特色。布依族喜欢穿蓝色、青色、黑色、白色等颜色的土布衣服。三个土语区的传统服饰稍有区别。① 布依族男性服饰差别不大，而不同地区妇女在服饰上存在差异。有的妇女穿右衽大襟衣，着长裤或褶子裙，戴银质手镯、耳环等首饰；有的喜欢在衣服上刺绣；有的喜欢用青色、蓝色等颜色的土布包头。青壮年男子多包头巾，穿对襟短衣或长衫。老年人大多穿对襟短衣或长衫。

布依族传统建筑文化有干栏式民居、石板房、石木结构青瓦房等传统民居建筑形式，还有布依族粮仓、官厅等建筑文化，具有自身民族文化特色。

此外，布依族传统文化还涉及哲学思想、礼仪文化、民间信仰、宗教文化、家族文化、婚丧习俗、体育文化、民间工艺、民间医药等诸多方面，限于篇幅，在此不一一叙述。

三 传统文化与现代化适应

随着社会的发展变化，布依族传统文化发生了一定变迁。布依族传统文化某些方面在形式及内容上出现了一些变化的现象。但就整体而言，布依族传统文化仍然保留着其合理内核，从而表现出了自身民族特色。

具有特色的布依族传统文化，结合现实社会发展需要，蕴含着较高的社会价值。布依族传统村落文化、民居文化、艺术文化、节日文化、民间文学等至今闪烁着布依族特色文化光芒，产生了较为深远的社会影响。

布依族八音坐唱、布依戏、高台狮灯、转场舞、铜鼓十二则、"三月三"节日、查白歌节、布依族服饰等被列入国家级非物质文化遗产代表

---

① 参见黄义仁《布依族史》，贵州民族出版社 1999 年版，第 295—297 页。

性项目名录。布依族毛杉树歌节、"六月六"节日、晴隆县小打音乐、望谟县布依族民歌等被列入省级非物质文化遗产代表性项目名录。贵州省布依族服饰制作工艺被列为首批国家传统工艺振兴目录。

贵州省贵阳市花溪区镇山村、乌当区偏坡村、安顺市镇宁县高荡村、黔南布依族苗族自治州惠水县好花红村、黔西南布依族苗族自治州兴义市下纳灰村与南龙古寨、册亨县板万古寨、望谟县甘莱村、兴仁市鹧鸪园村、安龙县打凼村与坝盘村、贞丰县纳孔村与必克古寨等被列为"中国少数民族特色村寨"。黔西南布依族苗族自治州安龙县纳赖村、义龙新区查白村等布依族村寨被列为省级少数民族特色村寨。镇宁县高荡村、贞丰县花江村、兴仁市卡嘎村等布依族村寨被列为"中国传统村落"。花溪区镇山村、兴义市南龙村等布依族村寨被列为省级文物保护单位。花溪区龙井村、开阳县马头村、册亨县福尧村、普安县细寨、望谟县新屯村等布依族村寨被评为"国家森林乡村"。六枝特区月亮河村、义龙新区楼纳与联新村等布依族村寨被评为省级森林乡村。乌当区偏坡布依族乡等单位被评为"全国文明村镇""国家级生态乡镇"等称号。关岭县滑石哨村、兴义市安章村与普梯村、册亨乃言村、晴隆县规模村等布依族村寨被纳入国家乡村旅游扶贫工程。贵州省开阳县龙广村、兴义市上纳灰村、惠水县好花红村和云南省罗平县腊者村等布依族村寨被列为"全国乡村旅游重点村"。册亨县大寨村、贵定县音寨村等布依族村寨被评为省级乡村旅游重点村。贞丰县纳孔古寨、独山县翁奇古寨等布依族村寨入选"中国美丽休闲乡村"。

体现布依族传统村落文化特色的贵州省黄果树瀑布、龙宫、荔波大小七孔、青岩古镇、万峰林、万峰湖、双乳峰、三岔河、高荡千年布依古寨等旅游景区被评为国家 AAAAA 或 AAAA 级旅游景区。2019 年 8 月，布依族主要聚居地区之一的贵州省黔西南布依族苗族自治州被评为"中国四季康养之都"。2019 年 11 月，地处国家 AAAA 级旅游景区万峰林、布依族村寨众多的兴义市万峰林街道办事处被国家生态环境部公布为全国第三批"绿水青山就是金山银山"实践创新基地。惠水县好花红镇、镇宁县六马镇与兴义市仓更镇老王坡村等布依族聚居地区村镇被农业农村部评为全国"一村一品"示范村镇。

布依族聚居地区大都处于中国西南部生态环境脆弱，经济与文化、教育发展相对落后的地区，脱贫攻坚、乡村振兴的任务十分繁重。但是，这里保存了原生态的民族文化，绿水青山，天蓝地绿，空气质量优良，是后工业时代难得的生态康养天堂。在乡村振兴战略、美丽乡村建设、山地旅游、全域旅游、绿色经济等现代发展新理念框架下，布依族传统文化具有巨大的开发潜力。布依族传统文化是布依族的文化遗产，也是中华优秀传统文化的宝贵财富，与新时代经济社会发展具有密切联系，是可促进布依族地区经济社会持续、健康、快速发展的现实生产力。

第二节　民族传统文化与乡村振兴战略融合发展

中国各民族传统文化是宝贵的资源与无形的财富，是维系中华文明存在及发展的精神内核。"少数民族特色村寨是一个地区民族文化基因最完整的保留地，是传承民族文化的有效载体，也是加快民族地区发展的重要资源。"① 西部地区具有民族文化特色的少数民族村寨很多。少数民族特色村寨中的传统文化是可开发的旅游文化资源及经济社会发展的基本依托。"保护性开发西部少数民族传统文化可以做到现代性与传统性的结合、经济效益和社会效益的结合。"② 而乡村振兴战略实施、美丽乡村建设与中国少数民族传统文化的保护及开发又密切关联。乡村振兴在于乡土文化的保护、传承与发展，与美丽乡村建设具有十分密切的关系。"美丽乡村不仅要外在美，更要内在美，不仅村容整洁、乡风文明，更要生活富裕、和谐发展。"③ 乡村之美在于生态美、生活美、生产美。美丽乡村要使人们看得见山，望得见水，留得住乡愁。朴素自然的田园风光，富裕和美的田园经济，休闲惬意的田园生活，是美丽乡村建设的详细规划，而人民幸福指数的不断提高则是美丽乡村建设的理想目标。美丽乡村建设与乡村振兴战略密切相关。中国农村人口多，城乡差距大，农业产业化程度不

---

① 王海燕等：《少数民族特色村寨旅游开发对文化传承的影响与思考——以川西北桃坪羌寨与上磨藏寨为例》，《广西民族研究》2018 年第 2 期。

② 来仪：《关于保护性开发西部少数民族传统文化的思考》，《贵州民族研究》2005 年第 6 期。

③ 唐亚凯、李永勤：《发展生态农业　建设美丽乡村》，《经济研究导刊》2015 年第 4 期。

高。农业、农村、农民"三农"问题长期成为社会主义现代化建设进程中的重点问题。美丽乡村建设及乡村振兴战略的双轮驱动，将为新时代中国特色社会主义新农村建设增添生机活力。只有广大乡村实现了快速发展，则举国发展的前景将会更加可观。彼时，距中华民族伟大复兴中国梦则已近矣。我们以贵州省黔西南布依族苗族自治州兴仁市巴铃镇绿荫河布依族村寨为例来展开论述。

一　民族自然地理之优雅：乡村生态美

生态美乃自然之美，关系人类的生存与发展，是可持续发展的主要内容。少数民族多居住于山林、峡谷、平坝、沟箐之处，大都为山地民族、高原民族。少数民族所居地理环境成为其文化中的一部分，自古以来对他们产生了深远影响。"在中国少数民族的传统文化中，十分注重人与自然的关系，十分了解生态系统平衡对人类生存的意义，生态保护意识十分强烈，每一个民族均有其适应当地自然环境的生态文化。"[1] 党和政府十分重视生态文明建设。习近平总书记指出："我们既要绿水青山，也要金山银山。宁要绿水青山，不要金山银山，而且绿水青山就是金山银山。"[2] 生态文明建设与经济社会发展联系紧密。良好的生态环境是美丽中国建设的重要内涵。"我国少数民族地区既是自然资源相对富集的地区，同时也是生态环境系统相当脆弱的地区。近年来，民族地区为了满足经济增长和社会发展的需要，一些地区对资源的无序、过度等不合理开发，已使那里的环境问题变得日益严峻和突出。"[3] 如何辩证处理少数民族地区经济发展与生态环境保护之间的问题，国家提出了绿色经济发展理念，这为我们如何解决自然生态环境所面临的困境指明了方向。现代化进程中西南少数民族普遍遭遇双重危机——自然生态危机与文化生态危机。在建设社会主义和谐社会过程中，如何摆脱日益凸显的生态危机，有效建设少数民族地

---

[1]　何星亮：《中国少数民族传统文化与生态保护》，《云南民族大学学报》（哲学社会科学版）2004 年第 1 期。

[2]　中共中央宣传部编：《习近平总书记系列重要讲话读本》，学习出版社、人民出版社2014 年版，第 120 页。

[3]　杨圣敏、胡鸿保主编：《中国民族学六十年》，中央民族大学出版社 2012 年版，第256 页。

区生态文明，切实解决自然生态资源与文化生态资源的必要保护、合理开发及有效利用问题，实现少数民族地区社会经济文化与生态环境的可持续发展，显得尤为迫切与重要。[①] 生态文明建设对于少数民族传统文化及其生态环境来说十分重要。就当前绿色经济发展概念而言，它是以不牺牲自然环境为代价的新型绿色经济发展模式。维护优美的自然环境是维系人类社会永续发展的前提。少数民族村寨所处地理文化环境是其美丽乡村建设的背景，没有这个背景，其他便无从谈起。"绿水青山就是金山银山。"民族村寨优雅静好的自然环境无疑是现代工业文明背景下的"世外桃源"。

绿荫河布依寨位于贵州省黔西南布依族苗族自治州兴仁市巴铃镇，是国家 AAA 级旅游景区。这里属于亚热带季风湿润性气候区，冬无严寒，夏无酷暑，常年平均气温 16℃ 左右，空气质量优良，气候条件甚好，是天然的避暑、暖冬胜地。这里位于典型的喀斯特锥状地貌区，石漠化现象虽然严重，却是山环水绕、峰峦叠嶂、适宜人居、生态康养之佳地。兴仁市是"中国长寿之乡"。优良的自然地理环境使布依族长期以来热爱这方故土，不改初心。作为"中国少数民族特色村寨"，绿荫河布依寨除布依族特色传统文化外，自有其天然独有的地理环境。其周边又有"江南塞外"放马坪草原及风情田园鲤鱼坝等自然景观、人文景区与之交相辉映，使其更显缤纷亮点。

由于开发得当，绿荫河布依寨已经成为一个公园式的少数民族特色村寨，加上自然地理环境颇佳，成为了原生态民族乡村旅游目的地。它背倚"神山"[②]，前临绿荫河，居民人户散布山脚、河畔，形成自然村寨。"神山"之中，古木参天，古树名木金丝楠等品种较多，均郁郁葱葱生长旺盛。当地有关部门对古树名木予以挂牌保护。加之此处又是布依族神圣之地——祭祀山神的"祭山林"，官厅亦在山脚，故对神圣之地长期以来的敬畏，当地民众形成了强烈的生态环境保护意识。布依族对"祭山林"特别爱护、保护，任何人不得毁坏树木花草，即使枯枝败叶也不得捡回家

---

① 参见肖青等著《西南少数民族地区村寨生态文明建设研究》，科学出版社 2014 年版，第5 页。

② 神山：布依族信仰山神，将山神所居之地视为神圣之处，称之为"神山"或"祭山林"。

当柴烧。这种有利于维护良好生态环境的禁忌，使绿荫河布依寨拥有了宁静优雅的自然环境。盛夏之时，森林蔽日，清凉等身。隆冬之际，中和自在，了无寒意。此处怪石嶙峋，自成奇观。泉水从山间石头缝中不断汩汩冒出，形成一条条潺潺溪流，滋润了这方土地，为村寨增添了许多灵气。捧起山泉饮之，沁甜之味油然而生，生态的泉水，令人回味。溪水激荡着山石，溅起团团水花，带着一路的欢歌，缓缓注入绿荫河。绿荫河边，田园风光极佳。河岸两边，木式结构的滨河步道，既典雅，又大方，适应了环境改善及旅游发展的需要，适宜了休闲的人们或紧或慢的脚步。青翠的行道树沿村寨主干道及河边延伸，杨柳迎风飘拂，白玉兰芬芳绽放，三角梅大放光彩，自然景观显现山水田园之美。文化广场上的布依民族文化宣传，引路人驻足。木式水车，"吱呀"声声缓缓而转，勾起几多乡愁。田地之中，随着季节而变幻出青色的、绿色的、黄色的颜色，成就一幅幅天然的美景。崭新而规划得有民族特色的民居，坐落于村寨之中，几声鸡鸣，几声狗吠，顿时唤起那熟悉而久违的乡愁情结。与陌生而热情的村民攀谈，游客甚为开心。他们一般盛情邀请客人到家中小坐，饮几杯生态热茶，喝几碗便当米酒，甚至八仙桌上共餐，布依特色菜肴惹得游人不由得放慢脚步，沉醉了心情，流连在这难忘的气氛中。在这样静美、休闲、雅致的乡村自然环境中，观赏特色的布依族文化，人们但愿光阴永久驻留在这美妙的时刻。这样的美丽乡村建设模式是以美丽生态环境的保护为前提的，目前已在西部地区部分少数民族村寨中实验，并取得了较好的经济社会发展效果。贵州省黔西南布依族苗族自治州安龙县打凼布依村寨就是这种"生态涵养型"美丽乡村建设典型。"近年来，该村从'吃生态饭'入手，积极挖掘自身资源，乡村旅游风生水起，群众收入大幅增长，初步探索出了一条生态产业化、产业生态化的美丽乡村建设之路。"[①] 具有如打凼村这样优美自然地理环境的少数民族村寨在西南地区乃至全国数量众多，只是具有不同的地域特色而已。村寨的美好，人与自然的和谐，需要我们去创造，去发现。而发现的美，总在人们有意无意地创设、装饰之

---

① 《美丽乡村建设的黔西南模式研究》课题组：《美丽乡村建设的黔西南模式研究》，载贵州省社会科学界联合会编《贵州省社科联理论创新课题选编》（2015—2016），贵州人民出版社2017年版，第31页。

后。自然雕琢成胜景，在于人工与自然之美的优势结合。

二　民族特色文化之传承：乡村生活美

少数民族村寨特色文化建构别有情趣的生活之美。不同的民族，具有不同的文化。而独具特色的民族文化就是需要人们去关注的重点。在民族村寨场域中，少数民族特色文化传承的空间在于其本来就具有的活态性特征。由于历史以来的长期影响，民族文化具有稳定性、区域性、变迁性等特点。以贵州省为例，原生态多彩民族文化使当今贵州大放异彩。"贵州是一个多民族的大家庭，蕴藏着古朴淳厚、绚丽多姿的历史传统和原生文化。各民族的建筑、服饰、语言、节庆、习俗、歌舞等，数量众多，风格各异，保存完好，被誉为'文化千岛'。"① 少数民族传统文化成为中华民族传统文化之重要部分。随着时代的变迁，少数民族文化在现代化语境下必然会产生诸多变化，但其特色文化的内涵基本上要能够维持并延续下去。中国传统村落、中国少数民族特色村寨等项目的评估、评选，对于原生态民族文化生存状态的考察，是一个主要的方面。重庆市彭水县鞍子镇罗家坨苗寨、石柱县金玲乡银杏村（土家族）、冷水镇八龙山寨（土家族），四川省北川县伊纳羌寨、丹巴县甲居藏寨，贵州省黎平县肇兴侗寨、雷山县西江千户苗寨、花溪区镇山村、兴义市南龙布依古寨、镇宁县高荡村、云南省大理市周城白族村寨、西双版纳傣族自治州勐海县勐景来傣族村寨、曲靖市罗平县补笼布依寨、富源县小嘎那彝族村寨，广西壮族自治区上林县鼓鸣寨（壮族）、三江县平岩村（侗族），湖南省沅陵县乌宿苗寨，浙江省丽水市景宁县洋坪畲族村寨，宁夏回族自治区中卫市沙坡头鸣沙村（回族），黑龙江省桦川县星火村（朝鲜族），海南省东方市报白村（黎族）等少数民族特色村寨，在建筑文化上自有其民族特色，且传承至今。少数民族传统建筑文化在传承上具有直观效应，对民族认同的增强等产生作用。另外，民族节庆、民族服饰、民族信仰、民族饮食、民族工艺、民族艺术等在少数民族文化生活中仍可觅其踪迹。而这些踪迹就是民族文化传承的线索。在一个传统的少数民族聚落里面，传统文化的传承成为凝聚族群力量的生活状态之美。在这样的文化环境中，人们尽情享

---

① 何琼：《贵州原生态民族文化探究》，中国社会科学出版社 2016 年版，第 20 页。

受自身特色民族文化带给他们的愉悦。侗族村寨中侗族大歌的盛宴，苗族村寨中生态芦笙的悠扬，布依村寨中八音坐唱的悦耳，壮族村寨中歌圩文化的热烈，无不成为一幅幅活泼生动的场景。这是民族村寨中的真实生活。白族的三月街、傣族的泼水节、藏族的雪顿节、布依族的"六月六"、苗族的牯脏节等，无不构成一幕幕欢乐团聚的图画。彝族的坨坨肉、土家族的全牛宴、蒙古族的全羊宴、布依族的狗肉、傣族的竹筒饭、藏族的酥油茶、苗族的酸汤鱼等，无不使人产生回味无穷的感觉。民族文化的魅力在于其独特性，其传承反映了特有文化魅力的持久性。在乡村振兴的征途中，少数民族村寨所显示出来的生活之美，在于美丽乡村建设中对优秀传统民族文化的继承、弘扬。

绿荫河布依寨保存了原生态的民族文化。近年建成的布依族滨水歌舞公园、水生态文明展示中心、布依族文化广场等公共基础设施，先后举办的"美丽乡村·好歌旅游节""2016 贵州兴仁巴铃绿荫河第一届布依风情文化节""布依族三月三文化节""2017 绿荫河六月六布依族风情文化节"等大型节庆或主题活动，不少布依族文化活动表现其中，成为传承发展布依族传统文化的平台。有关方面对村寨民居进行改造，在各家各户外墙上绘制布依文化生活有关场景或文化符号，突出布依文化特色，从整体上塑造典型的布依族传统村落形象。这里保存了布依族"三月三""六月六"和布依民歌、八音坐唱、花糯米饭、布依八大碗、长桌宴及扫寨等民族风俗习惯，至今得以传承。布依村寨文化活动的开展彰显了民族文化生活美的非凡魅力，对传承发展本民族文化产生了积极作用。

三 民族创意产业之发展：乡村生产美

文化不但是软实力，而且在一定条件下还可转化为现实生产力，只不过，它要与现实经济社会发展相契合，方能拓宽其实践应用、效益产生的无限空间。少数民族传统文化与创意产业相结合，就会表现生产力作用，从而对经济社会的发展产生积极的影响。从这个层面上说，民族文化是生产力的定义是可以成立的。民族文化走向市场，关键在于民族文化创意产业的兴起及发展。民族文化创意产业是应用传统民族文化促进区域经济社会发展的良好选择。民族文化创意产业项目的创设，坚持"五要"：要进行深入的市场调查及分析，以适应市场发展的需要；要与美丽乡村建设相结合；要与乡村振兴战略相联系；要能增加民族村寨居民的生产性收入；要为社会主义新农村建设做出贡献。

"现如今，乡村的生活环境、生产场景以及文化资源等逐渐成为人们回归自然的理想之地，同时也成了新兴的旅游资源。"① 在少数民族文化产业项目实施的过程中，有关方面不但要使民族村寨及居民切实增收，而且又要自觉保护文化遗产，将优秀民族文化的传承与发展很好地结合起来，以使经济效益与社会效益同步收获。"按照民族文化村寨的原生性开发理论，其既能够带来经济效益，又可以最大程度地保护民族文化，促进民族文化的传承。从根本上来说，民族文化村寨的旅游开发实际上是以文化保护为前提的旅游开发活动，在此基础上，文化保护成为当地旅游资源优势，从而促进了当地旅游业发展。"② 在民族创意产业项目的设计上，一是民族村寨旅游产业项目的应用，二是民族文化创意产业项目的市场化。西部民族地区在民族文化市场的开发上，要摸清民族文化资源家底，找准发展重点与方向，编制发展规划，精心组织实施；树立起产业意识，要有特色，推出"拳头"产品，提高产品档次与质量，促进少数民族文化产业深入发展。③

少数民族村寨独具特色的民族文化能够使游客产生好奇心，故其发展为少数民族特色旅游村寨目的地的可能性较大。"乡村旅游之所以对城市居民具有极强的吸引力，在于它的'乡村性'，而其'乡村性'体现在乡村地区独特的乡村文化上。"④ 乡村振兴战略背景下，民族村寨乡村旅游具有较强操作性，旅游经济效益前景可观。"旅游业是民族村寨经济快速启动的切入点。民族村寨结合当地独特的地貌和人文景观，开发特色旅游产品。通过挖掘民族文化内涵，提高旅游文化品位，将自然景观、人文景观、民族风情、生态建设等结合起来，将旅游资源优势转化成现实经济优势。旅游业的发展对于调整民族村寨的产业结构，促进整个乡村地区第三

---

① 陶钰倩：《基于旅游视角下美丽乡村生态景观的建设与探究》，《现代园艺》2016 年第 3 期。
② 李玲：《民族文化村寨旅游原生性开发理论与实践》，《贵州民族研究》2018 年第 3 期。
③ 参见来仪等著《西部少数民族文化资源开发走向市场》，民族出版社 2007 年版，第 57 页。
④ 夏学英、刘兴双编著：《新农村建设视阈下乡村旅游研究》，中国社会科学出版社 2014 年版，第 195 页。

产业的发展，有着极大的推动作用。"① 少数民族特色村寨旅游是农业旅游的重点。四川省九寨沟桃坪羌寨，重庆市彭水县梅子垭镇佛山苗寨、黄家镇先锋老场苗寨，贵州省西江千户苗寨、肇兴侗寨、下纳灰布依古寨、纳孔布依古寨、联山湾布依村寨、音寨布依村寨，云南省香格里拉霞给村藏族村落、大理白族自治州宾川县莉村白族村寨、罗平县多依河腊者布依村寨、文山市马关县阿峨新寨（壮族）等少数民族特色村寨，将民族传统文化与旅游产业相结合，带来了旅游经济效益的提高，当地居民在参与旅游活动中通过自身劳动的付出，较好实现了劳动力价值。全国各地，尤其少数民族聚居区域，具有一定特色的民族村寨不少，在全域旅游视野下，如何避免区域内外民族村寨乡村旅游产业项目的同质化及发挥社区作用的问题，值得我们深思。"在不同的社区参与模式下，民族村寨旅游地的市场拓展能力、社区居民获益方式与状况、传统文化保护与传承等存在差异。"② 文化特色不同的少数民族村寨，其选择的乡村旅游发展模式亦应有所不同，否则收不到预期效果。一些旅游条件较好的民族村寨旅游业态良好，对于美丽乡村建设很给力；而另外一部分民族村寨在乡村旅游项目发展上效益欠佳，基础设施投入大，景区建设投资大，而市场影响力不够理想。因此，大部分民族村寨，即使有一些特色、亮点，切勿盲目跟风而同走乡村旅游发展路子，而是要结合自身文化特点与实际情况，寻找一条适合自己的发展路径。贵州省兴义市营上布依古寨具有古朴民族文化，也是美丽乡村建设的重点村寨，但在民族文化与市场应用结合上力度不够，导致旅游知名度不高而游人鲜至。黔西南布依族苗族自治州查白布依村寨，历史悠久，又是国家级非物质文化遗产代表性项目"查白歌节"原生地，尽管历史以来该节日活动从未在民间中断过，近年来有关部门也积极投入其中，但该民族村寨在旅游经济上的发展仍具有较大潜力。2018年4月，查白村被评为"贵州省乡村旅游重点村"，这将对其经济社会发展起到促进作用。这些具有深厚民族文化底蕴的村寨于旅游产业经济发展方面的难以作为，发人深省。也许，不利的状况在下一步即将逆袭。处于

---

① 黄海珠：《民族旅游村寨建设研究》，中国经济出版社2009年版，第37页。
② 陈志永：《少数民族村寨社区参与旅游发展研究》，中国社会科学出版社2015年版，第221页。

同一区域的册亨县冗渡大寨，运用转场舞、高台狮灯等特色浓郁的布依文化，与国际山地旅游暨户外运动接轨，在该村寨多次举办山地徒步竞赛、旅游文化节等活动，其旅游市场效应明显，带动了当地旅游民宿、服饰、饮食、农业观光旅游等产业的协调发展。

民族村寨中相关旅游产业项目的开发很重要。文化创意产业的选择，以民族文化作为基础。其中，作为少数民族传统文化体系中重要符号的民族节庆是比较重要的产业项目资源。民族节庆活动的开展，持之以恒，经久发力，就能够带来相当大的影响力、知名度。贵州省贞丰县必克、纳孔等布依古寨通过举办布依族"三月三""六月六"等节庆活动，形成了民族文化旅游市场品牌，产生了深远影响，提高了美誉度、知名度，美丽乡村建设成效显著。如果只挥舞"三板斧"，而不能坚持民族节庆活动的举办，则达不到预期的旅游经济发展效果。兴义市清水河镇车榔布依寨，曾举办过"三月三"节日活动，但后来未能坚持，即使有较为丰富的民族文化资源，也难以形成旅游经济发展影响力。民族村寨中民族服饰、民族饮食、民族艺术等的开发，在历史传承的基础上具有生产性发展的潜力。兴义市布谷鸟民族实业发展有限责任公司、晶晶民族文化旅游产品有限责任公司等企业对布依族服饰的现代性开发，将企业的发展与民族村寨、锦绣计划密切联系起来，形成了旅游产品方面的产业经济，占有区域内外相当大的市场份额，不但企业盈利，而且从事相关民族手工艺的绣娘通过创造性劳动，参与民族创意文化产业项目之中，获得了稳定的工资性收入，为其生产、生活的改善，为部分贫困群众的增收脱贫准备了良好条件。黔西南州宋姨妈布依传统工艺有限公司，利用南龙古寨等布依族村寨优良的自然条件，依托布依族传统文化，打造花糯米饭、粽粑等特色饮食旅游产品，又抓住时机在中央电视台推介布依村寨特色文化。该公司除对布依族传统饮食进行产业化开发外，还对布依族传统服饰、布依族原生态歌舞予以传承及发展，经过多年努力，其旅游产品销路越来越好，效益好上加好。民族创意文化产业的发展前景极为可观。它不但对于经济发展及脱贫攻坚、乡村振兴的意义重大，而且能于民族传统文化的感染中唤起人们对优秀传统文化的回忆，进而激发其有意识、无意识的文明传承责任感。

在旅游产业项目的设计上，应注重产业链条尤其是农业产业链的拓展。民族村寨旅游产业开发，在塑造宜人、宜居、宜游美好环境的同时，对民族文化产品进行深加工，创造较为丰富的、能激发游客购买欲的旅游产品，使游客想来，来有惊喜；能留，流连忘返。民族传统文化在生产性活动中的应用，是创意性活动，是永葆民族传统文化生机活力的保护罩与助推器。

兴仁市绿荫河布依寨既是"中国少数民族特色村寨"，又是"贵州省乡村旅游重点村"。其布依族传统文化资源丰富，旅游产业发展的目标已经明确。道路交通、园林绿化、村庄整治、节庆活动等系列工作的开展，为该村经济社会发展插上了腾飞的翅膀。近年，以布依传统文化为核心的民族文化活动陆续在该地上演，吸引了省内外成千上万游客前来观光旅游，感受布依族原生态文化的无限魅力。在这里，游客既可登山觅幽处，又可沿河赏美景，还可田地中劳动，互动玩游戏，品尝布依美食。中国美丽乡村，山水田园之间，乐不可支矣。

少数民族传统文化与乡村振兴战略、美丽乡村建设之间互动共融的关系，不但对于中华民族传统文化的传承与发展具有重要意义，而且对于中国经济社会发展、社会主义新农村建设、脱贫攻坚战略任务完成、全面小康社会建成、乡村振兴战略实施及中华民族伟大复兴中国梦的实现具有重大现实价值。

第三节　布依族民俗档案与旅游产业发展

民俗文化是一种可开发的旅游资源。记录民俗文化的档案资料同样具有旅游文化价值。从历史与现实来看，也确实如此。民俗文化档案资料在旅游文化景区、景点的恰当呈现，如博物馆、展览馆等的建设，为游客了解一定地域民俗文化提供了实物展示，从而以其本身所蕴含的深刻文化内涵推动了旅游景区、景点旅游文化品位的提升。"因为档案文化与旅游资源均具文化属性，两者的结合为推动文化大发展大繁荣贡献了不可忽视的力量。"[1] 民俗档案于旅游产业的发展具有较为重要的作用，这是不可否认的。从文化角度看，民俗是一种草根文化，旅游资源开发是文化价值的

---

[1]　胡艳华：《文化旅游视角下档案信息资源开发利用的创新》，《山西档案》2016 年第 4 期。

重要体现方式。布依族作为我国西南地区的一个少数民族，有着许多民间传统节日，如"三月三""六月六""四月八"与查白歌节、尝新节等。布依族的民俗风情充分体现在传统节日中。载有布依族传统节日文化内容的民俗档案被贵州省档案馆、望谟县档案馆、贞丰县档案馆等单位收藏，能积极促进民俗档案的旅游潜力开发，并取得了良好成效。

一 布依族民俗档案是可开发的旅游文化资源

（一）布依族民俗节日蕴藏着较强的旅游价值

布依族作为我国古老的南方少数民族，主要分布于贵州省南部和西南部，黔中等地区也有分布。大量布依族人口分布于滇黔桂石漠化地区，这里是集中连片特困地区，贫困人口较多，贫困发生率较高。布依族所处地域多为典型的喀斯特地貌，历史上长期以来的山地文化浸润，使布依族具有特别的山地文化特征。布依族山地文化内容广泛，包括传统节日、建筑、服饰、饮食、民间信仰等各个方面，承载着布依族丰富多彩的山地文明。以节日文化为代表的布依族民俗是可开发的山地旅游资源，"伴随着民俗旅游业的发展，民族聚居地区民族风情旅游的开拓变成了各地摆脱贫困问题的重要方式之一，但是，将民俗旅游作为民族聚居地区的支柱性产业并不容易"①。将民俗风情旅游作为旅游产业发展的设想是可以实现的，但在实践中存在一定困难。不管困难有多大，我们努力去探索就行。有一点可以肯定的是，处于贫困地区的部分布依族在面临脱贫的历史背景下，保持了原生态的民俗风情，形成了丰富的民俗档案，从而有益于旅游资源的开发。档案馆或者民俗展览馆保存的相关档案能够起到很好的民族文化宣传教育作用。布依族每年的民俗节日活动很多，每个月都有，"三月三""六月六"等布依族共同的传统节日在不同区域布依族村寨同时呈现，丰富多彩，魅力四射。可见，民俗文化旅游资源的开发潜力极大，有助于形成与发展旅游支柱产业。每到节日期间，布依族人都会开展节庆活动，有效传承和保护了具有本民族特色的民俗文化，并通过档案及各类媒体机构的大力宣传，吸引众多的外地游客前来观光旅游，推动了当地旅游

---

① 安佑志等：《山地旅游资源空间分布评价——以贵州省为例》，科学出版社 2018 年版，第 20 页。

经济的可持续发展。各布依族聚居地区档案馆在上级部门的要求下，不断充实、丰富布依族民俗档案，加大其旅游潜力开发力度，特别是一些被列入省级、国家级非物质文化遗产代表性项目名录的民俗文化活动，如"三月三""六月六"与查白歌节等传统节日的档案资料信息，更是被档案馆、展览馆等机构仔细归纳，以方便游客浏览、查询。这在一定程度上拓宽了民俗文化旅游资源开发途径。

（二）布依族民俗档案打造文化旅游精品项目

民俗文化旅游在当前是一种层次较高的旅游活动形式。布依族各种精彩的民俗活动能够充分展现民俗文化的精髓。布依族古老的原始信仰文化、特色鲜明的饮食文化、精美绝伦的舞蹈文化等，都能在民俗活动中得到不同程度的展现，对游客产生了较强的旅游吸引力。而民俗档案对这些民俗的记载、书写，就能在文化旅游活动中找到文本上、影像上等多方面表现的依据，以发挥其应有作用。

布依族蜡染文化久负盛名。惠水县的蜡染特产早在宋代即有记载，在清代则被称为"青花布"。这些史料都已归入惠水县档案馆，成为布依族民俗档案的重要组成部分。近年来，随着贵州省"多彩贵州"山地文化旅游事业的迅猛发展，在惠水县档案馆的助力下，惠水布依族蜡染的旅游文化品牌得到重塑，吸引了大批游客前来观赏、学习甚至购买蜡染制品。

布依族服饰形式多样，包含了重要的民族文化信息，特色鲜明。与布依族服饰制作相关的纺车、服饰样式、绣娘口述史材料等是重要的民俗档案资料。布依族服饰民俗档案在文化馆、博物馆、展览馆等场所的展出，能增添布依族民俗文化旅游的灵动性，从而形成文化旅游精品项目。

布依族民歌艺术文化内容非常丰富，民歌体现在布依族民俗文化生活的各个层面。望谟县、贞丰县、花溪区、长顺县等布依族聚居区不定期举办布依族民歌艺术文化活动，吸引了成千上万布依族同胞参加盛会。在各级档案馆的推动下，布依族民歌艺术文化活动成为布依族地区一个重要的文化旅游精品项目，凸显了布依族民俗文化的非凡魅力。"三月三""六月六"等传统节日是布依族重要的节庆文化活动。黔西南布依族苗族自治州贞丰县基本上每年举办"三月三""六月六"节日活动，布依族古歌等艺术文化融入节庆活动之中，大大提升了布依族民俗文化的市场影响力和知名度，从而形成了优良的旅游文化品牌，助力民族地区区域旅游事业的快速发展。

（三）布依族民俗档案推动当地旅游产业发展

我国一直重视贵州少数民族地区的旅游产业发展。2012 年发布的"国发"二号文件提及民俗文化旅游创意的问题，体现了中央对贵州经济社会发展的高度重视，为布依族民俗文化旅游潜力的进一步开发提供了政策依据。贵州省档案馆、贵阳市档案馆及各布依族聚居地区的县级以上档案馆收录了这份重要文件。

民俗档案是最真实、最可靠的民俗文化旅游指导性历史资料，指明了民俗活动市场化的发展方向，有助于提高布依族民俗文化的软实力。布依族民俗文化是我国优秀的传统文化之一，通过民俗档案的记录、收集、整理、开发，可以有效发掘旅游文化资源，使布依族地区成为国内甚至国际知名的旅游目的地，从而打造出更多的民族文化生态旅游胜地，构建民俗文化的交流平台。各级档案馆及时收录布依族民俗文化的各种表现形式，如影视作品、戏剧作品、动漫作品、美术作品等，形成了一定的民俗文化品牌，为布依族民俗文化旅游资源的开发提供了科学依据，积极推动了当地旅游产业的发展。

二 民俗档案助推旅游产业发展面临主要问题

（一）民俗文化旅游的品牌地位较低

布依族民俗文化虽然具有较高的历史底蕴和文化价值，但缺乏品牌包装，这制约了布依族民俗文化旅游资源的开发。从民俗档案方面看，主要关注点在于如何宣传当地民俗文化、如何有效发掘有价值的文化资源，但没有注重旅游文化品牌的打造。这在一定程度上降低了布依族地区的民俗旅游文化品位。在当前的旅游市场，品牌建设代表着核心竞争力，良好的品牌定位可以有效提高旅游产业发展的市场占有率。民俗文化旅游事业的发展要充分考虑游客的旅游期待，要对他们的旅游文化需求尽量考虑周全。"从游客的期待来讲，民俗旅游是能够让他们观赏到异地他乡的人们的生活方式和独特创造。"[1] 布依族民俗档案在助推旅游产业发展的过程中，缺少特色形象和鲜明个性的打造，流失了一部分年轻群体客源。进

---

① 刘铁梁：《如何提高乡村民俗旅游项目的品位》，《旅游学刊》2006 年第 3 期。

入新媒体时代，越来越多的人喜欢通过网络媒体获取文化信息。如果布依族民俗旅游不能推出有影响力的旅游文化品牌，不仅将丧失旅游市场的竞争力，而且难以进一步扩大媒体影响力，导致旅游产业发展止步不前。

（二）布依族民俗文化内涵开发力度不够

布依族民俗档案虽然在推动区域旅游产业发展中取得了一定成绩，但对于民俗文化内涵的开发力度依然较小，使得旅游产业发展难以达到一个新的层次与高度，与可持续发展的民俗文化旅游市场尚存在一定差距。布依族民俗档案只注重民俗文化旅游资源的表象性开发，没有深刻地展现出布依族民俗文化的精髓。布依族传统民俗文化的逐步消逝已经成为不争的事实，在此过程中用什么样的手段、方式尽量保存布依族民俗文化的主要内容及形式，值得我们思考。民俗档案助推当地民俗文化旅游产业发展，不能将重心全部放在旅游开发方面，而要深入挖掘民俗文化的内涵，通过各种档案技术性手段再现民俗文化精髓。如果只注重形式化和商业化，则很有可能失去文化之魂，不能体现出民俗文化真正的内涵。那种只考虑眼前利益，不重视长远利益的行为，应引起民俗档案管理部门及有关人员的深刻反思。

（三）民俗旅游开发缺少多方主体参与性

档案馆、博物馆等机构作为布依族民俗旅游文化资源保护与开发的主导者之一，如果不能有效联合有关管理主体，则民俗旅游开发就会缺乏主体参与方面的整体性、全面性。推动民俗旅游产业发展不能只靠档案馆、博物馆等少数几个文化主体，而是要发动政府部门、社会组织、民间机构等参与进来，这样才能形成多方主体联合的旅游文化资源开发模式。档案馆、博物馆等部门可以全面整理布依族民俗文化档案资料，通过音像、图片、文字等手段汇集成册，以方便政府相关部门和民间组织机构的查阅、利用，从而提升多方主体参与的积极性、创造性。特别是对于濒临失传的布依族传统艺术文化，如布依戏、花灯、傩戏、民歌等，档案馆、博物馆等部门更要发动民间文化团体与个人进行收集、整理，否则将造成民俗文化旅游资源的缺失，对民俗文化旅游资源的开发带来不利的影响。

三 布依族民俗档案推动旅游产业发展的策略

（一）提升布依族地区旅游文化品位

在文化旅游的热潮下，布依族民俗文化旅游区的核心名片就是旅游文化品位。它直接关系到当地旅游产业在市场上的竞争力。布依族的民俗文化多姿多彩，具备很强的旅游开发价值，但当前的旅游市场竞争激烈，各旅游区都在加大项目开发，游客旅游目的也呈现出多元化态势。布依族民俗文化旅游区为了提高自身影响力，必须在实践中不断提升旅游文化品位，通过专业品牌打造，有效突出民俗文化特色。民俗文化大多活态存在于布依族村寨之中，通过挖掘、开发，是可以转化为旅游文化资源的原生态民族文化素材的。"少数民族村寨旅游，最重要的是文化，核心是民俗风情。"[1] 因此，对布依族民俗文化档案资料的收集、整理、研究，促使我们要多到布依族村寨调研，为其转型发展打下基础。当地各级档案馆在做好民俗档案整理工作的同时，应加强与旅游管理部门的合作，为布依族民俗文化旅游潜力的开发提供决策依据，并深入挖掘传统民俗文化的潜在内涵，赋予民俗文化新的生命，这样才能打造出精品旅游项目。花灯剧、地戏等戏曲文化，石板房、吊脚楼等建筑文化，蜡染、织锦、扎染、竹编等传统工艺文化，"三月三"节日、查白歌节等节庆文化，在当地布依村寨、档案馆和旅游管理部门的助推下，已成为重要的旅游文化潜力开发目标，形成了较强的旅游品牌吸引力，为布依族地区的社会经济发展做出了贡献。

（二）建设布依族民俗文化旅游市场

布依族民俗档案可促进布依族地区旅游市场开发。为了实现可持续发展，各级档案馆、旅游管理部门与布依村寨还需要做出更大的努力，共同做大做强民俗文化旅游市场。由于旅游开发的资金需求量大，包括基础设施建设、人员招聘、宣传推广等，在经济发展水平较低的情况下，招商引资是一项重要的手段。布依族地区档案馆、博物馆等部门有责任、有义务向外来投资方提供民俗档案信息，真实反映民俗文化的起源和历史进程，

---

① 徐永志：《民俗风情：民族村寨旅游可持续发展的着力点》，《旅游学刊》2006 年第3 期。

突出民俗文化的价值。以布依戏为例，"布依戏博物馆或者艺术档案室的建立，具有重要的历史意义和现代价值"①。它们能为册亨县布依戏的开发提供较好的理论支撑。外来投资方可以将民俗档案作为投资参考的依据之一，从档案中获取更多可资利用的文化信息，为其投资决策提供智慧支持，使他们能看准旅游市场开发方向，从而增强旅游文化投资开发的自信心。布依族民俗档案为各级各类非物质文化遗产代表性项目名录的推荐、评审提供有力依据。非物质文化遗产旅游市场的开拓是生态文化旅游的重要组成部分，将是旅游业今后重点发展的一个方向。就布依族传统节日文化而言，在已经取得的成果中，布依族"三月三"节日、查白歌节被列入国家级非物质文化遗产代表性项目名录，"六月六"节日、毛杉树歌节则被列入省级非物质文化遗产代表性项目名录。此外，正在申报中的还有尝新节、"二月二"节日等。贵州省安顺市镇宁县近年加强布依族民俗档案资料的收集、整理工作，为非物质文化遗产的保护与传承发展做出了贡献。2003 年，镇宁县建成民族陈列馆，将布依族民族服饰、古籍、乐器等，以实物、模型、图片、资料等形式呈现，共有陈列品 360 件。该县城关镇高荡布依族村寨中建有布依民族馆，适应了布依族非物质文化遗产保护与传承发展的需要。② 其他布依族地区对于布依族民俗文化资料的记录、收集也十分重视，成效显著，在此不一一列举。布依族地区包括布依族村寨中的民族文化陈列馆的建设，保存了较多布依族民俗文化宝贵资源，展示了布依文化风采，在布依族传统文化遗产保护、传承持续加强的同时，也适应了布依族地区乡村旅游的发展需要。未来时期，非物质文化旅游将成为一个潜在的投资热点，吸引越来越多的资本关注。黔西南布依族苗族自治州望谟县近年大力推广布依族"三月三"节庆文化活动，每年举办大规模的节日文化活动，形成了固定的旅游文化品牌，吸引了一批又一批海内外游客前来观赏别具特色的民族文化，产生了良好效果。节庆活动举办的同时，望谟县大力开展招商引资工作，带动了当地布依族歌舞、纺织、饮食等传统民俗文化向旅游经济的转型发展，从而逐步盘活了

---

① 谢建辉：《布依戏艺术档案整理之路径分析》，《山西档案》2016 年第 3 期。
② 李旭：《非物质文化遗产保护及其文化变迁研究——以镇宁县布依族为例》，《湖北民族学院学报》（哲学社会科学版）2016 年第 4 期。

县域经济，为该县夺取脱贫攻坚的最后胜利，实现同步全面小康打下了坚实的基础。册亨县则以布依文化年活动为招牌，着力打造布依戏、转场舞等布依族文化品牌，促进了县域经济社会快速发展。义龙新区大力打造德卧"赶毛杉树"歌节，每每吸引大量游客前来旅游，取得了良好的非遗旅游成效。在民俗档案的助推下，布依族地区各种民俗文化旅游潜力不同程度得以开发，形成了富有特色的、可持续发展的民俗文化旅游市场。

（三）多方联动的旅游文化资源开发

布依族民俗文化旅游产业开发是一项长期的、系统的工程。参与者除各级档案馆、布依村寨、旅游管理部门外，还包括商业部门、交通部门以及各类社会组织、民间机构等。各级档案馆是布依族民俗文化旅游资源潜力开发的主导者，应当在民俗档案信息资源的技术支持下，形成强大的旅游文化发展引导能力，成为政府相关部门、社会组织与资本之间联系、沟通的桥梁。贵州省档案馆作为省内级别最高的档案管理机构，应统筹和指导所属档案馆的民俗文化旅游资源开发建设。各布依族地区档案馆则可以根据上级指导精神，为民俗文化旅游产业发展提供周到的服务，使当地布依族民俗文化旅游事业走上正确发展的轨道。旅游管理部门作为布依族民俗文化旅游产业开发的具体实施者，主要工作应当包括旅游资源开发方案的制订和落实、旅游基础设施建设的监督与管理以及当地旅游区域经营管理制度的不断完善。旅游企业在旅游市场运转、招商引资等方面可以发挥重要作用，不断规范旅游市场，为招商引资做好细致、具体的服务工作。交通部门可以交通设施建设、管理和维护为己任，持续改善布依族民俗文化旅游区的道路交通状况，保障旅游交通方便、快捷、畅通。各类社会组织、民间机构可以不同而适当的身份积极参与到布依族民俗文化旅游产业开发的策略中来，在民俗文化活动组织方面发挥应有的作用。多方主体联动机制可以体现出民俗文化旅游产业开发的积极效应，共同推动布依族地区社会经济又好又快、更好更快发展。

第四节　布依族传统石文化

自然环境对文化发展变迁产生重要作用。石，自然之物也，与人类生存及发展密切相关。远古时代，人类开始懂得对石之利用，运用它制作生产工具，打制、磨制石器，由此推动人类社会阶段演进方向不断向前，由旧石器时代发展到新石器时代。为改善居住环境，早期人类主要居住于岩石洞穴中，后来又钻石取火。人类早期对石物的利用，形成了最早的石文化。石器在原始社会的普遍使用，为人类生存与发展创造了条件。随着人类社会文明进程的推进，早期人类对岩石等自然物的认识与利用不断加强，如制作岩画、石质乐器等，在物质生产、艺术生活诸领域发挥了一定作用。之后的历史时期，即使到现代社会，人们的生产、生活在一定时期、一定区域内还是离不开对自然之石的利用，从而丰富了石文化内涵。

布依族世居黔贵大地。云贵高原目前仍然是布依族的主要聚居之地。这里是古人类活动最早的地区之一。贵州省黔西县观音洞、普定县穿洞、兴义市猫猫洞等古人类文化遗址均出土大量石器。作为布依族主要聚居地的贵州省，喀斯特地貌分布广泛且十分突出，石林、峰林、溶洞、天坑众多，形成了典型的区域性地貌特征。布依族历史以来在此繁衍生息，大多居住于以石山为基本特征的喀斯特自然环境之中。长期以来，自然环境对布依族的经济、思想、文化等产生了多方面的影响。"布依族先民古往今来就生息、繁衍在贵州高原的岩溶环境里，为了征服和利用生境的需要，在其世代延续中创造了特有的石头文化。"① 石文化在其长期历史发展过程中占有比较重要的地位。

一 作为工具的使用：物质生活中的石文化

我们多次深入贵州省布依村寨进行调研，发现布依族对石器、石材的使用非常广泛，从生产、生活工具到房屋建筑均有所体现。

（一）石制生产生活工具

自古有言，靠山吃山，靠水吃水，说的是自然环境对人类生存及发展的重要影响。布依族村落所处地理环境一般多山，石头资源很丰富。由于生存与发展之需要，一些石头被人们改造为生产、生活工具。因石而成的生产工具众多，以石为材的生活工具也不少。"生产工具是生产力发展水

---

① 马启忠：《布依族石头文化之我见》，载贵州省布依学会、黔南布依族苗族自治州布依学会编《布依学研究》（之七），贵州民族出版社 2004 年版，第 152 页。

平的尺度，是人类影响和改造自然的物质标志。人类从事物质资料生产能力的大小，可以从生产工具的先进程度上反映出来。"[1] 历史时期，尤其在远古时代，布依族先民在生产、生活过程中，因地制宜，就地取材，将石头制作成简单而实用的工具，应用于生产、生活有关领域，反映了布依族社会的生产力发展水平。现在，石制工具的使用在布依族生产、生活中，在一定程度上依然存在，只是石器种类及应用范围有所限制。布依族常用石制生产、生活工具大致如下表：

名称	用途
石磙子	轧谷物或者平整场地
石碾子	碾稻谷、玉米等，使其脱壳
石磨	粮食加工，磨成粉状
石杵	夯实地面或土墙
石臼	捣蒜、舂米、舂辣椒等；大一点的石臼主要用于打糍粑
石槽	牲畜饮食之用
磨刀石	磨刀之用
石钺	劳作或武器
石缸	盛水或存放粮食
石灶台	生火做饭
压布石	处理衣料
石桌	饮食、休憩之用
石凳	饮食、休憩之用
石亭	休憩之用

生产、生活过程中，布依族对石头的利用与改造是多方位的，以上统计不尽完全。

上表所列举的是布依族日常所用且简单的石制生产、生活工具，足以

---

① 王克松：《布依族农业生产工具浅析》，载贵州省布依学会、六盘水市民族事务委员会编《布依学研究》（之五），贵州民族出版社1997年版，第266页。

表明历史时期布依族对石制品的依赖程度，同时也表明布依族的石制工艺水平。历史时期影响布依族生产力发展水平的主要因素有三点：一是因为山地、丘陵、沟壑纵横，田坝平地、稻田面积较小的自然环境制约了种植条件与生产工具；二是聚居地所处偏僻，大多为土司辖区，与外界接触少，交通不便，形成封闭或半封闭的自然经济状态，从而大大阻碍了布依族地区商品生产与交换的开展；三是认知水平等影响，限制了人们创造力的发挥。新时代社会主义社会新农村建设及乡村振兴战略等背景下，布依族早已打破原有的生产、生活工具使用格局，现代化生产、生活工具已经基本上代替了原有的石制工具，它们只是作为纪念性质的物品存放在家中或陈列于展览馆、博物馆等场馆，作为藏品供人参观、学习、研究。而且，许多先前所用的石制工具被当作无用之物，随便丢弃于屋旁、路边。此种情况，我们在布依族村寨开展田野调查时常可见到。在石文化逐步消逝的背景下，石文化在当今布依族传统文化生活中还是局部存续着。一些布依族石匠为使石制品更加美观，改良石制品，进行艺术创造，出售不同种类石制品，从而在实践上延续着布依族传统石文化。

（二）石制建筑材料

布依族主要聚居地区整体上属于典型的喀斯特地貌区域，长期受河流的侵蚀、雨水的溶蚀以及日晒风化，大部分地区被切割成深山大谷，因此高山、峡谷、峰林、田坝相互交错，地势跌宕起伏，形成复杂多样的自然环境。在这样的自然环境中，布依族大多选择聚居在半山或田坝之间，利用丰富的石制材料修建石板房或石头寨，造就了独具特色的传统石制民居建筑——石板房，形成了特有的民族建筑象征符号。石板房在黔中布依族聚居地区多有表现，如安顺市镇宁县高荡村、石头寨和贵阳市花溪区镇山村等处，无不留存其建筑历史文化缩影。

花溪区镇山村是一个三面临水、背靠青山，依势而建的布依族村寨，分为上、下两寨。现两寨合称"大寨"。上寨为古屯堡区，民居多为木质石板房，均建于屯堡内，石街、石巷交错相连。下寨原址为河畔地带，由于1958年修建花溪水库，水面上涨，面临被淹的危险，遂集体搬迁至屯堡周围及临水区域。下寨的房屋是中华人民共和国建立之后重新搭建而成的，虽然距今只有近60年的历史，但是由于房屋构件是从明清老屋上拆卸而来，又原样拼建，所以古意犹存。① 石制建筑材料的运用，使镇山村传统民居具有鲜明的地域特点与民族风情。下寨民居呈三级阶梯状，穿斗式悬山顶木结构为房屋主体，以石板为屋顶瓦片。其街巷由石板铺成，石板巷道别具特色。寨中还有始建于明、清时代的古城门、古城墙、古寨门、古武庙，是重要的历史文化遗产。镇山村之所以获得生态博物馆、省级重点文物保护单位、中国少数民族特色村寨等荣誉称号，与其别具特色的布依族传统建筑文化具有密切的关系。

镇宁石头寨传统民居均为石头建造，石头为墙，石片为瓦，道路亦为石块所砌，古朴、自然。石头寨，布依语译为"班波森"，其意为"背靠石山，世居石屋"。这里的布依族石匠代代相传石制技艺，为建造石制房屋建筑提供了前提。

除上述两个典型布依族村寨之外，布依族石制建筑还存在于其他很多布依族村寨，如镇宁县高荡村、望谟县石头寨、六枝特区石头寨、册亨县大寨等。布依族石制建筑依势而建，就地取材、因料施工，村民用石料建筑房屋，形成了本民族特有的生态景观及建筑符号。其生产生活用具均就地取材，用石头做护栏，围篱笆，铺道路，嵌窗花，或做简单而实用的水缸、石槽等用具。许多布依族村寨水井还需用石板隔开，分三层，第一层为饮水区，第二层为淘洗区，第三层为洗衣或牲口饮水区。这反映了布依族传统的生态文化观念，符合当下绿色经济、生态发展理念。

二 当作歌咏的对象：文艺作品中的石文化

（一）神话传说中的石文化

布依族神话传说很多，流传甚广，与石文化有关的神话传说有《造人烟》《伏羲兄妹》《迪进迪颖造人烟》《力戛撑天》等。

《造人烟》《伏羲兄妹》《迪进迪颖造人烟》等神话传说讲述了远古时代布依族人口繁衍情况。以上三个神话传说都讲述了混沌之初，突发洪水，淹没人间，而兄妹不得不成婚，以繁衍后代的情况。兄妹成婚，有违

① 参见金露《遗产·旅游·现代性：黔中布依族生态博物馆的人类学研究》，浙江大学出版社 2016 年版，第 94 页。

伦常，但在当时情况下，实在是出于万不得已。而兄妹能否成婚之判断，得看天意，于是石磨在其中产生了一定作用。

《迪进迪颖造人烟》① 讲述了洪灾发生，淹没人间，迪进、迪颖兄妹因大葫芦得救，但天下只剩下他们两个人了，为造人烟，兄妹不得不以石磨来断姻缘之故事。兄妹成婚，不合常理；但为了繁衍人口，只能如此。哥哥迪进建议，兄妹能否成婚，得看天意。于是，两人各找石磨。哥哥从这边山滚下去，妹妹从那边山滚下去，如果滚下去之后，两扇石磨合在一起，那就是上天答应他们结婚；如果两扇石磨没有结合在一起，那就不能成亲。妹妹迪颖同意了，两人各抱石磨，分别从山的一边往下滚。石磨滚下去之后，果然合在一起。于是，兄妹成婚，人口得以繁衍。不同布依族地区流传的兄妹成亲的版本有所区别，且主人公的名字也不尽相同，但都是以石磨来断婚姻，结局都差不多。

《力戛撑天》② 描述了混沌之初，天地相隔很近，人们活动极为不便。力戛力大无穷，据说可以与九十九头犀牛搏斗。为使人们能够好好生活，他决定撑天。在人们的帮助下，历时九九八十一天，他终于把天地分开了，不过人也累死了。他死后，心变成鱼塘，肠变成河流，头发变成林，骨变化为石，身体其他部位也成为了世间自然之物。人们为纪念力戛，以怪石作为其象征，逢年过节祭拜之。

神话传说中的石文化讲述了石可以撑天、铺地的情况，说明在很古老的时候，人们就懂得如何合理使用石头。兄妹结合的神话传说，看上去有违人伦，但在原始社会时期，人类为了人口繁衍，利用石磨断天意，实乃无奈之举。而石磨，也有磨合之意，说明当时布依族伦理道德观念的萌芽。力戛死后化骨为石，人们对之加以崇拜，表明了布依族早期石崇拜观念的萌生。

（二）古老歌谣中的石文化

布依族古老歌谣是布依族一种艺术形式，口耳相传，一般在传统节日、喜庆或丧葬等场合出现，多用布依土语演唱。古歌中的石文化与神话传说中的历史文化具有一定联系。

---

① 参见陈立浩编《布依族民间文学》（故事集），1982年，第7—8页。
② 参见贵州省民族事务委员会等编印《民间文学资料》（第44集），1980年，第1—3页。

《造千种万物》主要流传于黔西南地区，叙述了布依族造就万物的英雄翁戛，在天地初开之际，天与地紧密黏合在一起，翁戛先用石凿开天地，后用石砌埂圈田的情节。"翁戛搬石头，砌成石坎坎，用衣兜撮泥，造成块块田。"① 这说明布依族在原始社会时期已经懂得用石砌埂圈田，其生产力水平达到了一定程度，从而成为世界上最早的稻作民族之一。

流传于贵州省黔西南布依族苗族自治州安龙县、册亨县一带的布依族古歌《造万物歌》记述了远古时期布依族先祖布灵以石造火的过程。"青石磨红石，磨出朵朵花。青石擦白石，擦出丝丝亮。就照这办法，拣石块来擦，拿石头来敲，敲出朵朵光亮花。"② 以上文字较为详细地描述了布依族钻石取火的过程。火的发现，使布依族先民脱离了茹毛饮血的生存环境，进入了新的历史发展时期。在布依族改造大自然的历史过程中，石头发挥了较为重要的作用。

三 视为神灵的事象：信仰世界中的石文化

石崇拜就是对巨石、怪石的信仰。"人们往往把那种硕大的、形状怪异的石头视为有神灵而加以崇拜。贵州少数民族大多都有石崇拜。在这些少数民族地区，到处可以见到那种前面残留着香烛纸钱灰烬、石头上贴着鸡毛的巨石。"③ 远古时期，石神信仰在布依族民间社会就存在，如今，我们仍可以找到其信仰的痕迹。

（一）传统节日中的石神信仰

节日文化是人类在历史滚滚长河中，为生存、发展、生产和生活的需要而产生、创造、形成的一种特定的民俗文化事象，是在漫长的发展、演变、交融的过程中形成与发展的文化习俗。布依族在其一定的自然、社会环境与悠久的历史发展过程中孕育了丰富多样的节日文化。

布依族"三月三"节日活动在农历三月初三开展。清代乾隆《南笼

---

① 贵州省民族事务委员会等编印：《民间文学资料》（第45集），1980年，第29页。
② 中国民间文艺研究会贵州分会编印：《民间文学资料》（第64集），1984年，第24页。
③ 周国茂：《自然与生命的意义世界——贵州少数民族原始崇拜与民俗》，贵州教育出版社2004年版，第53页。

府志》记载了布依族"三月三"节日活动情形。"每岁三月初三，宰猪、牛祭山。各寨分肉。男妇饮酒，食黄糯米饭。苗语以是日为'更将'，犹汉语呼为'过小年'也。三、四两日，各寨不通往来，误者罚之。"① 为保风调雨顺、五谷丰登、六畜兴旺、村寨平安，布依族村寨一般要举行盛大的祭山活动，自古及今犹然。贞丰县、册亨县等地"三月三"有时又被当地布依族称为"祭山节"。农历三月初三当天，本村寨布摩带领全寨男子（未成年的小孩和女人不得参加）拿着猪、牛、鸡（有的地方还要用狗）等祭品前往山神庙开展祭祀活动。祭祀期间，外人不得入寨，不得说脏话，不得说不吉利的话。祭祀对象多为怪石、大树。黔西南州万屯镇坡落布依古寨的祭山活动每年开展三次。"坡落布依古寨的祭祀山神活动每年开展三次，分别在每年农历二月的第一个兔场日、三月的第一个蛇场日和六月二十二日举行。"② 据主持坡落布依古寨祭山仪式的布摩介绍，坡落的山神就是寨中那几块特定的巨大怪石。农历六月二十二日祭祀山神时，"祭山林"中的这块巨石就是山神，旁边一块石头代表他的妻子、儿女，另一块石头代表他的仆人。

布依族祭山活动不只是在农历三月初三，按照各村寨的历史传统，可以有其他的时间。黔南布依族苗族自治州平塘县一带布依族"六月六"节日也祭祀山神。山神为一块称为"天王石"的巨石。当地布依族认为，"天王石"是具有神秘力量的神石，能够保佑庄稼免遭病虫之害。当地还流传关于"天王石"的民间传说，使布依族懂得感恩"天王石"的降水之恩，起到了一定的人文教化作用。

祭祀神灵表达了布依族祈求吉祥的愿景。布依族山神信仰具有功利主义特点。"布依族祭祀山神具有祈求人畜平安、风调雨顺、五谷丰登的农业祭祀目的，在关注祭祀者本人及亲属个体现实利益及其美好愿望实现的同时，更关注祭祀者所在部落集体利益的实现。"③ 布依族祭山活动，很

---

① （清）李其昌纂修：《南笼府志》卷2《地理志·苗类》，载黄加服、段志洪主编《中国地方志集成·贵州府县志辑》（第27册），巴蜀书社2006年版，第539页。

② 彭建兵：《坡落布依古寨"祭山"节庆活动民族志》，《兴义民族师范学院学报》2014年第1期。

③ 彭建兵：《历史人类学视野中的布依族山神信仰习俗》，《兴义民族师范学院学报》2013年第1期。

多地方名为祭山，实则祭石，把石头视为山神的代理者、依附者。人们通过祭石，表达对神灵的恭敬之意。怪石就成了山神的代表。

（二）"访几"附石

"访几"是一种鬼魂。一些布依族村寨中存在"访几"祭祀活动。"这是一种全寨性的宗教祭祀活动"[1]。"访几"祭祀活动的开展，无非是要表达驱邪求吉的愿望。贵州省安顺市关岭县断桥镇木城布依族村寨，每年农历六月初六举行"访几"活动。据说农历六月初六是盘古去世之日，其灵魂化为"几"附着在石头上。为报达盘古的恩德，这里每年举行盛大的"访几"活动。黔西南布依族苗族自治州册亨县板万村布依族关于"访几"活动有不同说法。相传布依族有一种鬼神叫作"几"或"独几"，形象像山羊，但头有三只角，有翅膀，会飞行。当它出现的时候，村寨将会有灾难或瘟疫降临。所以，每年农历六月或大年三十，由寨老收取各家各户钱粮，置买猪、鸡、酒、香烛、纸钱等祭品，带领全寨男子来到由布摩事先在寨旁找好的某尊怪石（被"独几"附体的石头）那里，开展祭祀仪式活动。布摩念诵摩经《访几经》，驱赶"独几"，以求村寨免遭瘟疫、病害等侵扰，获得平安。

（三）寨主"灵石"

贵州省黔西南布依族苗族自治州册亨县冗渡镇大寨布依族村寨流传着这样一个民间故事，与布依族传统舞蹈转场舞有着密切联系。据说村寨从前是王抱赛的管辖之地，王抱赛以打仗勇猛著称，曾数次带领村寨里的百姓抵挡外来土匪的侵扰，打败了土匪。后来，土匪不敢再来了，村寨平安，百姓安居乐业，王抱赛得到了当地布依族的拥戴。但好日子不长，王抱赛开始欺压百姓，为非作歹。为了不受他的压迫，当地布依族于某年大年三十晚上放火烧其屋，将他及家人烧死了。为了庆祝胜利，人们打起鼓，敲起锣，围成一圈，在村寨里跳起了欢快的舞蹈。这个民间故事就是转场舞的来源，至今已流传300多年。恶霸已除，人们平安无事了。但接下来的情况似乎令人看不懂。当地民众为了纪念王抱赛以前的历史功绩，同时为了求得心理上的平衡，就在王抱赛房屋那里盖了一座庙宇，请布摩

---

① 吴秋林：《众神之域——贵州当代民族民间信仰文化调查与研究》，民族出版社2007年版，第132页。

从山上请来一块神石，用法术将王抱赛的灵魂附在上面，对之施以鬼神供奉之礼。依照规定，每年大年三十和农历三月初三，当地布依族必须前来祭祀。由于寨主"灵石"于20世纪特殊时期被毁，现在一直没有再请石进庙，原因是没有找到合适的石头。不过对于祭祀仪式活动，当地布依族还是一如既往地举行，从未中断。

（四）神石"土地"

布依族自古以来有着土地神信仰传统。布依族村寨一般都设有祭祀土地神的土地庙。庙中多立一块石头，无论大小，均缠上红布，称为"土地神"，有些地方亦称"土地菩萨""石嬷嬷"等。布依族村寨中的土地庙里面供奉的是人形石，这是黔中布依族的土地信仰文化表现。贵州省平坝县马场乡上滥坝村、镇宁县石头寨、惠水县大龙乡长征村以及兴义市南龙古寨、册亨县高寨村和板万村、荔波县小七孔布依寨等布依族村寨中的土地庙中，均以石代表土地神。① 望谟县蔗香镇平亮村赶汉组布依族流传关于鹅石为土地神的民间故事。据当地布依族介绍，这里的土地神是只鹅，以前是蔗香镇平亮村赶汉组"赶汉"（汉语为"鹅洞"）的守护神。神鹅由于道行渐深，上天就派它去镇守红水河。走的那天晚上，天降大雨，当地布依族怕它被洪水冲走，就给了它两个灯笼。它打着两个灯笼，就向红水河方向漂去。天亮之后，它却望着"赶汉"方向，化成了鹅石，于是就永远镇守在红水河和"赶汉"这里。由于诸事灵验，鹅石就成为了远近闻名的土地神。2006年，由于修建龙滩水电站，这尊土地神被淹没。不过，人们为了纪念它，将其后面的山命名为"鹅山"，每年在山上开展祭祀活动。贵州省安龙县鲁沟塘居委会中坛布依古寨和香车河村、云南省罗平县腊者布依寨、长底乡小河边布依寨等地亦有土地庙，多以石为神，开展祭祀活动。安龙县一带布依族"每年农历正月十五和七月十五日，由寨内每户轮流或公推一人祭祀一次"② 。以石头代表土地神，开展民间祭祀活动，是布依族石文化的内涵之一。

（五）巨石"干爹"

石头崇拜存在于布依族文化生活中。布依族将奇石等视为神灵。"很

---

① 参见吴秋林《中国土地信仰的文化人类学研究》，《宗教学研究》2013年第3期。

② 安龙县民族事务委员会编：《安龙县民族志》，1989年，第38页。

多寨上小孩因老摩卜算要拜保爷以求庇护，即用酒肉前去供祭拜认。"①
册亨县威旁乡布依族村寨临街有一块巨石，当地人称之为"石干爹"。据
说小孩体质不好或罹患疾病，要请布摩算好八字，挑选好吉日，布摩带着
孩子及其父亲前去祭拜这块石头，举行祭拜仪式，让干爹认这个小孩为干
儿子，以保佑孩子身体健康、顺利成长。之后每年农历正月十五和七月十
五，小孩在其家人的带领下，均要去祭拜"石干爹"。祭祀期间，小孩未
结婚之前是不能靠近这块石头的。另外，女孩不能拜认这块巨石为"干
爹"。

　　许多布依族地区至今存在与石头相关的民间信仰文化，如兴义市万峰
林将军峰、册亨县坡帽龙眼石、花溪区竹林寨神石、贞丰县岜浩巨石等。
"一些硕大的或形状奇特的石头，人们都认为它们有神。"② 布依族村寨大
都处于多山、多石地区，自然环境为石神崇拜的产生准备了条件。"布依
族人民把村寨边的怪石视为有神灵依附而予以敬拜和祭祀。布依族人认为
石神能保佑小孩平安，便把小孩拜托给怪石，称之为'保爷''谊父'。
每在大小节日，特别是春节，正月十五，七月半，八月中秋节或小孩生病
的时候都要带上祭品到怪石旁祭祀和招魂回家。"③ 我们在长期的田野调
查工作中，发现布依族村寨中存在诸多以石为神的现象。可见，布依族石
神信仰在民间社会至今存在一定市场。

　　布依族石文化具有明显的原始文化特征，在布依族生产劳动、文艺
生活、建筑习俗、信仰文化等领域有着不同程度的历史存在，对我们了
解历史时期布依族历史文化生活面貌以及农耕社会发展状态具有一定
作用。

第五节　册亨布依族转场舞保护
与传承发展

一　历史渊源

　　贵州省黔西南布依族苗族自治州册亨县是"中华布依第一县"，境内

---

① 黄义仁：《布依族宗教信仰与文化》，中央民族大学出版社 2002 年版，第 23 页。
② 周国茂：《摩教与摩文化》，贵州人民出版社 1995 年版，第 68 页。
③ 黄福建：《黔西南布依族的原始宗教》，《当代宗教研究》1995 年第 3 期。

布依族人口占全县总人口的 75%，具有丰富多样的原生态布依族文化。享誉天下的布依族转场舞与布依戏一样，都是贵州省册亨县靓丽的文化名片。"布依转场舞就是布依族男男女女手拉着手，围着大圆圈，并随着钹、镲、锣、鼓等节奏欢快地跳起来而形成的一种舞蹈表演形式。转场舞，布依语为'勒呜'，即欢快地舞，'勒呜'属于布依族原生态舞蹈。"①转场舞起源于册亨县威旁乡（现并入冗渡镇）大寨布依族村寨，在本地世代相传，是具有民族特色的舞蹈，至今已有 300 多年历史，现已传到第九、十代。每年正月十三至正月十六，当地布依族在村寨中跳起欢快的转场舞，喜迎新春，表达喜悦之情。在很多布依族村寨，转场舞亦属于丧葬仪式之内容。从册亨大寨转场舞的起源来看，其产生具有一定的祭祀文化含义。册亨布依族转场舞自 20 世纪 70、80 年代经县有关部门及人员自民间社会发掘出来之后，其别具特色的舞蹈风格逐渐被外界所知晓，其村寨文化展演及外出文化交流活动屡受各级新闻媒体关注，其民族文化品牌日渐确立。

　　册亨布依族转场舞除了在本州、本县、本村等当地不时开展演出活动外，还多次到国际、国内演出，屡屡获奖。最初，转场舞只在大寨布依族村寨，由当地百姓自发表演。转场舞首次登上舞台是 1980 年，2002 年参加黔西南州建州 20 周年庆典活动，2007 年荣获贵州省"黄果树杯"多彩贵州舞蹈大赛原生态特别优秀奖，2008 年荣获贵州省首届布依歌舞大赛舞蹈类银奖与"纪念改革开放三十周年首届黔西南州职工民族文化艺术节"舞蹈类一等奖，2010 年到西班牙开展文化交流活动，2011 年参加第九届全国少数民族传统体育运动会有关表演活动，2013 年到广东省东莞市大朗镇参加中国第九届民间文化艺术节，2014 年到广西壮族自治区百色市田东县参加由中国民间文艺家协会、广西文学艺术界联合会主办的第十二届中国民间文艺山花奖·民间艺术表演奖评奖活动并获得银奖，2018 年亮相"多彩贵州文化艺术节"非遗周末聚活动现场。册亨布依族转场舞的演出活动难以统计完全，上述情况只是代表性活动而已。册亨布依族转场舞每一次表演活动都受到媒体关注、观众喜爱。《贵州日报》《贵州

---

① 杨军昌、周梅编著：《贵州省非物质文化遗产田野调查丛书·黔西南布依族苗族自治州卷》，知识产权出版社 2018 年版，第 58 页。

都市报》《黔西南日报》与黔西南州电视台等媒体争相报道其活动情况。观众对于转场舞的表演每每惊叹不已，热烈鼓掌，印象深刻。册亨布依族转场舞 2009 年被列为省级非物质文化遗产代表性项目名录，2014 年被列为国家级非物质文化遗产代表性项目名录，2014 年在中国册亨布依文化年活动中以 9770 人同跳转场舞而成功申报吉尼斯世界纪录。

布依族转场舞起源于册亨县威旁乡大寨村的一个民间故事。古代时期，本来于村寨有功的王抱赛后来沦为胡作非为的恶人，最终他被寨民放火烧死。寨民为庆祝胜利，燃起篝火，围成一圈，载歌载舞。从此以后，每年正月十三至正月十六期间，当地布依族不约而同跳起转场舞，大闹新春。转场舞逐步发展为如今的欢迎远方客人、庆祝丰收等目的的转场舞。① 后来，人们就在王抱赛的房屋那里修建了一座庙宇，以一块石头代表寨主形象，将之视为鬼神予以祭祀，以祈求村寨平安、吉祥。当地祭祀神灵的范畴包括了自然崇拜、祖先崇拜等文化内涵。祭祀之后，人们跳起节奏分明、欢快的转场舞。参与者很多，往往成百上千，场面十分热烈，娱乐性较强。册亨大寨的布依族转场舞远近闻名，每一次表演活动吸引了众多慕名而来参观的游客与积极参与活动的周边地区各族人民。

转场舞属群舞，场地开阔是基本要求。转场舞的舞步流传有多种，如"闹温昂黑"（汉语为"唱山歌迎贵客"之意）、"然博额梁"（汉语为"顶山扛梁"之意）、"迈玄金"（汉语为"穿针引线"之意）等，表达的思想内容不一，或爱情、或劳动、或团结，均体现了布依族文化内涵，具有较高的历史、文化价值。艺术来源于生活，又高于生活。布依族转场舞的产生与流传，既是人们现实生活状况的反映，又表达了他们对理想生活的憧憬。历史时期，布依族地区土司横行，人民苦不堪言。当古代时期的大寨布依族团结起来，奋起反抗，推翻反动统治，获得自由之后，那种兴奋与喜悦难以言表，于是以近乎疯狂的舞蹈、民歌表达自己的美好心情。之后，转场舞被赋予更多的民族文化内涵。"册亨县威旁大寨的布依族转场舞，从民族文化表现的角度来看，它就是此地布依族人的一种特定地域、特定时间出现的某个群体的仪式性的活动，它承载着这一地域布依族人的文化表达、精神观念、信仰、族群聚会、乡村仪式、审美、逐疫纳

---

① 参见梁朝智《浅析布依族转场舞》，《黔西南日报》2012 年 8 月 27 日。

祥、群体认可、婚姻交流等一系列文化。"① 转场舞所蕴含的布依族民俗文化内涵很丰富，是宝贵的少数民族文化遗产。如何传承与发展转场舞，值得思考。

二 现状分析

2014 年 11 月 29 日，册亨布依族转场舞以 9770 人的规模成功申报吉尼斯世界纪录，从而使其成为册亨县经济社会发展的一张新名片。转场舞的发展以申请吉尼斯世界纪录为节点发生了很大变化。申请吉尼斯世界纪录成功后，转场舞的经济社会价值被进一步挖掘，形成了文化产品商业链。这是非物质文化遗产旅游开发的衍生市场。利益方面，不仅推广了布依族文化，而且产生了巨大的经济价值。弊端方面，转场舞在艺术内容及形式方面还是老一套，缺乏切合现代特点的生机活力。用于商业演出的转场舞经过了一定现代化改进，这本无可厚非，但将渐渐失去其文化意义上的精髓。从文化遗产保护的角度来说，尽管开展了大量的民族文化进校园工作，但传承人缺乏的问题还是没有根本改变。文化遗产保护的最佳模式是使其产生经济效益，再以这些效益产生保护升级的作用。民族文化遗产的保护、传承及开发，单靠政府财政投入，难以行得通，只会使其处于停滞不前甚至逐渐消逝的尴尬境地。册亨县在布依族转场舞的保护、传承及开发上想方设法，取得了较好成效，但在成效的深度、力度、广度等方面还需要继续巩固并扩大既有成果。册亨县自 2009 年申报布依族转场舞为省级非物质文化遗产代表性项目以来，开展了转场舞进校园、进社区、进机关、进农家"四进"活动，将其作为课间操在校园推广，将其融入群众文化活动，收到了较好的效果。② 之前一段时间，有关部门关于布依族转场舞的宣传力度非常大，利用多种媒体，从各个层面，多样化开展宣传工作，大大激发了当地布依族传承民族文化的热情。这种热情在转场舞于2014 年成功申报吉尼斯世界纪录的时候达到了顶峰，但之后有所消退。出现这种状况的原因是多方面的：一是将转场舞作为全民健身运动项目的

---

① 彭娜娜等：《册亨布依族转场舞人类学研究》，中央民族大学出版社 2017 年版，第146 页。

② 参见胡应林《册亨布依族转场舞》，《理论与当代》2015 年第 3 期。

推广力度不是很大。二是转场舞本身的艺术形式需要顺应时代有所改进，使其能与现代娱乐、健身项目相媲美，表现布依族传统艺术文化的优越性。三是传承人缺乏。要落实好转场舞保护与传承发展措施，需要一支数量较多且相对稳定的传承人队伍，以保证有相对专业的人员教人们跳转场舞。四是部分人对转场舞的学习不感兴趣，将生活的重点放在现代化文化生活方面。由于外来文化的冲击，民族文化在当地村寨的传统优势地位正在逐渐丧失。新型的娱乐方式正在逐渐取代传统的娱乐方式，跳转场舞的人越来越少。有的人不会跳也不想跳，致使布依族转场舞在当地村寨出现一定程度上的传承困境。这种情况较为普遍。五是转场舞在艺术上的创新难度较大。关于册亨布依族转场舞的整体现状，"如今，由于经济发展和地理位置等原因，导致县里很多中青年人都外出到发达地区打工，加上受外界文化的熏陶，于是有很多打工者对自己本民族的文化逐渐失去了了解，传承人老龄化严重，很少有人再愿意跳转场舞。因此，布依族转场舞开始走到失传的危险边缘"[1]。上述观点对册亨布依族转场舞传承及发展困境作了较为完整、精辟的阐述。困境与问题是存在的，我们必须重视并努力克服册亨布依族转场舞在传承、发展方面存在的问题。

三 对策措施

随着时代的发展，布依族传统文化面临历史的变迁。如何保护、传承与发展布依族优秀传统文化成为我们关注的重要话题。布依族转场舞是由民族舞蹈、民族乐器以及民族服饰等融合而成的原生态艺术文化。对于非物质文化遗产，要正确处理好保护、传承与发展三者之间的关系，要在保护中传承，在传承中发展，在发展中保护。"对非物质文化遗产尽最大努力予以保护，在坚持保护的前提下进行科学地开发建设，通过科学开发利用来实现更好地保护，最终实现生态效益、环境效益、经济效益和社会效益的辩证统一。"[2] 册亨布依族转场舞的传承与发展可以站在少数民族传统文化保护的角度，从现实需要及促进社会发展等方面多加考虑。

---

① 陈晓芳、田维丰：《册亨县转场舞传承现状研究》，《文体用品与科技》2018 年第 5 期。
② 申茂平等：《贵州非物质文化遗产研究》，知识产权出版社 2009 年版，第 39 页。

（一）政府主导，积极营造氛围

政府部门是册亨布依族转场舞保护、传承与发展的管理主体。由政府号召，继续落实册亨布依族转场舞"四进"措施，使其在县内各级学校、社区、机关以及广大农村地区遍地开花，积极营造全民共跳转场舞的良好氛围，进一步凝练布依族转场舞的地域特色，形成民族文化地理标识性品牌。在保护、传承的同时，对转场舞更要做好发展方面的文章。可以由政府出面，通过招商引资的方式，让社会资本参与册亨县大寨转场舞原生态文化保护区的管理活动中来。对转场舞的适度开发可以进一步减轻政府财政负担，还可使之成为实现经济效益和大力改善民生的民族文化开发资本。但在开发过程中，可以行使政府的规划管理职能，多对转场舞保护、传承与发展进行宏观指导，而不是从微观方面细致管辖。政府通过丰富多样的方式对转场舞积极宣传，可以使本地布依族人民产生强烈共鸣，促进民族文化认同，从心底里热爱转场舞，自觉参与到转场舞的保护、传承与发展的行动之中。政府部门运用行政管理职能，与村、组等社会组织加强沟通、联系，多方联动，同时发力，通过定期举办布依族转场舞大赛、大寨文化艺术节、民族文化汇演等多种活动，采取积极措施在社区中推广转场舞为广场舞，丰富群众文化生活，促使当地布依族真正参与到有关活动中去，从而扩大转场舞的社会影响力、知名度和美誉度。

教育机构继续大力开展民族文化传承教育。册亨县早在数年前就已将布依族转场舞作为"民族文化进校园"的重点项目，在冗渡镇大寨村顶效小学、册亨县民族中学、者楼中学等全县70多所中小学校中实施，将其融入课间操，效果良好。转场舞的校园化为民族文化的保护、传承与发展打下了坚实的基础。民族文化传承教育要从小抓起，从娃娃抓起。从小学起、耳濡目染的民族文化活动，可以很好地激发人们的人文情怀，从而在民族文化保护、传承和发展方面发挥积极作用。事实雄辩地说明，布依族转场舞的"民族文化进校园"活动取得了明显成效。册亨县民族中学、者楼中学等学校的学生曾多次参与转场舞之省内外艺术展演活动，好评如潮。2011年8月，册亨县从县民族中学抽调120名学生编排布依族转场舞。同年9月，以中学生为演员主体的册亨布依族转场舞亮相第九届全国少数民族传统体育运动会。他们精彩的表演，给世人留下了深刻、美好的印象。2013年11月，从册亨县者楼中学抽调的24名学生，到广东省东莞市大朗镇参加中国第九届民间文化艺术节，表演转场舞。本次布依族转场舞表演队中，学生人数占 80%。由此可见，中小学校及学生在册亨布依族转场舞保护、传承工作中发挥了重要作用。他们是民族文化保护、传承的生力军。册亨县转场舞"进校园"活动，取得不少成果，但存在教学体系不完善、舞蹈内容简单化、师资力量欠缺等问题。[①] 健全相关教育培训体系、加强师资培训，是转场舞传承发展的一条可循之道。一是可以将转场舞教学有关课程目标写进当地教育部门体育、音乐或课外活动有关课程教学大纲之中，也可将转场舞教学课程作为一门必修课程。二是联合县布依学会等机构、部门组织编写布依族文化乡土教材，通过举办民族文化艺术节等方式，将转场舞有关知识普及至当地中小学校、机关事业单位和社区、乡村社区，使包括布依族在内的广大人民增强对转场舞的认识、了解。三是利用好博物馆、展览馆等公共机构的宣传、教育功能，强化转场舞宣传工作。我们曾经到册亨县布依族博物馆等单位参观，发现关于布依族转场舞的介绍较少。博物馆作为公众教育机构之一，影响力比较大，如能增加册亨布依族转场舞专门展区，向公众免费开放，是普及转场舞文化知识的有效途径。在布依族转场舞的发展方面，州县等地方有关部门可以建立、健全相关体制、机制，将其作为一项商演节目，充分保护，适度开发，在转场舞文化内涵丰富、表演形式拓展等方面努力创新，使转场舞亦能发挥其经济社会发展方面的作用。

（二）民间驱动，集合社会力量

册亨布依族转场舞是一种民间舞蹈。民间文化的传承与发展，既需要政府部门的力量，又需要民间力量的推动。民间社会力量在少数民族民俗文化的保护、传承与发展的过程中占据举足轻重的地位。可以继续加大对布依族转场舞传承人支持力度，在原有传承人生活补贴标准的基础上，以特殊补贴等方式，适当提高传承人生活待遇。可以对村寨举办转场舞的有关社区文化活动予以大力支持，以提高人民对布依族转场舞保护、传承的自觉意识。可以充分发挥县内外布依族文化研究学术团体的学术研究作用。省、州、县级布依学会是专门从事布依学研究的团体。在政府部门的

---

① 参见韦嘉《民族民间舞蹈进校园调查及建议——以册亨县威旁乡大寨村布依族"转场舞"为例》，《贵州教育》2014 年第 11 期。

大力支持下，可以由他们联合国内外专家、学者，以组织开展转场舞田野调查、举办学术研讨会等多种形式，不断挖掘布依族转场舞文化内涵，生产一批研究成果，助力转场舞传承与发展。可以组织开展社会科学界、文学艺术界等多界别、多层次的以布依族转场舞为重点关注对象的调查分析、采风创作、摄影创造、影视剧拍摄、情景短剧拍摄、网络红人打卡等专门的特色文化活动，通过各个层次、各个角度的宣传，大力提升册亨布依族转场舞的文化名牌地位。

（三）市场应用，凸显社会效益

如果说前二者是"内部改良"，那么市场化应用就是"外销途径"。册亨布依族转场舞在2014年作为册亨布依文化年活动的非物质文化遗产旅游项目，经过数年打造，业已打开一定市场。随着知名度的提高，其市场前景潜力巨大。在社会效益的进一步突出方面，可以采用科学化管理模式，招商引资，建立与游客互动的布依转场舞文化交流艺术团；可以在册亨县文化馆至布依文化广场路段以及其他合适的地方建设布依族特色主题风情街；开发与转场舞相关的手工艺品等民族特色名优特产等。目前册亨县布依文化手工艺品开发较多，但量多而不精。究其原因：一是产品生产能力较为低下。布依文化工艺品大多为传统手工艺生产，机械化的批量生产模式还没有大面积推广。二是产品良莠不齐的情况存在，质量需要提高。大部分布依文化工艺品达到了质量要求，但少部分还需要加强监管，要生产出符合市场需要的、安全的、实用的产品。三是产品包装较为简单，难以满足市场及消费者的需求。实用性是一个方面，现代社会中，人们的审美意识大为提高，对产品的包装等多方面具有更高的审美需求。四是关于转场舞的手工艺产品很少。为此，可以根据市场需求，围绕布依族转场舞这张大名片，在产品打造上，形成产业链，使布依族优秀传统文化走上可持续发展的康庄道路。

转场舞作为册亨县发展生态民族文化旅游的一项重点产品被开发利用，其鲜明的民族文化特点具有广阔的发展前景。其民族艺术文化内涵的丰富与社会价值、经济价值的拓展将为地方经济社会带来较大的发展空间。

第 二 章

布依族传统民居保护与开发

第一节　布依族传统民居及其文化内涵

干栏式建筑、石板房等布依族传统民居具有浓郁的民族特色。贵州省自古以来是布依族的世居之地，时至今日保存了大量完整的布依族传统民居。

一　布依族传统民居基本类型

（一）布依族传统民居概况

经济快速发展的现代社会，人们追求更高水平的生活方式与高质量的生活环境，许多布依族传统民居因房屋陈旧而很少有人居住。房子年久失修，面临散架、倒塌境况。有的人家为了修建现代化砖房，就把原有的传统建筑拆掉了。这是现今布依族传统民居面临消逝的一个缩影。

安龙县坝盘村是一个古老的布依族村寨，建筑模式属于全木质干栏式结构。这个村寨位于南盘江边，紧邻国家 AAAA 级旅游景区万峰湖，与广西壮族自治区隆林县隔江相望，依山傍水，环境优美，民风淳朴，世代以稻作农业为主，布依族文化生态保存良好。通过实地调研，我们发现安龙县坝盘村也面临上述类似情况。很多布依族村民在经济条件逐渐转好之后，就拆掉原有的干栏式建筑，在原来屋基上修建新式砖房，多数为两层式砖混楼房。有的村民虽没有拆除陈旧的传统建筑，但在其他地方另找屋基修建新房，对原有的房子没有维修、加固，任其日晒雨淋。这些老房子已是残破不堪，基本上处于弃而不用的状态。目前，仍在传统民居里居住的村民已寥寥无几，只有极少数老年人对老房子情有独钟。更多的村民对老房子已不再留恋。

　　册亨县板万村也是如此。走进村寨，我们发现，很少有人居住在老房子里，大多数人家已搬迁到村外道路两旁砖混结构的新房子里。村寨中偶尔能看到有些人家还居住在老式的干栏式房屋中，但以中老年人为主。他们在老房子旁边另建新式的砖混结构房屋，没有搬出村寨。相对而言，板万村布依族传统民居保存较好，部分房屋经过加固，得以保留下来，但整个村寨里，熟悉布依传统建筑技术的人已寥寥无几。我们就此走访了当地村民。他们认为，目前修建新房子的人都不愿修建全木结构的干栏式房屋，因为现在修造一栋全木结构的房子，花费要比现代砖混结构房屋多很多。而且木材短缺，特别是柱子和横梁难找。以前，山上都是木材，就地取材方便，价格又不高。现在，当地懂木结构房子修造的木匠已很少，加之木房子使用寿命不太长，安全保障又不是太好，所以很多人家不再愿意修建传统的干栏式民居建筑。

　　目前，布依族传统民居保存较好的村寨有兴义市南龙古寨、镇宁县石头寨、贵阳市花溪区镇山布依古寨、黄果树瀑布景区滑石哨村等处，其中一些村寨获得"中国少数民族特色村寨""中国传统村落"以及省级"文物保护单位""少数民族特色村寨""文明村""乡村旅游重点村"等各种称号。布依族传统民居在形制上保留了以前的干栏式、石板房、石木结构青瓦房等建筑形态，具有较高的建筑文化价值。新时代背景下，一些地方将布依族传统建筑文化的保护与开发结合起来，走少数民族村寨乡村旅游发展之路，获得了良好的社会效益、经济效益。

　　1. 干栏式建筑

　　干栏式建筑是我国最早的民居建筑形式之一，它是以巢居为雏形的建筑类型。"干栏式建筑是西南地区众多少数民族传统民居的特点。"[①] 这种干栏建筑，至今在我国西南地区较为常见，实乃传统使然。自古以来，在地理环境等多种因素影响下，布依族、苗族、侗族、土家族、水族、壮族等南方少数民族采取干栏式建筑居住方式。《韩非子·五蠹》记述了上古之人为避野兽虫蛇之侵害而构木为巢以居的情况。人类最早的巢居状态，当是居于树上。人类巢居状态延续了很长时间。《旧唐书》记载居于

---

　　① 叶禾编著：《少数民族民居》，中国社会出版社 2008 年版，第 83 页。

南方地区的南平僚，"土气多瘴疠，山有毒草及沙虱、蝮蛇。人并楼居，登梯而上，号为'干栏'"①。随着社会生产力的进步，蛇虫对人们的危害有所减少，人们抵御自然侵扰的能力大为提升，才开始摆脱巢居状态，采用树木建造房屋。"干栏式建筑在产生和演变发展的过程中，受到不同的地理、气候、材料、技术以及审美意识的影响，它总是以丰富的形象交错在同一时期的不同空间中，既反映了时间进程上的积累，又标志着立体空间上的色彩纷呈。"② 干栏式建筑是布依族一种历史悠久的建筑文化，在自古及今的发展过程中，它在布依族建筑文化史上占有重要的地位。这种干栏式建筑，在我国西南地区较为普遍，又以贵州省居多。最典型的干栏式建筑为全木结构。通过田野调查，我们了解到全木干栏式建筑在今贵州省黔西南布依族苗族自治州兴义市、册亨县、望谟县、贞丰县、安龙县以及黔南布依族苗族自治州都匀市、荔波县和贵阳市花溪区、六盘水市六枝特区等地仍然常见。安龙县坝盘村、册亨县板万村等布依族村寨的全木结构干栏式建筑目前保存较好。干栏式建筑类型的房屋一般以竖柱与横木作为整个构架，普遍为 16 根竖柱，呈方形排列，用横木连接。它们用镶嵌形式，完全不依靠铁钉固定，而是用榫卯连接。"榫卯连接"是在柱子或者横木某个部位打一个洞，凹凸之间，榫头与榫槽相结合，两者刚好紧紧连接在一起，相当稳固。这种全木质房屋使用年限通常为 80 年左右。

　　包括布依族、壮族、苗族、侗族在内的很多南方少数民族将干栏式建筑作为传统民居。布依族干栏式建筑按照建筑样式来分，有吊脚楼、落地式两种形式。干栏式建筑房屋一般分为两层，也有三层的情况。"层的出现既给建筑的造型创造了多变的条件；又给住宅增加了室内空间，而有利于功能的分布及空间的组合。"③ 干栏式建筑最底层主要用于喂养牲畜，放置农具，四周皆是木质材料，不砌石头或泥土。第二层是人们的主要活动场所，设有客厅、卧室、厨房、神龛等，主要用以会客、祭祀等。客厅大小，卧室数量等视情况而定，主要根据整栋房屋面积大小来设置。在第

　　① （后晋）刘昫等：《旧唐书》卷 147《南蛮传·西南蛮》，中华书局 1975 年标点本，第5277 页。

　　② 扬光：《临风把酒话干栏》，贵州科技出版社 2011 年版，第 20 页。

　　③ 彭礼福：《贵州民族民居建筑与"SAR"》，《贵州民族研究》1991 年第 1 期。

二层设计中，一侧屋檐下有一个类似阳台的地方，但不是每一栋房子都有。这也是根据居住者个人习惯来设计的，主要用于晾晒衣物、谷物，也可就餐、乘凉等。第三层主要用来堆放粮食、杂物。据介绍，第三层的建设，既可起到装饰作用，又可发挥稳固整栋房屋的作用。吊脚楼是干栏式建筑的普遍形式，之后出现了落地式的干栏式建筑形式。现在，一些布依族村寨仍然保留吊脚楼式干栏式建筑，而很多布依族村寨的干栏式建筑形式为落地式的木房子。无论是吊脚楼，还是落地式木房子，都是布依族传统的干栏式建筑。落地式干栏式建筑，因为最底层的改造，牲畜圈养就不得不另外设置，一般在第一层附近修建牲畜圈养场地。"因为受汉化的影响，现在西南各省已经有许多由楼居而变为地居。改为地居之后，原来居楼下的牛豕，不得不另想办法来处置，于是乎有许多地方把畜栏移到屋侧或屋的后面去。但亦有不把畜栏移置的，其处置的办法是：在卧室的底下，穿一大与室等的深穴，把家畜放在穴里，种种色色，不一而足。"①

布依族干栏式建筑，按照建筑材料来分，有土木结构、土石结构、木石结构等几种类型。这种建筑往往出现在山区，或者地势相对不平坦的地区。房屋一半靠地面支撑，另一半靠吊脚支撑。它和全木结构的干栏式房屋一样，也分为上、下层。吊脚楼大多数为两层建筑，房屋格局前高后低，前后高度相差五至七尺。吊脚楼不同于全木干栏式建筑，吊脚楼前半部分直接落地支撑，且柱子在地基之下，而后柱及后半部分靠地基支撑，柱子位于地基之上。大多数吊脚楼靠山一边多为平房结构，用以搭建厨房或堆放杂物。全木干栏建筑所有柱子都是落地而建。吊脚楼房屋建设格局和全木干栏式建筑房屋功能相差无几，基本上都是上层住人，下层喂养牲畜。和全木干栏式建筑不同的是，吊脚楼下层是用石头或泥土围建，并不用木板、树枝之类的木质材料，相比全木干栏式建筑，更安全、更实用。这种建筑不仅保留干栏式建筑的通风透气性，同时融入了汉族建筑的坚实耐用性。

吊脚楼分为多种形式，有单吊式、双吊式、四合水式、平地起吊式等。在贵州省黔西南布依族苗族自治州，以单吊式建筑为主。这是由于受到了当地气候、地形条件的影响。目前，册亨县丫他镇板万村、兴义市南

_____

① 戴裔煊：《干兰——西南中国原始住宅的研究》，山西人民出版社2014年版，第68页。

盘江镇南龙古寨等布依族聚居地区还保留着部分吊脚楼建筑，但因年久失修，大部分传统民居已少有人居住。

2. 石板房

除干栏式建筑外，石板房也是布依族传统民居的一大特色与亮点。人类建筑历史中，我们很少看到以石头与石板为主要建筑材料的房屋。这种材料的选用，与当地人文因素、社会环境等分不开。石材的丰富是石板房出现的一个原因。另外，布依族传统文化的浸润是石板房至今犹存的重要原因。石板房大多出现于贵州省镇宁县、关岭县一带，以石板房建筑样式而著名的布依族村寨有安顺市镇宁县石头寨、滑石哨村以及贵阳市花溪区镇山村等处。滑石哨村的民居都是石板房形式，不只是用石头砌墙，连屋顶材料也是石板。石板房与一般平房有相似之处，有单开间、多开间、院落等构造形式。部分石板房除了门是木质材料之外，其余都是石头与木板搭建，但大多数石板房还是沿袭干栏式建筑形式。上文提及的干栏式建筑是以木质材料为主建造的房屋，而石板房是以石头与石板为主要建筑材料的。

石板房建造方式有独特的一面。房屋的竖柱与横梁是木质的，用以搭建框架，这一点与干栏式建筑一样，只不过柱子之外使用石头垒建。房屋墙壁及屋顶都使用石质材料。柱子包围在石头之内。也有少数建筑物的柱子和石材料分离，不过柱子都置于房屋之内。内部柱子架构采用榫卯式连接，不用铁钉。石墙建筑，在垒建的石头与石头接缝处只放少量砂浆，部分条件稍好的人家，用碾碎成粉的糯米和石灰粉混合成浆，将之拌匀粘在接缝处。这样，房屋更坚固，使用年限更长。屋内设置与干栏式建筑有较大区别。石板房建筑的房子一般为两层。人们的主要活动场所在上层，是吃饭、睡觉、祭祀、会客的地方。下层用以喂养牲畜，储存杂物等。

石板房与干栏式建筑最大的区别是遮盖房顶的材料，用石板代替了原来的茅草或者泥瓦。石板房以石片为瓦，层层堆叠在房顶之上，错落有致，用于雨天防水，相比原来用的茅草、泥瓦，更坚实耐用。每隔一段时间，人们要对石板房屋顶的石板进行翻修，以防止石板滑落，留下缝隙，造成房屋漏雨。我们在走访调研期间，询问布依村寨中多位老人，问他们为何采用这样的建筑方式，以石材料为主，而不同于其他地方以木材料为主。老人们回答：就地取材，省时少工。花溪区镇山村"层层叠叠的石板房依山而建。石板为墙、为顶，是民居；以石为路，为巷，是村貌"①。他们之所以用石料为主建造房子，一大原因是木材料的短缺，石材料的丰富。他们把开凿下来的石头直接用于垒建房屋，省得把石材料运出去，难以找到堆放的地点，也由于原来交通不便，条件有限，难以将大量石头运出去。这样做的目的，是为了腾出空间，以修建房子。他们的房子大多修建于半山腰。我们到房屋后山一看，所谓的"就地取材"确实不假。垒建墙壁所用的石头就是他们修建屋基之时挖掘、打磨出来的，遮挡房顶所用的石片也是在山上采集的。由于历史的变迁与地理形态的变化，青石片层层堆叠，厚度、大小相差不远，只要取出来稍加打磨，便可用于建筑房屋。这样的建筑方式是地域性与民族性的特色结合。

3. 石木结构青瓦房

石木结构青瓦房与干栏式建筑、石板房有着很大区别，但追根溯源，还是上述建筑方式的历史演变。石木结构青瓦房一般选在地势相对平坦，且开阔的地带。此类房屋所用材料以土木砖石为主，砖石居多，土木材料相对较少。部分地区房屋为单开间，一般为三间。

石木结构青瓦房与布依族其他民居类型相比，最明显的是把人畜分开，不再是"上人、下畜"的格局，而是设置了厢房和耳房。这种建筑多为一层或两层，正屋设有客厅、卧室等主要活动场所，不同于干栏式建筑、石板房的是，子女卧室转到厢房上层。厢房一般位于正屋左右两侧，一般为两间，房子也为平房或两层，只是布局比正屋简单。厢房上层多做子女卧室，下层多用来堆放杂物。耳房在正屋的一侧接出一间或两间，作为厨房或者圈养牲口的地方。耳房通常比正房矮一至二米。石木结构青瓦房建筑形式与布依族原有的干栏式建筑、石板房有较大差别，反映了布依族接受汉族建筑文化的历史背景，说明了布依族建筑文化在历史发展的过程中，融合其他民族文化的情况。

二　布依族传统民居文化内涵

民居是人类赖以生活的主要空间，具有乡土气息，蕴含文化内涵。"民居住宅不仅是一个简单的构架，一定形式的民族民居大体上与该民族

---

① 罗德启等编著：《千年家园　贵州民居》，中国建筑工业出版社 2009 年版，第 69 页。

所处的社会制度、经济形态、生产和生活方式、家庭结构、婚姻习俗相适应。这些传统民居体现了各民族的社会文化力量，反映了他们的道德观和世界观，具有浓厚的乡土气息。"① 民居文化，即使同一个民族，也因自然环境及地域等不同而存在差异性。布依族传统民居亦是如此。"在建筑种类中，唯住宅与人生关系最为密切。各地因自然环境不同，生活方式之互异，遂产生各种不同之建筑。"② 因为布依族传统民居之间存在的差异性，所以在不同地域就产生了一定差异性的民居文化，具有不同的文化内涵。

（一）价值分析

1. 艺术文化价值

住宅不仅为人们提供遮风挡雨的场所，而且是艺术形式的外在体现。布依族传统民居形式多样，有古老实用的干栏式建筑、朴实无华的石板房、现代元素浓重的石木结构青瓦房。它们有着不同的建筑艺术以及独特的建筑风格，在发展变迁的过程中，吸收融合其他建筑艺术，特别在绘画、雕刻等方面，创造了丰富多彩的艺术文化形式。石板房的主要建筑材料是石头，石为墙，石为窗，石为瓦，石为阶，不一而足。石板房的艺术文化价值很高。当我们在镇宁县石头寨、花溪区镇山村等布依族村寨考察时，感觉是在"石头王国"中遨游，其特有的建筑风格令人难忘，其高超的建筑工艺令人叹为观止。"不要以为石头的粗笨和坚实，就不能表达细腻和精巧。布依族的工匠不仅工于用石头修建出房子，而且还善于将石料打整修饰出美观的图像，龙形、兽形、鸟形、花纹卷叶形等装饰图案巧妙地运用于民居建筑的某些部位。"③ 那一道道门、一扇扇窗都体现出布依族传统建筑所蕴含的艺术价值。位于贵州省贞丰县三岔河畔的纳孔布依古寨，传统建筑气息非常浓厚。我们采访一户余姓布依人家，看到了布依族古建筑的朝门，朝门上的一对"户对"还完好保留着。古代"门当"与"户对"具有一定的社会学、宗教学含义，是该家庭社会地位的标志，

① 斯心直：《西南民族建筑研究》，云南教育出版社 1992 年版，第 69 页。
② 梁思成：《中国建筑史》，百花文艺出版社 2005 年版，第 457 页。
③ 贵州省建设厅编著：《图像人类学视野中的贵州乡土建筑》，贵州人民出版社 2006 年版，第 135 页。

同时具有辟邪意义。古朝门总宽 194 厘米，门框内宽 152 厘米，门高 220
厘米。朝门顶部有一类似窗户的设置，高 90 厘米。"户对"长 21 厘米，
直径 13 厘米。门窗底部有一对木质牛角。牛角与"户对"正反相连。八
卦图案刻于朝门正中。木头之间全用榫卯进行连接。朝门上方有一个类似
屋顶的建筑，上面覆盖瓦片。这些都是布依族传统建筑艺术的外在体现。

　　2. 历史文化价值

　　布依族传统民居有着重要的历史文化价值。我们可以从中探析布依族
传统建筑的发展及演变。"考古发掘的资料表明，干栏建筑是越人典型的
住房建筑形式，20 世纪 50 年代末至 70 年代初在浙江、江苏、江西、湖
北、广东、广西等原百越民族的发祥地和分布地陆续发现了最早七千多年
以前古越人的一些建筑遗址，从结构特征上看与后来的干栏建筑极其相
似。"① 这为布依族传统建筑起源问题的考察提供了一定依据。晋代张华
《博物志》记载，"南越巢居，北朝穴居，避寒暑也"②。"干栏"一词在
南北朝史籍中才开始出现。《魏书》载僚人"依树积木，以居其上，名曰
'干兰'，干兰大小，随其家口之数"③。古字"兰"同"栏"。这可以看
出干栏式建筑在古代南方少数民族地区的历史情况。贵州省兴义市南龙布
依古寨是省级重点文物保护单位，其显著的特征是该村寨保存了典型的布
依族干栏式建筑文化。布依族其他建筑形式，石板房、石木结构青瓦房
等，在历史发展的过程中也是不断变化的，同样具有较为重要的历史文化
价值。贵州省花溪区镇山村，是一个具有布依族石板房典型建筑文化的村
寨，与南龙古寨一样是省级重点文物保护单位。此外，具有布依族传统建
筑文化特征的贵州省册亨县板万布依古寨、安龙县坝盘布依寨、贞丰县花
江布依寨、镇宁县石头寨和高荡布依寨、云南省曲靖市罗平县腊者布依寨
等，被列为"中国少数民族特色村寨"或"中国传统村落"。更多布依族
村寨因为传统民居保存完好而获得省级"少数民族特色村寨"等各项称
号。布依族传统民居从"巢居"走向"地面"，吸纳多种文化元素，至今
保存的建筑符号蕴含着较为丰富的历史文化内涵，值得我们进一步探究。

---

① 周国炎：《布依族民居建筑及其历史演变与发展》，《贵州民族研究》2002 年第 1 期。
② （晋）张华：《博物志》，上海古籍出版社 1990 年版，第 6 页。
③ （北齐）魏收：《魏书》卷 101《僚传》，中华书局 1974 年标点本，第 2248 页。

3. 旅游开发价值

布依族传统建筑是可开发的旅游文化资源。现在，全国各地都在实行产业结构优化升级，贵州省也不例外。以贵州省黔西南布依族苗族自治州为例，这里本来就有众多的旅游文化资源，旅游业发展蒸蒸日上。目前较为著名的有马岭河峡谷、万峰林景区、万峰湖、双乳峰、"二十四道拐"抗战公路等国家 AAAA 级旅游景区。部分布依族村寨投入旅游开发，如兴义市南龙古寨、万峰林上纳灰布依寨和贞丰县纳孔布依寨等。这些布依族村寨为旅游发展增添了一分色彩，成为旅游业的一部分。还有很多布依族村寨处于待开发状态，如安龙县鲁沟塘中坪布依寨、贞丰县对门山村、兴仁市并嘎村、望谟县石头寨等。这些尚未进行旅游开发的布依村寨具有较大开发价值。"我们在挖掘、利用民族文化经济价值时，要与时代发展、社会环境、物质条件、技术进步等密切结合，让文化的'活性'与'刚性'恰当对接，形成互融共促、活力持久的动力系统，进而让民族文化的经济价值得以充分实现。"[1] 当前，利用布依族传统民居来实施旅游开发，是一条可持续发展道路，因为很多传统民居处于闲置状态，与其荒废，不如合理利用，一方面能带动当地经济的发展，另一方面还能弘扬优秀的布依族传统建筑文化。在旅游开发的同时，对传统民居进行改造，这对布依族传统建筑的保护具有很大的现实意义。贵州省黔西南布依族苗族自治州、黔南布依族苗族自治州、贵阳市、安顺市以及云南省罗平县等地区是布依族主要聚居区，布依族文化历史悠久，利用其传统民居文化推动山地旅游、生态旅游、乡村旅游的发展，无论从理论上还是实践上，都是可行的。

布依族民居属于布依族传统文化的重点部分，以之为重心，结合布依族服饰文化、饮食文化、酒文化等因素，对布依族文化融合旅游发展具有重要的现实意义。因此，可以建设布依族文化产业园，以产业带动村寨经济发展，提高人民生活水平。布依族文化产业园区建设，可以把产业与服务结合起来，创造旅游发展道路，形成村寨旅游文化产业链；在产业化之时，在旅游发展上做到吃、住、行、游、购、娱"一条龙"服务；还可以实现邻近布依族村寨之间的联盟发展，使更多的特色村寨参与进来，共

---

① 李忠斌：《论民族文化之经济价值及其实现方式》，《民族研究》2018 年第 2 期。

同发展，从而促进布依族村寨经济社会发展，人民增收致富。

（二）主要作用

干栏式建筑，主要出现在南方民族地区。这是由当地自然环境、气候条件及传统文化等因素共同决定的。自然环境对建筑文化的影响是最具决定性的因素。[①] 南方气候潮湿，蛇虫鼠蚁较多，干栏式建筑不但可以避免潮湿，还能防止虫蛇、猛兽的侵扰。这也许是人类设计干栏式建筑的最初想法。社会生产力的发展、手工技艺水平的提高为干栏式建筑的出现创造了条件。

古代社会，社会生产力极其低下，没有先进的科学技术，对树木的砍伐、石料的打磨都很困难，更难的是屋基的选址及修建。人们为了适应自然，方便建造，直接采用木头在原始地貌上搭建房屋，于是出现了古代南方民族民居依山而建、临水而居的情况。

早期的干栏式建筑修造，人类主要是为了躲避虫蛇、猛兽之害。后来，出现了全木干栏式建筑。此时，人们不但是为了躲避灾害，而且是为了更好地生存与发展。全木干栏式建筑以三层为主。人们开始喂养牲畜，修建房屋，以存放生产、生活资料，体现了生产技术的进步。这类房屋的建造结构，受自然环境的制约，人居住在第二层建筑，是为了更好地防止南方潮湿的气候与多雨水的天气影响人们正常生活，因此，这类建筑能起到遮风挡雨、喂养家禽、储存食物之作用。布依族后期的干栏式建筑融合了其他文化，一方面保留了自身民族建筑文化特点；另一方面，由于时代进步，人们的审美价值逐渐发生改变，在建造干栏式建筑时因时就势进行了一些改造。布依族聚居的村寨，地势相对平坦。地形不太复杂的村子，一般都采用全木结构修建房屋，而改造型干栏式建筑修建的地点一般选在半山腰，背靠大山，且巨石林立或坡度较大的地方。这类建筑和全木干栏结构并没有实质上的不同，只是增添了一些社会文化元素，在地基用料方面加入了石质材料，功能上大同小异。前者相比后者，更容易修建，也更安全。

石板房是布依族另一传统民居形式。贵州省花溪区镇山村、安顺市镇宁县石头寨和高荡村等布依族传统村落之中，有许多别具特色的石板房。

----

① 参见戴志中《西南地域建筑文化研究的意义及趋势》，载李纯、杨宇振主编《西南人居环境与地域文化》，科学出版社 2015 年版，第 10 页。

石板房的内部框架主要是原木材料，在墙壁材料上，以石头代替了木板。屋顶以石片为瓦，将石块切割成一定厚度的石片，错落有致覆盖之。石板房整个建筑以石质材料为主，但还是要用一些木材。这类建筑相比干栏式建筑，改变较大。由于受建筑材料限制，以及木材料的短缺，而当地石料又十分丰富，所以人们就地取材，从而使布依族传统建筑风格出现了新的特点，出现了石板房。石板房一般为平房形式，一层或者两、三层。两、三层的石板房建筑的底层多为地下室形状，与地窖差不多，利用自然地势建造，用以圈养牲畜。石板房以石料为建筑材料，不易损坏，屋内冬暖夏凉，通风防潮作用较好，使用年限较长。

石木结构青瓦房是布依族传统民居中最接近现代建筑的。它在格局上接受了汉文化的影响，出现了"厢房"和"耳房"，最大特点是实行人畜分离，子女卧室从原来的正屋设置而为"厢房"上层，这是以前的建筑从来没有过的。它的作用与功能发生了很大变化，注重美观和实用。

（三）文化体现

1. 建造程序

布依族传统民居的修建是一个较为烦琐的过程，从房屋选址到房屋竣工，都有一套礼仪形式，每一道程序均有较为严格的要求。

（1）选址

布依族在建房之前，要进行屋基选址。选址是很讲究的一个环节。选址的大体条件是要依山傍水。此外，朝向、坐落、取材等同样影响房屋的选址，其中，朝向是影响较大的一个因素。大多数人会选择坐西北、朝东南的方向，因为这样能得到更多的阳光照射。布依族房屋，门前要地势开阔，具有百凤朝阳的态势。依山傍水也有一些讲究。背靠山，要有"贵人座椅"的山势。房屋四周要有"左青龙、右白虎、前朱雀、后玄武"的地理形势。依山傍水的选址主要是由于布依族长期处于农业社会的影响所致。目前，大多数人将房屋建筑选择在交通便利的地方，其他条件则是祖辈传下来的一些规矩。屋基选址首先由主人大概确定下来，再请村寨中比较有名望、会看风水的地理先生来勘测，主要看房屋选址是否吉祥向好，能否造福后世子孙。如果地理先生认可选址，就选择良辰吉日动土。

（2）动土

房屋选址确定之后，选择良辰吉日动土。在动土、安放石基前，先敬土地神，然后由木匠师傅举行动土仪式。主人准备公鸡、蜡烛、香、纸钱等祭品，然后念几句话，"一开土神，千年宝贵；二开土神，百年兴旺；三开土神，人丁大发，代代科甲名扬"。主人用工具铲土，表示建造房屋的工程正式开始了。

动土仪式中一个重要的环节是架码。架码仪式由木匠师傅主持。主人同样准备雄鸡、香、蜡烛、纸钱等物品。木匠念诵驱魔、除邪、保平安的咒语。仪式结束之后，木匠用一根竹子把房屋各个部位标记好，划墨之后，其助手、主人准备建房的材料。架码当天所用柱子非常讲究，在砍伐的时候，树木要向山顶方向倒。如果树木往山脚方向倒，就不行，必须另外选用树木。人们认为，树木往山脚方向倒，不吉利。架码之后的两天内，人们要把所选用的柱子都凿好洞眼。洞眼是柱子之间榫卯相连的接头，里面不能有残存的木渣。洞眼打好之后，老人们会在洞眼里放几个铜钱，让小孩子把手伸到洞眼里去抓。小孩在抓铜钱的过程中，就把里面残存的木渣掏出来了。

（3）请师立柱

"请师立柱"当天要摆酒席。房主"外家"（即女主人娘家）要来开展庆祝活动。当天要杀一只公鸡，用以驱邪避煞。所谓"请师"，就是请鲁班师傅和立柱木匠的祖师。木匠把准备好的雄鸡鸡冠用嘴咬破，将鸡血滴在酒碗里和其他工具上，然后杀鸡，并用所带的凿子把鸡钉在左侧起第二棵柱子上。等立柱的时辰到来，木匠师傅上前"发锤"，大声念道：弟子手拿一把锤，此锤不是非凡锤，鲁班赐我是金锤；捶一声，惊动天，天神得知闻；响二声，惊动地，地脉龙神得知闻；响三声，惊动人，八方亲友得知闻。等木匠师傅念完后，亲朋好友说一些吉利话语，以表示祝贺。紧接着，众人合力把柱子立起来。立柱子要先立中堂里的两排。等到中堂里的柱子榫卯接稳之后，再立两边的柱子，最后把中堂柱子和两边的柱子扣拢，立柱仪式就结束了。

（4）上梁

"上梁"是最热闹的一天。主梁一般是"外家"送来的梓木。上梁时，要由主人家外支即姑母家来缠梁。首先开梁口，其次包梁，再次缠梁，最后上梁。"开梁口"就是在主梁上开凿出相应的空洞，以为榫卯连接之用。"包梁"是指在房梁的正中间用红布包一些金银珠宝，象征着主人家富贵。"缠梁"就是将红布缠在主梁之上。"缠梁"完成之后，主人和木匠师傅说一番吉利话语之后，开始上梁。

"上梁"是一个比较繁琐的过程。首先，主人要准备好祭品，包括水果、香、纸钱、大米、猪头、酒水等，还要有粑粑。在上梁过程中，专门找两个人拿着粑粑跟在木匠后面，念一句经，就上一步梁。部分布依族地区要唱"上梁歌"。等梁稳定之后，跟随木匠的人开始撒粑粑，房子下面的人就去抢。谁抢得多，表示谁就越吉利、越幸运。此种习俗被称为"撒梁粑"。

随着社会的进步与发展，现在布依族建房大多省去这些繁琐的规矩，一般希望把房屋建在交通便利的地方，且以砖混结构的楼房为主。布依族传统建筑的文化内涵只有为数不多的老人知晓。这些文化内涵没有多少人重视，正面临失传困境。

2. 民俗文化

（1）民间信仰

布依族传统民居中，一般于堂屋设家神之位。这是民间信仰在布依族传统建筑文化中的表现。布依族家神的安放，需要请布摩择吉日开展仪式。其中"开财门"仪式是新房建成之后必须要进行的，表现了民间信仰的内涵。在布依族所供奉的家神中，有天地君亲师以及孔子、观音、文昌帝君、关公等神灵名号，同时有历代宗亲之牌位。这反映了布依族的天神、土地、观音信仰、文昌帝君信仰、关公信仰、祖先崇拜等民间信仰文化内涵。在布依族家神中，天神信仰很重要，其名号排在其他神灵之前，与祖先崇拜具有一定关系。"在布依族心目中，天神的地位是非常神圣而崇高的。天神的地位是天意安排的，布依族无法左右。但另一方面，布依族又认为天是由布依族的祖先八万创造的。"① 这使布依族对天神信仰十分坚定。布依族崇拜山神、土地神、树神、石神、水神等。"布依村寨大都把大树、古树视为神树，以榕树居多，还有香樟树等其他树种。神树大多生长在村头寨尾，为一村一寨所共有。人们认为，大树、古树是神灵，

---

① 彭建兵、谢建辉：《布依族天神信仰探析》，《兴义民族师范学院学报》2018 年第 3 期。

具有神秘的力量，它们能佑护寨中百姓安居乐业、吉祥如意。"① 很多布依族村寨修建了土地庙，在一定的时间开展祭祀活动，目的是驱邪避祸、祈求吉祥，表达了布依族民间信仰方面的诉求。

（2）伦理道德

布依族人民对自己的子女要求非常严格，因为在他们看来，"家教不严，祸害子孙"。他们注重伦理道德教育。走进布依族村寨，我们随处可见布依族尊老爱幼的现象。日常生活中，年轻人为老人添饭、端茶等，在这些过程中必须双手接送，以示尊重。另外，在布依族卧室布局上，家神后面设有一个卧室。这个卧室只有年长的老人可以居住，显示了老人地位的尊贵。否则，家中有老人而不设老人房，会被看作对祖先的不敬。

（3）群居意识

布依族对自身民族文化具有较强的民族认同。在他们看来，传统民居是祖先留下来的财富，它不仅仅是物质文化，也是精神文化的载体，是老一辈智慧的结晶。在布依族聚居地区，我们很少看到布依族单家独户居住。他们大都以村落形式聚居在一起。群居是古代的传统，也是现代布依族延续的居住方式，现在主要以户为单位，聚族而居。布依族节日活动开展之时，整个村落很热闹，甚至会有几个布依族村落联合起来举办节庆活动的情况。在他们看来，这样的生活方式能更好地相互帮助，团结协作，更好地生存与发展。这体现了布依族具有较为强烈的民族认同感和凝聚力。

3. 不同地域的民居特色

布依族传统民居与其生存环境、生活习俗、个性特点等具有内在的联系。布依族传统民居在形式上多样化，不同地域、不同时代的布依族传统民居表现出差异性。"不同地域布依族民居建筑、同地域的不同时代的民居建筑，在建筑的竖向和平面布局、建筑外观、材料等方面，既有统一性体现传承，也存在一定程度的差异化特征。这种差异化特征的表现是在民族文化内核的控制下，充分结合地域性因素的适应性建造。"② 地理环境

---

① 彭建兵、谢建辉：《布依族树神信仰与神树崇拜》，《兴义民族师范学院学报》2018 年第1 期。

② 许佳琪等：《贵州不同地域布依族民居建造适应性对比研究——黔中白村与黔西南柯村两个案例的比较》，《城市建筑》2017 年第19 期。

对建筑文化的影响比较大。自然环境不同的地域，其房屋修建形式存在较大差别，由此带来文化内涵上的差异。"民居建筑风格表现出了布依族人民鲜明的个性特征，因时因地而异的建筑形式反映了人们对周边社会环境和自然的适应。"① 除地理环境外，当地的气候特征、民俗习惯也对布依族传统民居建造带来较大影响。所以，不同地域的布依族传统民居，所包含的文化内涵具有一定差异性。

房屋的面向问题。依山而建、临水而居是布依族传统民居的风格。布依族传统民居正门从不向山。同时，房子大门忌向西、北方向。因此，布依族房屋大多选择坐北朝南的布局形式。现代的布依族民居并不严格受这一民间习俗的影响，主要根据当地地理形势来决定。布依族村落大多有河流，十分灵动，这是农耕文化影响所致，至今依然。

建筑材料问题。布依族主要居住于喀斯特地貌地区。很多地方石山林立，石头遍地。石头便成为布依族传统民居的一种主要材料，以石为墙，以石为瓦，以石为屋。另外，云贵高原作为布依族世居之地，森林密布，古木参天，木头是布依族传统民居的一种主要建筑材料，全木结构的干栏式建筑应运而生。以石、木为主要建筑材料的布依族传统民居在不同的布依族聚居之地稍有区别。贵州省贵阳市、安顺市一带的布依族传统民居以石板房、石木结构青瓦房为主，黔南布依族苗族自治州、黔西南布依族苗族自治州以及云南省罗平县一带的布依族传统民居以干栏式建筑为主。

干栏式建筑与石木结构建筑存在较大的地域差异性。安龙县坝盘布依族村寨的地势相对平坦，坡度较小，房屋的修建相对容易。其地基建造省时、省力，可将柱子直接与地面相连，加固即可。整栋房屋的修建以木材为主，这与当地木材料的充足有很大关联。安顺市镇宁县滑石哨布依寨与安龙县坝盘布依寨的建筑风格呈现不同特点。滑石哨布依寨是石质材料非常丰富的地区，而且地势崎岖，坡度非常大。人们为适应当地地理形态，建造房屋的材料以石为主，以木为辅。由于山体坡度大，在地基的修建中，人们先用石头把低洼的地方填平，在此基础上建造石木结构青瓦房。以上两个布依族村寨虽然在建筑材料上有较大的区别，但建筑布局具有相同之处，神龛、厨房、卧室、客厅等一应俱全；建造房屋的木头之间，运

---

① 周国炎：《布依族民居建筑及其历史演变与发展》，《贵州民族研究》2002 年第 1 期。

用的是榫卯连接的方式。

三　布依族传统民居保护措施

（一）增强保护意识

增强人们对布依族传统民居的保护意识，是对传统建筑最基本，也是最有效的保护措施。这种保护意识不应局限于当地人，更应该向外界宣传，以扩大影响，增强传统文化的全民保护意识。现实生活中，某某景区的文物被刻字、涂画等情况时有出现。这是少数人对传统建筑、历史文物缺乏保护意识的表现。增强人们对布依族传统民居的保护意识，可以采取专题活动等手段，对当地居民进行宣传教育，使他们认识到传统建筑的宝贵性，意识到这不仅仅是一种建筑，更是一种文化，促使其自发参与到保护工作之中，做到不拆、不毁。还可以对外来游客进行宣传、讲解，让他们懂得布依族传统民居的文化内涵及其价值、作用，做到全民参与、共同爱护、共同管理。安龙县坝盘布依寨原有的数十栋布依族干栏式建筑已所剩无几，大都被现代建筑所取代，偶有几栋干栏式建筑，也是破败不堪。当地布依族为了追求更高品质的生活质量，对传统的布依族民居进行改造尚可理解，并能获得支持，但那种拆老房子，建现代砖混结构新房子的做法，是人们对布依族传统建筑文化保护意识弱化的表现，虽然在时代进程上无可厚非。

（二）加大资金投入

资金的投入，是传统民居保护的重要手段，而资金主要来源于政府部门。资金的大量投入，能让原本破败不堪的布依族传统民居得以修缮，重新焕发光彩。在此基础上，组织专门人员对布依族村寨传统民居进行统一管理，才能让这些传统建筑更好地保存下去。财政资金并不是布依族传统民居保护的唯一经济来源，可以组织村民自发捐赠，做到齐抓共管，也可以利用这些传统民居进行旅游开发，发展当地经济，边发展、边保护。此外，可以采取引进社会资金对布依族村寨传统民居进行商业化改造。贵州省册亨县板万村是一个典型的布依族村寨，干栏式建筑文化保存较好，但房屋破旧，整体面貌欠佳。在上级部门的大力支持下，该村利用优美的自然环境、浓郁的民族风情吸引外商投入大量资金，主要用于改造老旧的干栏式建筑，取得了良好效果。

（三）强化政策保护

政策保护作为当下传统建筑保护的热门话题，是对传统建筑进行保护的强制性手段。布依族传统民居是布依族主要的建筑文化，是重要的民族文化遗产。近年，国家对传统民居的保护力度较大，评选出了许多中国传统村落，对具有民族建筑特色的布依族村落，如贵州省兴仁市九盘村和卡嘎村、兴义市南龙古寨和堵德村、册亨县板万村和弼佑村、贞丰县花江村以及云南省罗平县腊者村等实施保护、开发，取得了较好效果。政策保护主要在于各级党委和政府的重视。他们对传统建筑接触最多，可以根据实际情况出台相关政策法规来保护现有的布依族传统民居，避免因扩建、改建、搬迁等破坏传统建筑，并以执法手段来保护传统建筑，从而达到保留并传承布依族传统建筑文化的目的。另外，基层组织可以根据布依族村寨具体情况制定一系列村规民约，以约束当地村民对传统民居可能造成的破坏，制止村民拆除传统建筑的行为。

（四）合理乡村规划

合理的乡村规划对传统民居的保护发挥着重要的作用。当今社会，社会主义新农村建设的步伐加快，乡村社会管理逐步实现规范化，乡村越来越美，美丽乡村比比皆是。乡村规划是要在一定范围内将具有特色的乡村文化聚拢起来，表现文化个性，留住浓浓乡愁。所以，未来的乡村将变得如城市一般美丽。作为乡村社会典型标识的是传统建筑文化。在现代化趋势下，乡村传统民居越来越少。布依族村寨亦是如此。但还是有一些布依族村寨至今保存着具有较高历史文化价值的传统建筑。无论出于旅游开发的目标，还是纯粹的文化保护目的，有关部门可以对这些布依族村寨进行合理规划。贵州省花溪区青岩镇龙井村、镇宁县石头寨、六枝特区牛角村、兴义市下纳灰、贞丰县纳孔村、册亨县福尧村、望谟县甘莱村和云南省罗平县腊者村、多依村以及四川省宁南县拉落村等布依族村寨在乡村规划上，注重整合布依族传统建筑文化，以此树立良好的村寨形象，带动美丽乡村建设，推动了布依族文化与乡村旅游的融合发展。

（五）提高科技含量

保护传统民居，简单来说就是保护传统建筑原貌，保持其文化特色。对布依族古民居的修复，要注重其特殊性。由于现代化的作用，在布依族传统民居的保护过程中，根据建筑功能，可以在一定的科学理论的指导下，对之进行有益的、适当的改造。在维护布依族传统民居本来面目的前提下，可以根据实际情况制定改造策略，做到准确调查、记录、勘测、取样，在古建筑基础上开展修缮工作。当传统技术不能解决存在的问题的时候，在不损坏传统建筑的前提下，可以利用数字摄影测量、三维激光测量等现代化高科技技术手段对之进行修缮，尽量使其保留原貌。

　　布依族传统民居是时代发展的见证，是布依族人民智慧的结晶。传承至今的布依族传统干栏式建筑、石板房等有着自身特有的文化内涵，在中华民族建筑史上留下了浓墨重彩的一笔。保护布依族传统民居文化，是留住乡愁记忆、传承民族文化的主要措施。把布依族传统民居与乡村生态旅游、山地旅游密切融合，将在助力美丽乡村建设、促进布依族聚居地区经济社会发展、提升布依族人民生活水平、落实乡村振兴战略等方面发挥重要作用。

第二节　布依族传统民居文化的旅游价值

　　西南地区独特的布依族传统民居不但具有民族特色，而且具有鲜明的区域性特点，主要有干栏式建筑的吊脚楼、石板房、石木结构青瓦房等几种民居形式。在现代化背景下，传统文化面临严重的困境。布依族传统民居也如此。在时代变迁背景下，许多布依族村寨的人民虽然对保护传统民居具有一定清醒认识，希望保护之，但缺乏具体思路。"应该说，就传统民居保护的态度而言，认为'应该'保护的村民比例是高于'不应该'的。"① 这是难能可贵的。也许，这些主张"应该"保护的布依族村民，部分是出于乡愁记忆的情怀，部分是出于村寨开发的目的。不管如何，现实就是这样，时代潮流不可逆转，对布依族传统民居的保护、传承的呼声越来越高。随着文化保护意识的增强和旅游业的蓬勃发展，各级党委和政府对布依族地区的传统民居重视程度越来越高。在此背景下，许多布依族

---

　　① 吴晓萍、康红梅：《民族地区危房改造与少数民族传统民居保护研究——以贵州省为例》，人民出版社 2015 年版，第 167 页。

传统村落得到了较好的保护。布依族传统民居文化作为宝贵的山地文化资源，不但具有深厚的历史文化内涵和独特的民居文化特色，而且具有较高的山地旅游价值。对其旅游价值的合理开发和利用，不但能够给布依族聚居地区带来巨大的经济效益，而且可以为西部地区山地旅游业发展插上腾飞的翅膀，体现其现实的旅游经济价值，最终达到造福山地民众，传承山地文明，改善山地民生，实现区域经济社会发展的目的。

一 历史文化遗产

（一）历史遗迹

贵州省是布依族的世居之地。贵州省特有的喀斯特地形地貌结构和地理环境的独特性，导致分布在各地的布依族传统民居呈现一定的差异性，由此具有一定的地域特色。从居住环境看，居住在地势稍微平缓地区的有开阳县、独山县、平坝县等地的布依族，而其他地区的布依族多居住于溪流河谷或高山地带。随着社会的发展、政府的关注以及少数民族传统文化急需保护和传承的需要，目前许多具有布依族传统民居的典型聚落得到了较好的保护。这些布依族村寨因为具有一定保护价值的传统民居等民族文化的存在，而被列为省级重点文物保护单位或国家级、省级少数民族特色村寨或中国传统村落，成为布依族聚居地区具有旅游发展潜能的特色民居文化和珍贵的历史文化遗产。以布依族特色民居文化闻名的历史文化遗迹主要有花溪区镇山村、兴义市南龙古寨、镇宁县高荡村等布依族传统村落。

兴义市南龙布依古寨坐落于兴义市万峰湖畔，既是"中国少数民族特色村寨""中国传统村落"，又是"贵州省重点文物保护单位"。这里独具特色的布依族传统干栏式建筑越来越引起世人的关注，随着时间的推移，这里逐渐成为贵州省西南部地区的一个乡村旅游热点。同时，借助山地旅游业大发展的契机，结合当地布依族传统民居文化特点，兴义市把南龙古寨作为乡村旅游特色民族村寨进行打造。近年，省级以上数家媒体多次对南龙古寨布依族传统民居文化进行报道，收到了很好的外宣效果，中外游客纷至沓来，大大提高了其旅游文化美誉度、知名度，成为西部少数民族生态文化旅游的一片乐土。

贵阳市花溪区镇山村的布依族石板房，具有鲜明的布依族传统民居特点。该村位于花溪区石板镇花溪水库中部的一个三面环水的半岛上，当地居民以布依族为主体，距离贵阳市区与花溪城区很近，只有10—20公里，是一个典型的布依族特色村寨。这里的布依族历史文化悠久，民风古朴，传统民居别有特色，是布依族地区独具特色的民族民居文化品牌，是中国为数不多的生态博物馆之一。镇山村布依族偏爱石材，材料的结合体现了文化的交融，石板屋面成为这里别具一格的独特标签。[1] 镇山村于1993年被批准为"贵州镇山民族文化保护村"，1995年被确定为"贵州省重点文物保护单位"。政府部门和越来越多的商业人士看到了其潜在的旅游价值。2000年，中国与挪威合作，通过双方共同努力，最终建成了镇山村布依族生态博物馆。自此之后，镇山村旅游开发逐渐步入正轨，并且发展迅速。镇山布依族村寨依托青山绿水而建，整体展现出布依族传统民居文化特色，很受广大游客的欢迎。合理的旅游开发给该地区的布依族人民带来了巨大的经济收益，使之成为了该地区利用民族特色村寨民居文化开发民族特色旅游，并带动当地布依族群众脱贫致富奔小康的典型民族村寨。

安顺市镇宁布依族苗族自治县环翠街道办事处高荡村，位于县城西南约7公里处，是一个历史悠久的布依族古村落。该村整体上建造在崇山峻岭之中，四面环山，从高处看，就好像众多笔直挺拔的山峰衬托着一口大锅一样。布依族人根据村寨的空间布局形态，用布依语称之为"翁坐"，汉语的意思为"高荡"。高荡村因此得名。高荡村布依族民俗文化源远流长，传统的石板房民居文化别具一格，可以说是少数民族民居史上的一朵奇葩。其民居结构、工艺水平及民居艺术具有较高价值。高荡村不但是住建部批准的中国传统古村落，而且是国家民委首批命名的中国少数民族特色村寨之一。高荡村是贵州省旅游局与德国特里尔大学合作的贵州省唯一的村落类生态旅游试点村寨。该村通过旅游经济的不断发展，目前建有布依族文化广场等文化基础设施。整个广场由布依族民俗陈列馆、村史馆、绿化带等模块组成，体现出浓郁的布依族民俗文化和民居文化特点。2016年，高荡村村史馆被中共贵州省委统战部授予"贵州省村寨民族文化宣传示范点"荣誉称号。镇宁县石头寨的布依族石木结构房子与高荡村的

---

① 参见王璐《镇山村聚落空间形态演变的探寻与分析》，硕士学位论文，天津大学，2007年。

差不多，也是布依族传统民居的一大亮点。该村寨距离黄果树大瀑布约 2 公里，居民以伍姓为主。

兴仁市巴铃镇卡嘎布依寨，整个村寨依山而建、坐南朝北，坐落在海拔 1600 多米的大山上。村落被气势巍峨的群山环绕，地势北面较低，东面、南面、西面三处较高，视野开阔。该村寨主要民居为石木结构青瓦房。村寨至今保存多栋老式的石木结构青瓦房，具有浓厚的布依族文化特色。2012 年 12 月，卡嘎布依村寨被列入第一批中国传统村落名录，被誉为贵州深山里的"金凤凰"。该村寨还被列为贵州省第三批少数民族特色村寨，具有较大的旅游发展潜力，特别是布依族传统民居的旅游价值越来越凸显。

（二）文化特征

从布依族村寨历史文化发展的背景看，布依族是一个有着悠久民居历史文化的民族。布依族传统民居不仅是凝聚布依族人民智慧的建筑文化观照，同时也是布依族从古至今民俗生活的一个历史文化缩影。随着岁月的流逝和社会的发展，这些被深深打上历史烙印的布依族传统民居已经成为贵州大山深处璀璨夺目的明珠，逐渐走出贵州，让世人一睹其风采。在国家政策保护的前提下，布依族人民对代代相传的民居工艺充分保护及传承。目前，布依族传统民居已经成为西部地区一种宝贵的山地文化资源。其独特的民居文化成就了贵州、云南、四川等省份特有的山地文明。因其受到贵州喀斯特地貌的影响，独特的地理环境以及地形、气候等条件的差异，布依族传统民居形式可以归类为以下四种不同的类型：干栏式民居、石板房、石木结构青瓦房以及砖混结构房屋。这几种民居类型把布依族传统民居的文化特征体现得淋漓尽致。

1. 以木为墙、以木为柱的全木结构

这一文化特征主要体现在布依族干栏式民居上。一般是两层楼、全部木架结构形式的干栏式民居，这是布依族传统民居的典型代表。干栏式民居能防潮防湿，通风性能好，干燥通透。这种民居类型比较适宜建造在跌宕起伏的喀斯特地貌地区和高原深山河谷地带，因为这些地区的气候较为燥热与潮湿。其规模的大小比较灵活多变，在功能上主要以日常生活起居、接待宾客、举行隆重庄严的祭祀仪式等为主。当地布依族居民的休息室、会客室、厨房、火塘等重要空间基本设在楼上，也有少部分居民将厨房设置在楼下。这种类型的民居可以巧妙地使房子与潮湿的地面隔离开来，从而起到很好的防潮作用。另外，干栏式民居还能有效地利用房屋空间，有一房多用的效果。

2. 以石为墙、以石为瓦的典型特点

这一文化特征主要体现在布依族的石板房民居上。安顺市镇宁县高荡村就是很好的例子。该村布依族就地取材，将本地特有的石板作为民居材料，用石板砌墙、用石板当瓦、用石板铺院落。走进高荡村，映入眼帘的是一个石头的世界，进村的小路是用石板铺的，村里的房屋是用石头建造的。整个村寨的民居式样别具一格，让人体会到不一般的民居艺术。这种民居风格吸引不少游客前来，一睹村寨风采。其房屋建造风格令人叹为观止。这样的民居文化特征是一种宝贵的旅游资源，蕴藏着巨大的旅游发展潜能。

3. 亲近自然、低碳生活的地理特征

走进布依族村寨的游客都会感叹一番，被那青山绿水、潺潺清流、鸟语花香、古树环绕的生态民居环境所折服。布依族人民在发展繁衍的过程中不断传承其独特的民居文化，表明他们有着一颗敬畏自然的心灵。在选址过程中巧妙地利用地形变化、地形特征，做到民居依附自然、存于自然，达到民居与自然的完美契合。这种民居文化特征也是令游客流连忘返的一大亮点。

二　民族特色景观

布依族传统民居文化别有特色，具有较高的旅游观赏价值，是布依族地区旅游开发的重要资源，所以布依族村寨旅游开发空间和开发价值较大。"民族村寨旅游是一项特殊的旅游活动，它是依托当地社区的历史文化、生活空间中的聚落景观及其构成要素以及其下的社会文化内涵为核心吸引物展开的。"[①] 作为一种民族特色景观，布依族传统民居具有较高的旅游观赏价值，对其进行合理的开发和利用，能给布依族地区带来意想不到的社会经济效益。

---

① 陈志永：《少数民族村寨社区参与旅游发展研究》，中国社会科学出版社 2015 年版，第 1 页。

（一）传统村寨

西南地区至今保存良好的少数民族生态文化，对区域外的人们来说具有较强的神秘感，由此带来了西部民族地区传统村寨在旅游事业上的快速发展。布依族具有传统民居文化特色的村寨自身体现的旅游价值相对较高，其特殊的建造环境和建造风格，使其具备非凡的旅游观赏价值，成为一道道美丽的旅游风景线。就石板房的民居聚落而言，布依族石板房集中在两个地方，一个是贵阳市一带，另一个是安顺市一带。坐落于喀斯特地貌地区的布依族村寨，不仅民居文化独具特色，而且因地制宜。静谧奇特的民居生态环境表现为绿荫鸟鸣，流水潺潺，花香四溢，是康养休闲宝地。安顺市镇宁县滑石哨村和贵阳市花溪区镇山村等布依族村落是这方面的典型。这种布依族传统民居保存相对完好的村寨，民居文化独特，石墙石瓦，整体美观性强，比较适合康养旅居和休闲观赏，从而能成为乡村旅游开发中最具潜能的旅游目的地，其旅游价值不言而喻。

布依族是西南地区典型的少数民族，其传统民居的变迁反映了自然环境、文化习俗等多方面因素的影响。"西南地域传统文化区内的建筑物种为适应其所处地理气候环境，在长期历史发展过程中，都总结出了一整套行之有效的适宜技术模式，并对形成当今西南地域建筑文化产生了积极的影响。"[1] 传统民居形式的历史变迁，是布依族不断适应自然环境、社会环境的结果。布依族传统村寨大多依山傍水。布依族村内寨外有上百年的古树，还有潺潺的溪流，鸟语声声，瓜果飘香。其中许多布依族村寨利用地形的高低落差，选择好宅基地，依靠自然山体进行建设，发挥了云贵高原地区喀斯特地貌的特点。布依族选择较为灵活的房屋坐落方向、大门的朝向，体现出每栋房屋在位置上的独特性。在布依族传统村寨里，道路是沿着秀美苍翠的山体修建的。数条小路沿着山坡蜿蜒。村中小道把整个布依族传统村落相互连接在一起，几条道路相交的地方都设有一些间隙空间。游客不管是集体组团而来，还是自行前来，都喜欢从远处眺望布依族传统村寨内的民居。整个布依族传统村落，不但有错落有致的民居，而且还有穿寨而过的溪流、小河，高耸入云的百年古树。传统民居在蓝天白云的衬托下更增添了几分神秘。距黄果树瀑布约 2 公里的安顺市镇宁县滑石

---

① 梁茵：《西南少数民族建筑景观研究》，中国原子能出版社 2018 年版，第 7 页。

哨村，是具有典型布依族石板房传统民居的特色村寨。村寨山环水绕，黄果树瀑布上游的溪水流经该村寨。游客身临其境感受美景后流连忘返。放眼望去，整个村寨的布依族传统民居因地制宜，依山傍水，体现出生态自然的民居布局。这种民居顺应自然，体现了一种和谐之美。游客在观赏石板房民居的时候，会发现村里有高低错落、造型奇特的石台。原来这是布依族传统民居艺术的杰作，是别具一格的美。自然村寨，山水田园。以布依族传统民居为重点的布依族文化与乡村文化资源充分结合，可以建构具有特色的生态民族文化旅游模式。"镇宁县的布依族传统村落与周边的自然环境形成了三种构架模式：'山林—村落—稻田''山林—村落—河流—稻田''山林—村落—稻田—河流'。"① 就旅游观赏价值而言，具有布依族传统民居特色的聚落景观，能给人们留下深刻的印象。

（二）个体景点

布依族传统民居的个体景点是指布依族传统院落，也称为庭院景观。"布依族人家的庭院主要由建筑、土墙、篱笆和溪流水渠等景观要素围合而成，常用来堆放农具和杂物，晾晒谷物蔬菜，饲养鸡鸭等。"② 乡村农家的田园风景，从整体上看，布依族传统民居村寨有一种聚落的美感和较高的旅游观赏价值。布依族村寨里面每一栋民居、每一条道路、每一个广场、每一棵古树都是村寨中不同特色的旅游个体景观。"要处理好开发与保护的关系，尽可能地顺应、利用和尊重富有特色的自然资源，保护好山岭、河流、森林等大自然赐予我们的天然美景，实现人与自然和谐相处。"③ 在布依村寨个体景点的打造上，可以因地制宜，充分利用本地自然资源、人文资源，做到自然贴切，不矫揉造作，要以布依族原生态文化的表现为核心，对各个特色景点统一规划，精心布局，形成风格。

布依族传统民居文化丰富多彩，不仅有别具一格的石板房民居文化，而且有因地制宜的干栏式建筑。身怀建筑技艺的工匠建造了别具一格的布依族石板房民居文化。在布依族村寨里，只要有一家准备建造房屋，寨中

---

① 吴宇凡：《贵州镇宁县布依族传统村落景观空间形态研究》，硕士学位论文，华南农业大学，2016 年。

② 杨俊：《布依族村寨乡村景观发展变迁研究》，硕士学位论文，西南大学，2007 年。

③ 唐莉：《布依族村寨景观研究》，《贵州民族研究》2016 年第 1 期。

之人一般都会去帮忙。建造到关键环节时，主人就会请村里的老石匠在新建民居上镌字画图，对房屋进行装饰，以达到外表美观的效果。这样，整个石板房精美的外观就成为这户布依人家民居一道亮丽的风景。整个布依族村寨里所有传统民居上面都镌字画图，自然而然就成为了整个布依族村寨的一大旅游亮点，就将布依族传统民居文化的个体景观的旅游价值充分体现了出来。

（三）特色景观

对于少数民族特色村寨，可以"对以文化为核心的人文自然景观进行旅游开发"①，从而实现民族文化的传承发展价值。西南地区的村寨民族文化可以依据实际情况开发为旅游文化景观。包括布依族在内的传统民居的独特风格能给游客带来耳目一新的感受。布依族传统民居除木质结构的干栏式民居外，还有石板房、石木结构青瓦房，其结构与苗族、壮族、侗族的民居结构相似，但还是稍微有所不同。布依族传统干栏式民居一般体现"榫卯""穿枋"两大要素，常用"柱"和"瓜"表示建造过程中的大横木。干栏式民居模式是布依族在长期的自然环境适应过程中建筑学方面智慧结晶的表现，是布依族民居的早期代表。原始社会时期的古人为了躲避蛇虫等的侵害便在树上居留，后来随着社会生产力的不断提高，人们便在靠近大山的位置打下木桩并在上面建造木楼。这就是干栏式民居的早期形式。这种建筑形制沿袭至今。在贵州省黔南布依族苗族自治州、黔西南布依族苗族自治州等布依族聚居地区，"册亨县、北盘江沿岸及红水河上游沿河地带的布依族村寨都住木结构吊脚楼，其楼屋体量较大，吊层多用石条围护，总体感觉坚固厚重"②。布依族石木结构民居较为常见。"镇山的建筑样式属于石木结构的干栏式建筑，具体说是'穿斗式悬山顶一楼一底石木结构建筑'。传统住宅由门楼、厢房、正房组成三合院。"③整个民居采用布依族传统工艺，基本上没有用现代化建筑材料，都是木头和木头之间的榫卯相互连接而组成的结构。房屋内不用现代建筑材料进行

---

① 李忠斌：《民族地区精准脱贫的"村寨模式"研究——基于10个特色村寨的调研》，《西南民族大学学报》（人文社会科学版）2017年第1期。

② 罗德启等编著：《千年家园　贵州民居》，中国建筑工业出版社2009年版，第22页。

③ 金露：《遗产·旅游·现代性：黔中布依族生态博物馆的人类学研究》，浙江大学出版社2016年版，第91页。

装修，古朴典雅，干净舒适。所以，居住在布依族传统民居里面，几乎不用担心装修材料会危害个人身体健康。钢筋混凝土民居的内外装修一般比较时尚，要用到许多现代化装修材料。而用这些材料装修的房屋，如果装修之后的时间不是太长，很多人不怎么喜欢居住。游客来到空气清新、环境优美，且民居风格独具特色的布依族传统村寨旅游，对村寨呈现的民族文化景观感到赏心悦目，因此愿意在此停留一段时间。在现代化背景下，布依族传统民居面临保护、传承的困境。"今天日益发展的全球化从城市蔓延至农村，渐渐趋于同质的不仅是村落传统建筑的外部形态，还有使用材料的技术和其中的文化内涵，建筑的形态、材料和文化多样性在极速地消失着。"① 为了适应乡村旅游的发展，越来越多的布依族村寨将他们的传统民居改造成具有布依族特色的旅馆、农家乐等，在保护中开发，在开发中保护。这些旅游发展设施本身就是一种富有内涵的民族文化景观。这样，充分体现了布依族传统民居文化的旅游价值，不仅宣传和弘扬了布依族传统民居文化，而且可以带动当地经济的发展。"民族文化资源除了具有科研价值、历史价值、传承价值外，更具有满足人的某种需要的属性的功能，从而催生了文化的经济价值。"② 布依族传统民居文化作为布依族的优秀传统文化，其宝贵的旅游经济价值应当充分挖掘出来，并以此服务布依族人民，使布依族传统民居文化得到充分而有效的运用，努力体现其文化附加值，从而服务地方经济社会的发展。

三　山地旅游民宿

随着我国社会经济的发展和人民消费水平的不断提高，人们的消费需求不仅仅停留在物质层面，更注重精神层次。越来越多的城市人，在钢筋混凝土结构的房子里面生活的时间长了，加上城市空气质量问题等原因，使得他们倾慕农村清新的空气、秀美的田园风光和神秘的民俗文化。以"怀旧"为特点的布依族民居位于旅游景区，勾起游客的乡愁，吸引着他们审美的目光。布依族传统民居就这样走进了山地旅游民宿开发的视野

---

① 吴桂宁、黄文：《黔西多民族地区石构民居材料的超民族性与民族性研究——以汉族、苗族、布依族村落为例》，《中国名城》2018 年第 8 期。

② 李忠斌：《论民族文化之经济价值及其实现方式》，《民族研究》2018 年第 2 期。

之中。

（一）家庭旅馆体验式民宿

山地旅游执着于"山地旅游、亲近自然、低碳生活"理念。越来越多的游客来到布依族聚居地区。当游客看到布依族别具一格的传统民居时，就会产生一种欣赏的冲动。毕竟，这种民居风格是布依族独具特色的。如果时间充足，他们大多愿意停下脚步，落脚布依族村寨，体验民族风情浓郁的布依族传统民居，加深对布依族文化的认识。随着山地旅游事业的蓬勃发展，在布依族村寨开设家庭旅馆已成为一种旅游发展趋势。为了让广大游客住得舒心，开发者应当注重家庭旅馆的特色化、个性化、精致化，体现布依族文化特色，同时在设施上融入现代化元素，以增强实用性。传统的布依族干栏式民居下层一般为圈养牲畜所用，但随着社会经济的不断发展，家庭经济收入的增加，现代生活水平的提高，越来越多的布依族居民外出务工，基本不养牲畜，所以下层现在一般不作他用。在开发家庭旅馆的过程中可以把干栏式民居下层充分利用起来，可以设计成休闲活动空间。在家庭旅馆客房的设置上，要突出房间个体的精致化，既要体现布依族传统民居文化，又要表现现代生活方式的便捷性。为了让广大游客住得舒服，体验得尽兴，客房中的木床、床上用品、窗帘、桌椅等物品要充分体现布依族文化特色，贴切而自然，让游客真正体验到布依族特色的民居文化和民族风情。客房中应设计浴室、卫生间、洗漱台等功能空间，电视、电脑等生活物品要尽量提供，以满足不同消费层次旅游者的需求。

（二）农家乐田园体验式民宿

饮食文化在旅游活动中占有重要地位。"吃"是旅游六要素之一，且排在首位。品农家菜，尝农家饭，是乡村旅游活动中游客的一种物质需要。许多游客喜欢品尝少数民族特色佳肴。他们来到布依族村寨，不仅想住家庭旅馆，而且想品味布依族特色菜肴。在此情况下，布依族旅游村寨开设农家乐成为一种主流。这样，可以让游客既能体验布依族传统民居文化，又能品尝布依族特色饮食。可以开设餐馆、旅馆为一体的农家乐田园体验式民宿。布依族特色农家乐提供生态、有机、卫生、干净、营养的食材。游客可以现场点杀土鸡、土鸭、活鱼等，可以到农家果园现摘水果，到农家菜园亲摘蔬菜。这种田园式体验，对游客很有吸引力。为了更加全面地为游客服务，可在农家乐体验式民宿馆增设布依族民俗文体部，可以在就餐前后，让广大游客欣赏布依族传统舞蹈、歌曲等文艺特色节目，也可以在让文体部人员讲述布依族民间故事，带领游客参观布依族传统村落里设置的布依族文化馆等。让他们体验得顺心，体验得高兴，增长见识，在旅游活动中有所收获。这样，游客不仅可以增加对布依族传统民居文化的认知，而且可拓展旅游活动范畴，在真切的体验活动中，了解诸多布依族特色文化，从而为布依族乡村旅游文化品位的提升创造条件。

（三）山地户外运动体验式民宿

布依族聚居地区山地文化旅游资源丰富。各式各样的嶙峋怪石、奇特山峰、自然景观、生物资源等属于自然旅游资源，布依族传统民居文化、节日文化、艺术文化等属于人文旅游资源。如何在山地旅游活动中渗透布依族文化旅游元素，值得我们思考。目前，越来越多的游客来到布依族聚居的贵州省等地区开展攀岩、探险、考察野生资源等各种旅游活动，给云贵川山地旅游事业发展带来了丰富的旅游客源。许多游客开展登山、攀岩等山地体育运动后就地宿营。由于山地户外运动目的地比较偏僻，许多运动型游客休息、用餐的地方比较少，旅游开发实体可以考虑在山腰间建造一些体现布依族传统文化的民居，以作为山地户外运动体验式民宿。在民宿内、外建设山地户外运动活动场所，加强场馆等基础设施建设，以便游客开展体育活动。其民居可以是干栏式民居、石板房，也可以是石木结构青瓦房，总之要以满足游客和探险者、运动者、考察者的实际需求为目标，因地制宜，应时而建。如果山地户外运动目的地木材较多，就可以建造干栏式民居。如果石料丰富，就可以建造石板房。这样，为山地旅游基础设施建设做出贡献的同时，也保护和传承了布依族传统民居文化。

随着人类文明进程的发展，布依族用自己的双手创造了独特的民族文化。这些布依族传统文化各具特色，其中璀璨夺目的文化要数布依族传统民居文化。布依族文化，"其在景观上同样也表现出了自己本民族特有的东西，它依山傍水的大地景观、随地形灵活布置的村寨建筑布局以及它所形成的领域和公共空间、就地取材凭工匠们的经验建造的居住建筑景观都显现出特有的民族个性，是值得去研究和保护的"①。布依族传统民居所表现的建筑风格及其所蕴藏的文化内涵，使其具有较高的旅游开发价值。将布依族传统民居文化与山地旅游充分结合起来，可以为布依族村寨发展带来乡村振兴的生机与活力，从而促进布依族地区经济社会跨越式发展，造福广大人民群众。

第三节 坝盘布依古寨传统民居保护及开发

干栏式建筑是南、北盘江流域布依族传统民居建筑形式。在现代化背景下，在众多民族村寨传统民居渐趋消逝的情况下，贵州省黔西南布依族苗族自治州安龙县万峰湖镇坝盘布依古寨至今保存50多栋干栏式传统民居。这是宝贵的民族文化遗产，可以在保护的基础上开发利用。

一 坝盘布依古寨概况

坝盘布依古寨位于贵州省安龙县万峰湖镇东南部，是黔西南布依族苗族自治州境内布依族干栏式建筑文化保存最为完整的古寨之一。古寨位于南盘江边，与广西隆林各族自治县隔江相望，省级公路穿寨而过。它距兴义市区30余公里，距安龙县城70余公里，是黔桂边交通要道。古寨依山傍水，风景秀美，布依族民俗风情浓郁，是一处迷人的世外桃源，令人向往。古寨与万峰湖、万峰林、马岭河峡谷、贵州醇等国家AAAA级旅游景区连成一片，尤其与万峰湖旅游景区无缝对接，坐落于万峰湖境内天生桥水电站高坝500米以下，具有乡村旅游开发的地缘优势，可以与万峰湖进行捆绑式旅游开发。近年，坝盘布依古寨荣获"中国少数民族特色村寨"等称号，获得"国家乡村旅游扶贫工程""黔西南州乡村振兴'百村示范'工程"等发展项目。这些都是坝盘布依古寨可持续发展的响亮名片。不少文人墨客在此吟诗作文，感叹古寨神奇秀美。2016年，坝盘古寨被国家旅游部门纳入乡村旅游扶贫工程。随着其旅游知名度的不断提升，四方游客慕名而来，流连忘返于南盘江畔、翠竹林下、吊脚楼间，留下了诸多美好的瞬间与动人的时刻。坝盘

① 杨俊等：《布依族村寨景观初探》，《山西建筑》2007年第11期。

布依古寨竟有如此魅力，吸引无数游客目光，作为坝盘古民居、古榕树、古法造纸、古乐八音的"坝盘四古"之一的古民居——布依族干栏式建筑无疑在其中发挥了重要作用。

坝盘布依古寨据说最早建于明代，今属安龙县万峰湖镇，辖上、中、下寨3个村民小组，共140多户630余人，其中90%以上的居民是布依族，是一个历史悠久、民风古朴的布依族村寨。古寨占地面积约4平方公里，山地、林地较多，耕地很少。由于地理位置偏僻，产业乏力，居民收入低，生活困难，坝盘历史上曾为贫困村。近年，在各级党委、政府和有关部门的大力支持下，全村人民迎难而上，努力奋斗，产业开始兴旺，人民收入大为增加，逐步走上了致富奔小康之康庄大道。2016年，坝盘实现了贫困村出列。坝盘古寨在发展过程中，村容村貌也发生了巨大变化，变得越来越美丽，越来越动人。这是美丽乡村建设的成果，是乡村振兴战略实现的关键步骤。

二　传统民居及其现状

坝盘古寨传统民居建筑类型主要是干栏式建筑，也称"吊脚楼"。尚存的古民居建筑是坝盘村的一大亮点。这些老式房屋通常为木结构，构筑精巧，建造工艺考究，功能比较完善，往往依山就势，贴壁而建。其建造风格别具特色，建筑物上的雕花饰物如窗花、垂瓜等，典雅细腻，造型精巧，蕴含着丰富的民族文化，具有很高的文化艺术价值。[①] 吊脚楼由纯粹的木头架构，榫卯结构，一般三大间，也有五大间的，但为数不多，地板由木板拼接而成，屋顶为青瓦。房屋的空间布局一般为"前堂后室"，左、右各有卧室。房间之间以木板为墙，以隔离开来。与中国其他民族的民居一样，布依族传统民居的方位、规模、房屋开间、门窗形式、住房分配等，除了受家庭经济、人口数量、地理环境、建筑材料、气候条件等因素影响外，还受到民俗文化的影响。"如果说民居是人们赖以生存的庇护场所，那么民俗文化则从一个独特的角度，折射出中国民居型制五光十色

---

① 参见陈茂荣《传统与现代生活节点上的古村：坝盘》，贵州人民出版社2017年版，第19、22页。

的生动内涵。"① 布依族家庭建造新的住房，是一件十分重要的事情，关系到人们居住条件的改善。人们对房屋建造各个环节非常重视，开工、上梁、落成等环节一般要举行祭祀仪式，以表达平安顺利的愿景。房屋建成之后，于堂屋设置神龛，以祭祖先等神灵。在房间的分配上，体现了尊敬长者的传统规矩。厨房中火炉或者火塘的设置有一些规矩。"火炉边的三脚②，忌妇女踩踏（册亨、安龙一带）。"③ 这同样反映了布依族民俗文化。

坝盘古寨传统干栏式建筑房屋一般分两或三层，各层的建筑功能较为明显，居民生活区与牲畜圈养区隔开，有利于提升生活品质。

第一层一般是开放式的，也可以用竹条或木板、石头将之围住，以自然的泥土为地面。此处主要饲养牲畜、存放农具以及木柴等。这里，鸡鸭成群，牛羊杂处，是牲畜的天堂，也是人们部分经济收入来源之处。

第二层是吊脚楼的主体结构，通常有石头砌筑的台阶直达堂屋。这里是当地布依族日常生活主要场所，一般分为厨房、堂屋、卧室三个部分。

左侧房间为厨房，中间设有一个方形火塘，前部为灶塘之所，有灶台、石水缸等，后部为食材储备之所，贮存蔬菜、甘蔗等物品。火塘上方一般挂着布依族特色美食腊鱼、腊肉等腊味食物。长期的烟熏火燎，使腊鱼、腊肉外表呈现肉黄色。家中来了宾客，热情好客的布依人总要蒸几坨腊肉或者腊鱼。当盛于瓷碗中的腊味蒸熟之后，端上餐桌，散发出诱人的风味，夹之入口，则肥而不腻，香味四溢，真人间美味也。布依族花糯米饭等特色美食多出于此处。

中间房间为堂屋。这里是神龛所在，是布依族家庭的神圣之处。"堂屋重要的原因在于此屋设置有祖先的神位，专设祖先的神位是源于对祖先的崇敬，表明后世子孙对祖先的感激和希冀得到祖先的在天庇护。"④ 神

---

① 王其钧：《民俗文化对民居型制的制约》，载黄浩主编《中国传统民居与文化——中国民居第四次学术会议论文集》（第四辑），中国建筑工业出版社1996年版，第67页。

② 三脚：布依族生活物品，一般以生铁铸成，主要用于支起铁锅或鼎罐、水壶等煮饭菜、茶水。

③ 韦廉舟编著：《布依族苗族风土志稿》，1981年，第58页。

④ 李小红、周丽玲：《都匀主体民族传统民居的现状及特点考察》，《铜仁学院学报》2011年第3期。

龛上安放家神，神灵名号各式各样，分上、下两个部分。上部正中书"天地君亲师"，左、右各列神灵名号，一般涉及自然崇拜以及民间佛教、道教信仰等，当然包括家族、家庭的历代祖先。祖先崇拜在布依族民间信仰中占有重要地位。下部设土地神位，祭供土地神。神龛之前常年摆放一张八仙桌。每逢年节、"三月三"等节庆日期或者婚嫁等喜庆日子，主祭之人于神龛下设祭祀台，一般以桌为之，摆上刀头、鸡、白酒、水果、豆腐等各式祭品，燃香点烛，叩头祭拜祖先等各式神灵，表达祈求保护之愿景。堂屋还是会客的重要场所。来客设宴，以及对唱民歌、舞蹈表演等活动，基本上在这里举行。堂屋一般隔开为前、后两部分。前部情况已经描述。堂屋后部，即神龛背后，以木板建筑为墙，辟为专门的老人卧室。"在堂屋后面隔开的一小间用作家庭中老年人的起居室，年轻人是绝对不能居住的。如果年轻人居住了，会被认为是对祖先的不敬。"[1] 除家庭中尊长之人可以居住外，其他人不能居住于这个特别的房间。传统布依族家庭世代同堂，祖孙三代甚至多代居于一屋。夫妻、子女各有卧室，家中辈分最高的老人一般就居住于神龛背后的这个卧室中。"房屋的设置，专设老人卧房，给见孙后的俩老居住，使老人有固定居住之地，安居养老，延年益寿，是对老年人尊重的传统习俗。"[2] 于堂屋家神之后设置专门的老人卧室，是布依族尊敬长者的表现。有的家庭在堂屋横梁上悬挂数根竹竿，以为晾竹纸之用，充分利用了房屋空间。

右侧房间为卧室，一般有两或三间，分别为夫妻、子女之居所。一般而言，前部为夫妻卧室，后部为子女卧室。如子女较多，第三层也可设置卧室，以供子女住。这里是人们起居之所，也是孩子们的娱乐空间。

第三层是吊脚楼的顶层，有专门的木梯从二楼连接到三楼，以便人们上下。这里是存放粮食的主要地方，相当于仓库。有的人家在这一层建一个竹、木结构的圆形粮仓，储藏五谷杂粮。谷物放在房子最高层，目的是为了防潮。

伴随着经济社会的迅速发展，人民经济收入有所增加，生活水平有所

---

① 韦启光等：《布依族文化研究》，贵州人民出版社1999年版，第59页。

② 马启忠：《布依族石头建筑与民俗》，载贵州省布依学会、中共毕节地委统战部编《布依学研究》（之六），贵州民族出版社1998年版，第232—233页。

提高。传统的布依族干栏式建筑用工多，用木料多，而且不太经久耐用，与周边地区的现代砖混结构房屋比，耐用度、舒适感、现代化等方面存在一定差距。这样，对住房的因时改变成为了一种主流要求。以前，坝盘布依古寨的传统民居保存较好，数量也多。二三十年前，几乎家家户户住在传统的干栏式建筑民居中，形成具有布依族干栏式建筑统一风格的特色村寨。"然而，面对今天日新月异的科学技术发展，面对城市庞大、富裕、奢侈的不断扩张和破坏，面对民居与环境进化的关键转折点，民居的发展陷入了极大的困惑与无意识演进的状态。"① 随着时代变迁，部分居民将自家的传统民居改造成现代砖混结构的平房或者楼房。这本身无可非议。其中很多传统民居因为岁月的侵蚀而出现倾颓之势，带来很大的安全隐患。在这种情况下，一些布依族村民就将原来传统的木房子重建为现代化砖混结构的房子。

但是，还有一些布依人家传统的干栏式建筑民居仍然保留着。目前，坝盘古寨布依族传统的干栏式建筑民居仅剩 50 多栋，数量上日渐减少，房屋质量令人担忧。大多数村民已经住进现代化的砖混结构房子中，少部分居住于干栏式建筑老房子中。这对传统建筑文化的保护极为不利。目前存在的干栏式建筑大多已经木头腐朽，柱木歪斜，木墙剥落，整栋房屋呈现倾颓态势。而更多的干栏式建筑房屋已经没有人居住了。由于多种因素的影响，坝盘古寨传统民居的保护令人堪忧。近年，当地政府及有关部门将部分处于破败状态的吊脚楼纳入农村危房改造范围，对 13 栋透风漏雨的吊脚楼完成了加固维修，全村住房安全问题得以解决。② 尽管如此，坝盘古寨布依族传统民居整体上的修复性改造还有很多工作要做。

坝盘古寨虽然获得"中国少数民族特色村寨"等荣誉称号，但当地部分居民并没有很好地将保护传统民居与民族村寨的经济、文化建设密切联系起来，因此对传统民居在情感上表现冷漠、忽视的态度，不太清楚这

---

① 白一凡：《云贵地区乡土民居建筑表皮的生态性研究》，硕士学位论文，上海交通大学，2011 年。

② 参见韦安健《脱贫布依寨实现小康目标的路径构想——安龙县坝盘村"两不愁三保障"的调研报告》，《黔西南日报》2019 年 8 月 13 日。

些传统民居的历史文化价值、艺术审美价值和旅游开发价值。

对于传统民居的保护，有关部门并没有采取行之有效的措施。缺乏科学、统一规划的传统民居，其保护无从谈起。传统民居的修复，缺乏大量的资金投入，这是古寨民居保护目前面临的最大困难。可以说，有关部门、当地居民想保护这些古民居，但又有心无力。在多种复杂因素影响下，坝盘古寨传统民居处于自生自灭的无意识状态之中。

三　保护及开发之思路

"布依族村寨构建的总目标应该是按照'特色鲜明、设施完善、功能齐全、环境优美、宜业宜居'要求进行，努力构建具有民族地方特色的'美丽乡村'。"① 要将坝盘布依古寨打造成为美丽乡村，可以将其中一个重点放到坝盘布依古寨干栏式建筑的保护与开发上来。所以，古寨的经济建设要与文化建设紧密结合起来。要以先进的理念进行统一规划、设计，塑造坝盘古寨布依族特色村落的整体风貌。可以大力争取上级有关部门包括政策、资金在内的大力支持，加强道路交通等基础设施建设，改变目前古寨旅游交通不便利的瓶颈问题。可以加强传统民居修复、改造，将民族文化保护与旅游资源开发紧密结合起来，强化布依族村落文化景观打造。"在开发布依文化旅游资源时，要大力扬其精华，将布依文化真、善、美的一面展示给游客，同时必须对布依文化的核心要素和具有历史价值的文化形式通过法制等手段予以保护。"② 可以参考南龙布依古寨、册亨板万布依古寨等地传统民居保护及开发模式，在古建筑文化的保护上多想一点办法。

可以加大宣传教育力度，激发当地居民的传统民居文化保护意识，使人们能自觉保护好为数不多的布依族传统民居——干栏式建筑。坝盘古寨维持视觉定式的传统民居是一种布依族传统建筑文化符号。目前诸多干栏式建筑处于倾颓的状态。它们在部分当地村民的心目中，已经成为一种即将消逝的旧事物。传统民居居住功能严重削弱，被人们认为"没有什么

---

① 唐莉：《布依族村寨景观研究》，《贵州民族研究》2016 年第 1 期。

② 孙乾卫：《布依族地区旅游景点开发建设思考》，载贵州省布依学会等编《布依学研究》（之九），贵州民族出版社 2008 年版，第 164—165 页。

用了"，所以人们对传统民居抱坐视其消逝的态度。这是不正确的态度。"然而，建筑物实际的死亡、它们的物理性崩塌以及破坏，对集体思想和行动是非常关键的事件。"① 看似老旧而不合时宜的传统建筑物不应该成为一种"死"的事物，反而要成为一种存在于人们物质视觉与精神感官之中的"活态"文化象征。"保护了传统民居，就保护了特色村寨的形，无形魂即灭。"② 为了提升当地人民的民族文化自信，使其对布依族传统民居维持着情感寄托情怀，可以举办多种形式的布依族艺术文化活动，以增强当地布依族的民族文化认同感和文化自信。在此工作中，政府行为显然很重要，要以多种形式大力推介坝盘，推介其特色民居，以形成影响，产生效果。

以干栏式建筑为核心，综合布依族古法造纸、土法织布、民族节日、古榕树等人文、自然文化元素，打造少数民族生态文化旅游景区，将旅游开发与脱贫攻坚、乡村振兴战略密切结合起来，大力发展乡村旅游，促进当地布依族经济收入增长。"2000 年起，贵州紧紧围绕国家强调的'整村推进'扶贫方式，从扶贫投入上有目的、有计划地帮助一大批民族村寨走上旅游发展道路。"③ 在国家与地方的利好政策下，坝盘古寨充分利用特色民族文化，逐步走上了乡村旅游发展之路。坝盘古寨本身具有山地旅游、乡村发展的地理优势。近年，坝盘古寨在乡村旅游开发方面获得一些项目支持，已经取得一定成效。"随着项目的实施和使用，促进了当地基础设施和相关配套设施的不断完善，使得坝盘这个古老的布依村寨旧貌换新颜，2016 年全村已接待游客 1.2 万人次，乡村旅游扶贫项目正成为该村发展旅游业的强有力引擎。"④ 古寨与万峰湖连于一体，境内风光秀美，美丽的"小三峡"，碧波荡漾；古榕青翠，惹人注目。它与万峰湖、马岭河峡谷、贵州醇、南龙布依古寨等著名旅游景区山水相连，只要将其纳入

① ［美］维克托·布克利：《建筑人类学》，潘曦、李耕译，中国建筑工业出版社 2018 年版，第 118 页。

② 吴文定：《大扶贫背景下少数民族特色村寨保护与开发刍议——以贵州省黔南州为例》，《黔南民族师范学院学报》2017 年第 6 期。

③ 黄萍：《尴尬与出路：旅游扶贫视角下西南民族村寨文化遗产管理研究》，《青海民族研究》2015 年第 1 期。

④ 黄华芝、吴信值：《民族地区山地旅游助推扶贫开发之路径探讨——以黔西南坝盘布依古寨为例》，《兴义民族师范学院学报》2018 年第 4 期。

大万峰湖旅游区范畴，是完全可以联合推动区域山地旅游事业发展的。

　　坝盘古寨以突出的干栏式建筑为主要文化特色，可以推动旅游产业发展，同时将促进农业、手工艺等产业同步发展。目前，在民进中央等有关单位的大力支持下，坝盘古寨已经引进万峰林景区品牌民宿兜兰小筑，以发展当地民宿旅游经济。投资商投入巨资，聘请知名建筑师对寨中一栋老旧的吊脚楼进行复原性改造，经近一年的施工，2018 年 10 月，精品民宿坝盘布依 2 号院"布依风雅颂"正式运营。这是坝盘古寨传统民居改造的样板工程，为其他干栏式建筑的修复性改造提供了经验。该民宿的投入使用，改变了以往游客无法居住于此的状况，大大提升了坝盘布依古寨的旅游文化品位。古法造纸诸作坊也获得有关部门的大力支持，数户村民将之发展成特色产业，增加了经济收入。坝盘古寨的旅游文化特色日渐凸显，旅游文化品位日渐提升。上述措施，无疑为把坝盘打造成理想的原生态民族文化乡村旅游目的地打下了基础。

　　坝盘布依古寨优良的生态环境及浓郁的布依风情，为乡村旅游的发展创造了条件。坝盘古寨位于南盘江畔，依山傍水，农田稻香，坡地果香，竹林纸香，水中鱼香，具有自然的山地风光，是真正世外桃源般的山水田园。这里属于亚热带季风性湿润气候，年平均气温 17℃ 左右，四季如春，气候宜人，是天然的康养基地。这里远离闹市，空气清新，更有别具特色的布依族民俗风情，是一块可开发的旅游胜地。古寨村民多傍山、沿江而居，建筑一栋栋干栏式建筑的吊脚楼。其整体为木质结构，屋面小青瓦，一般二或三层，雕花窗户，圆木石础，构筑精巧，古朴典雅，具有南方少数民族传统建筑文化风格。尽管村寨中现代砖混结构的房屋日渐增多，但这数十栋布依族古民居仍然表现其别有风味的独特魅力。这是现代化民居所无法比拟的。数十棵状如伞盖的古榕树，分布在古寨各处，郁郁葱葱，释放生机，见证着古寨的历史变迁。令人称奇的布依族古法造纸手工技艺，工序齐全，形成众多造纸作坊，成为当地布依族融保护于传承之中的生计方式。坝盘古法造纸技艺在鼎盛的历史时期，曾经出现"家家有作坊，户户有造纸"的情况，为当地百姓创造了良好的经济收入，也为这一古老技艺的保护、传承做出了积极的贡献。具有迷人情调的布依八音，自古以来在古寨流传。每当寨中民间艺人搬起竹椅子，拿起小板凳，聚集于古榕树下，拉起牛角胡，吹响直箫，怀抱月琴，敲起锣鼓，弹奏出一曲曲动人的旋律时，总会令观赏之人陶醉在那天籁之音的美好印象中，不时欢呼，热烈鼓掌，惊叹不已。布依族八音坐唱，其心旷神怡的乐曲，扣人心弦的旋律，总是那么光彩夺目、魅力四射。另外，古寨还存留诸多布依族传统文化，"三月三""六月六"等民族节日，土法织布、花糯米饭以及传统的婚姻习俗、丧葬仪礼和祭祀山神、树神等风土人情至今存在，使古寨的布依族民族风情更加浓郁。浓郁的布依族民俗风情是坝盘古寨的特点与亮点，其中的干栏式建筑更是坝盘布依古寨历史与现实发展的重要文化符号。

第四节　高荡布依古寨民居文化及其开发

一　高荡布依古寨概况

（一）地理位置

高荡村位于贵州省镇宁县城关镇西部 14 公里处，东经 105°41′，北纬 26°05′，村寨区域面积约 9 平方公里。"高荡"一词，当地布依语名之为"瓮座"，意指村寨坐落于崇山峻岭、群山环绕之中，如群峰上托着一口大锅。村寨后山之巅有一口水塘。山高，水高，"高荡"村名由此而来。

"高荡村依山靠水，近水而不临水，是典型'山林—村落—稻田'模式的山水格局。"① 高荡村地势中间低，阡陌相连，绿树成荫，群山环抱。山间大小不一的平坝盆地，皆开垦为农田。村寨东侧的梭罗河自西北流向东南方，从山后围绕着村寨而缓缓往下流淌，是高荡村寨灌溉田地的重要水源。梭罗河上游距村寨 3 公里，有一段石林峡谷。梭罗河下游，距村寨大约 2 公里处有一座明朝永乐年间修造的长 64 米、高 8 米、宽 6 米的古石桥，名为梭罗大桥，是高荡村过去联系外界的重要交通设施。

高荡村现有居民 300 多户，人口 1400 多人，耕地面积 600 多亩。经济来源以农业生产和外出务工为主。寨中人口 95% 为布依族，以伍姓为主。布依族传统建筑风貌保存完好，特色鲜明，是一个历史悠久、民风淳朴的布依族传统古村落。"高荡村系布依族第三土语区，传统农耕文化和

---

① 吴宇凡：《贵州镇宁县布依族传统村落景观空间形态研究》，硕士学位论文，华南农业大学，2016 年。

第三土语区习俗文化交融，是研究布依族历史文化演变的实物样本。"①
这里的布依族传统民居保存完好，节庆、婚丧、农耕等民族文化至今流
传，且有古堡、古营盘等历史文化遗迹，是一个具有自身特色的美丽村
寨。近年，高荡村获得"中国少数特色村寨""中国传统村落""国家森
林乡村""国家 AAAA 级旅游景区"等称号，被列为贵州省重点文物保护
单位。

（二）民居历史

元明以来，村寨人口逐步增加，房舍不断修建，最终形成较大规模的
民居建筑群落，村寨因之成型。明朝永乐年间，为加强与外面世界的联
系，居民集资修建了梭罗桥。从前为了抵御外来入侵，当地布依族修建了
小屯、大屯、古堡和营盘。明朝时期，高荡村仅有 7 栋建筑，包括后山两
座军事防御性质的碉楼和 5 栋位于山脚的民居。清代为高荡村布依族民居
建筑发展的重要阶段。由于人口的不断增多，房舍增加了 52 栋，布依族
传统民居建筑群逐渐形成。民国时期是高荡村大规模扩建阶段，民居达到
83 栋。民居建筑以晒坝为中心，向四周发散，扩张修建。2012 年高荡村
充分利用布依族文化特色，开始走上特色乡村旅游发展之路，逐渐为外界
所知。

云贵川等地布依族村寨一般处于群山环抱、临水而居的自然环境之
中。"在一个个的锥峰型丘陵间，若干小平面分布其间，当有水系穿越
蜿蜒其间时，则成为布依族村寨的理想选址，布依族聚落常选址于锥峰
型丘陵的山脚处，面朝河流水体，并与河流保持一定的距离，保证较为
充裕的耕作土地，同时避免洪涝灾害的干扰，形成锥峰—聚落—田园—
河流水体的布局关系。"② 作为典型布依寨的高荡村在村落选址上，古人
就充分考虑了山水田园、建筑设计等因素。古寨坐落于群山怀抱之中，山
多且石料好，高荡村先民就地取材，用当地丰富的石料，依山就势建造住
房。布依族石板房在贵州镇宁一带分布广泛，与当地石材的丰富具有密切
关系。"贵州镇宁、安顺等布依族聚居地区，根据当地丰富的石灰岩、白

---

① 彭新：《布依"儒林村"高荡——镇宁县城关镇高荡村》，载贵州省安顺市政协编《乡
愁家园：安顺市传统村落实录》，2016 年，第 41 页。

② 杜佳：《贵州喀斯特山区民族传统乡村聚落形态研究》，博士学位论文，浙江大学，2017 年。

云质灰岩资源，因地制宜，就地取材，用石料修造出一幢幢颇具民族特色的石板房。"① 高荡村布依族传统民居石板房大多建在四周山脚平缓之处，房舍排列较为齐整。传统民居坐落于群山之中，寨中石板路交错纵横。村寨农田连片，四周树木葱郁，环境非常优美。高荡村的布依族传统建筑一般坐北朝南，从东往西排布，均为两层或三层干栏式石板房，以石为墙，石片为瓦。这种类型的布依族民居，可以归入石板房的范畴。据统计，高荡村现有布依族传统民居 151 栋，其中保存完好的古代民居有 120 余栋。明代民居有 6 栋，清代与民国时期的民居各有 60 余栋。近年兴建的民居数十栋，基本上按照老民居的样式修造，从而使高荡村布依族传统建筑在建筑形式上维持了其自身特点。

二　传统民居文化底蕴

高荡村传统民居建筑主要以干栏式石板房为主。"古寨中保存较好的老石板房有 120 多户，其中 22 户已列入重点保护建筑。老石板房建造时间以明、清时期居多，也有民国时建成的。"② 这些古老的传统民居是宝贵的文化遗产，具有较高的建筑学、历史学、人类学、民族学、艺术学等多学科文化价值。当地传统民居石板房均为硬山石板顶，房屋的外墙全为毛石堆砌而成，采光效果不太好。民居内部多为七至九个柱头、三个开间的两层或三层楼房。底层为圈舍，亦可用作堆放农具等杂物。二楼住人。每一个院落是一个相对独立的四合院，有朝门和侧门，院内长轴方向为两排南北相向的两进式民居。目前，高荡村民居以"一正两厢"的独栋建筑为主，形成院坝。与厢房组合形成的两合院、三合院，且有院坝的独栋建筑最多，共 44 处。独栋房屋，但没有院落的有 43 处。两合院、三合院形式最少。院落的组合越复杂，承载的功能就越多样化。院落中可以晾晒衣物、谷物，以及休息、交流，同时因为院落空间相对封闭，有较强的秘密性，而具有一定的防御功能。高荡村这种独特的干栏式石板房，除了满足人们日常生活需要外，还充分显示了布依族人民的高超智慧，极富审美

---

① 梁燕敏：《中国建筑的传统风格与民族特色探析》，中国纺织出版社 2018 年版，第 214 页。

② 周真刚、杨艳：《布依族传统民居的变迁研究——以镇宁高荡寨为例》，《广西民族大学学报》（哲学社会科学版）2017 年第 5 期。

情趣。

高荡村建造这种独特的干栏式石板房时，大量使用石材，从建造房屋的地基到墙壁，皆为石块堆砌。房顶也是用薄石板为之。房舍中除了一些必要的地方如立柱、檩、梁、枋、椽、枕、门枋、门板等之外，均为石质材料。经了解，高荡村的石料和木料均系就地取材，很多房子目前还保留着盖房时的采石遗址或者遗迹。高荡村的石材为浅灰白色，经加工后变得晶莹剔透，很是美观。当地布依族流传这样一句谚语，"白天看高荡，银光闪烁；月夜看高荡，凝霜盖雪"。

高荡村为何如此盛行石头结构民居建筑文化呢？从文化人类学的角度来看，基本上是为了生活、生产的需要而建造。高荡村山多且石料好，高荡村布依先民们就地取材，用当地盛产的石料，依山就势建造住房。在居住的地方利用坚硬而不易腐朽的石块，堆砌成"上人、下畜"的牢固的干栏式石板房，逐渐形成建筑群落，并进一步发展成为自然村寨。这种布依族传统建筑不但可以避免猛兽伤害人类、牲畜，保证人们生产、生活的安全，又可以利用石头建筑"冬暖夏凉"的特性，适应较为恶劣的气候环境，增强居住的舒适性。为了维护正常的生产、生活秩序，古代时期，高荡村民众在村寨后山修建了自卫性质的营盘、碉堡。"对居民来讲，安全防卫包括防盗贼与防战祸两方面，防盗贼是居民个体的事，防战祸是全村、全族居民的事，因此影响到整个村落的选址和布局。"① 这些建筑是布依族传统民居的附属设施，其修造的主要目的是为了保护居住在传统聚落中的布依族民众。可以看出，高荡村这种独特的民居文化的形成，是适应了当时当地自然环境与社会环境的需要的。依山而建的台基、内木外石的结构、宛若鱼鳞的屋面，共同构成了朴实、自然的镇宁地区独特的布依族传统民居建筑风格。

三　民居文化开发策略

2016 年，高荡村被国家旅游部门纳入乡村旅游扶贫工程。2019 年，高荡村入选第一批省级乡村旅游重点村。高荡村可以依托当地布依族民居建筑文化特色发展民族村寨文化旅游，将其打造成民族文化村寨旅游目的

① 赵之枫编著：《传统村镇聚落空间解析》，中国建筑工业出版社 2015 年版，第 53 页。

地。"民族文化村寨旅游是指以民族文化村寨为旅游目的地，以目的地民族文化和自然风光为旅游吸引物，融观赏、考察、学习、参与、娱乐、购物、度假于一体的旅游活动。"① 随着社会不断发展，外出观光旅游的游客越来越多，其旅游目的地很多是一些原生态的少数民族特色村寨。别具一格的民俗文化对游客吸引力非常大。在保护高荡村传统民居建筑文化特色的同时，不能只停在"保"字上，还要学会充分运用。高荡村作为一个具有个性特点的布依族传统村落，其民居建筑文化所蕴含的价值完全可以挖掘，可以发展旅游民宿。民族特色民宿建设所需资金相对较少，加上投资风险较小，可以在较短的时间内实现旅游效益。

（一）民宿家庭旅馆开发

第一，在规划中充分利用高荡村民居建筑文化的特色，发展民宿旅馆。做好政府及各相关部门对民宿旅馆的支持工作，促进民宿旅馆的发展，缓解旅游旺季时当地住宿接待的压力。开办民宿旅馆，可增加高荡村民的经济收入，也能为高荡村的经济发展做出一定的贡献。

第二，定期举办旅游礼仪培训。培训的内容包括文明礼仪、安全防范常识、卫生常识等等。可以请专业的旅游部门来进行策划、宣传，旅游部门可以通过颁发上岗证的形式加强监督，以有效提高家庭旅馆的接待服务水平。同时将民宿家庭旅馆的服务扩展到旅游电子商务，通过"互联网＋"路径，实现在线预订客房。

第三，为确保高荡村民宿旅馆健康发展，必须加强对民俗家庭旅馆的管理。家庭旅馆在卫生条件上要达到有关要求，并不容易。为此，工商、卫生等部门要加强管理。高荡村民宿旅馆建成之后，所产生的垃圾势必会成倍增加。那么，如何处理垃圾，为游客及当地人民营造一个干净、卫生的环境，就需要环保部门给予有力的管理和监督。

要发展好高荡村民宿旅游，既要得到政府支持，又需要家庭旅馆经营者转变观念。可以充分利用村寨的布依族传统建筑文化特色，让高荡村布依族人民"离土不离乡"，实现就地创业、就业，走上乡村特色文化旅游的致富之路。这不仅能够实现对村寨布依族特色文化的保护，又能使当地

---

① 杨昌儒、潘梦澜：《贵州民族文化村寨旅游发展问题与对策研究》，《贵州民族学院学报》（哲学社会科学版）2004 年第 5 期。

人民的收入显著提高，岂不美哉！

（二）传统民居文化凸显

旅游业的可持续发展应当以尊重资源、保护资源为前提。这样，既可保护、传承传统文化，又能满足现代旅游发展的需求。民宿家庭旅馆可以解决旅游区的游客住宿方面的问题。高荡村把布依族传统的石板房开发为民宿家庭旅馆，对旅游业的可持续发展具有重大意义，可以改善高荡村的村容村貌以及经济状况，给村民带来切实的好处，收获新时代中国特色社会主义制度所体现的优越性、自豪感、幸福感，以引领区域乡村旅游事业的发展。

第一，切勿急功近利、急于求成，要做到保护与发展的科学性、可持续性。有关地区各部门要相互协作配合，做好宣传以及民族文化保护工作，把村民的主动性、积极性调动起来，让广大村民认识到民族特色村寨建设的重要意义。

第二，按照"修旧如故"原则修复损毁严重的传统民居，改造传统民居。按照统一规划要求，编制高荡村民居改造实施方案，拆除违规建筑，改造与传统风貌不相符合的建筑，对布依族传统石板房进行细节修复或者适当改造，以维持高荡村布依族传统建筑特色。

第三，在保护村寨传统物质文化的同时，充分利用现代化手段，结合大数据平台，推动布依族传统建筑文化走向市场，实现乡村旅游产业化发展，推进乡村振兴战略的落实。

第四，发挥党员干部的先锋模范带头作用，讲好民族文化保护与传承的故事。提高村民保护古村寨的意识，带动村民积极参与到保护、传承与发展高荡村的各项工作上来。通过制作宣传栏、召开群众大会、举办大型布依族文化活动等方式，凝心聚力助发展。

第五，加强对拆除、改建的传统建筑以及新建非石质建筑的管理。对不具备改造条件的房舍进行拆除或搬迁，对搬迁村民集中安置。新宅基地要充分满足村民建房的需求。在不影响古寨风貌的前提下，对外观完整而内部老旧的民舍进行改造，在不改变整体外观的同时，提升居住舒适度。

第六，坚决制止违法建筑的建设，严禁擅自拆建老房子。通过合理规划，完善集中安置住房相关配套措施。严禁乱搭乱建，引导布依族人民自觉参与到民族文化保护的工作中来。

第七，加强古寨传统建筑文化的保护。修复院落朝门、围墙等；拆除影响院落传统格局的现代建筑，恢复院落的生产、生活功能；严格控制村中民居建筑的高度和风貌，使之符合布依族特色村寨的要求。

第八，高荡村可以结合村寨实际情况，完善村规民约，使村民共同遵守，更好地对村寨进行保护。

高荡村布依族特色民居的保护与发展，从政治层面看，反映了政府对布依族人民的关爱，对农村发展的关心；从经济层面看，起到了很好的促进作用，把布依族传统建筑文化特色转化为旅游文化资源，进而转化为经济优势，带动当地乡村经济社会发展；从文化层面看，促进了布依族传统文化的保护、传承。总而言之，高荡村可以根据实际情况，因地制宜发展，以可持续发展观、和谐发展观和辩证发展观为指导，在保护中开发，在开发中保护，加强新时代社会主义新农村建设，切实提高人民生活水平，促进布依族村寨持续、协调、健康发展。

第五节　板万布依古寨传统民居与
脱贫攻坚成果的巩固

板万古寨是典型的布依族传统村落，该村落的传统民居为布依族干栏式建筑。这里的民居依地势而建，建筑工艺精湛，目前保存状况良好，是贵州省黔西南布依族苗族自治州册亨县布依族传统民居的代表。板万布依古寨干栏式建筑的设计工艺具有较高水平，蕴藏着丰富的布依文化内涵。当然，部分房屋因为修建时间较长，建筑物的主体结构出现松动、倾斜以及木材腐蚀等状况，呈现出衰颓趋势。为了保护、传承板万布依古寨传统的干栏式建筑，结合精准扶贫现实情况，当地政府引进资金、技术，对干栏式建筑进行了修复性改造，以发挥其现实价值。2016 年，由中央美术学院吕品晶教授领衔的板万古寨传统建筑技术改造团队，与册亨县人民政府、东方卫视《梦想改造家》栏目一起，对板万古寨的 108 栋干栏式建筑进行了整体上的修复性改造。在精准扶贫大背景下，通过文化扶贫开发等方式，板万村在上级部门的大力支持下，通过实施相关扶贫政策，使得古寨整体面貌焕然一新，对该村寨村民生活质量的提升、减贫致富以及布依族特色文化的保护、传承产生了积极作用。

一　板万布依古寨基本情况

板万村地处贵州省黔西南布依族苗族自治州册亨县丫他镇东南部，与巧洞村、板街村、板其村相邻。全村占地 19 平方公里，辖 6 个村民小组，其中第一、二、三、四、五村民小组居民全部为布依族，第六村民小组居民为汉族，共 446 户 1985 人。板万古寨包括第一、二、三、四村民小组。"册亨布依族主要居住在背靠青山，前依河流和田坝的地方。与这种居住环境相适应的房屋建筑是依缓坡拾级而建，一排排，一层层，鳞次栉比的'干栏'式吊脚楼。"① 该古寨传统民居与册亨县其他布依族村寨一样，背靠大山，前有田坝、河流，依山就势而建。村内保存了大量布依族文化资源，其干栏式建筑是一大特色与亮点。目前板万村保留布依族传统民居干栏式建筑 111 栋，保存较完好的有 80 多栋，是一个布依族传统民居集中分布的特色布依族村寨。板万古寨不仅保存了较为完整的布依族传统建筑风貌，而且保留了丰富多彩的布依族节日、布依戏以及摩经等传统文化。近年，板万布依古寨荣获了"中国少数民族特色村寨""中国传统村落""国家森林乡村"等称号。

（一）地理风貌

板万古寨位于板万村之内。板万村，布依语为"卜湾"。布依族把"卜湾"住的寨子，称为"板湾"，意思是来自五湖四海的人们居住在一起的寨子。由于"湾"与"万"近音，人们便习惯把"板湾"当作"板万"，并一直沿用至今。板万布依古寨村民大多为布依族，世代居住于此。板万古寨选址于地质条件较好的卜公山半山腰，民居多分布在山腰与村道附近。整个村寨依山傍水，背靠卜公山，面向田坝。古寨正面能望见青龙山，视野开阔，满目青翠，生态优良，环境优美。板万古寨属于典型的喀斯特地貌，沟谷纵横，呈现出西北高，东南低，中间为田坝、洼地的地形特点。村寨最高海拔 1600 多米，最低海拔只有 300 余米。由于地势特点，历史上曾受地质灾害侵扰，给当地百姓带来灾难。如今的板万古寨在选址上已经避开自然冲沟区域，将民居建在距田坝不远的山腰之间。人

----

① 黄福建：《布依族"干栏"式吊脚楼》，载政协册亨县委员会编《册亨布依族百年实录》，2009 年，第 38 页。

们选择地势较为平缓的山坡地带，依山就势建筑房屋，形成多层台地，错落有致，较为齐整。为了减少洪涝灾害，当地人民选择植被茂盛的半山区域作为民居建设范围，同时严禁砍伐林木，封山育林，确保水土不流失，为村寨生存与发展提供良好的生态环境。古寨稻作文化保存良好。寨中洼地就是田坝，溪水长流，适宜种植水稻、玉米等农作物，而周边较平缓的山地、林地，部分被开垦为土地，用于耕作。寨中古井一口，常年流水不断，供人畜饮用。寨边小溪数条，可提供农田灌溉用水和人畜饮水，点缀了板万古寨的自然风光，使之具有山地乡村古寨所特有的灵动、生机。板万古寨的建设从多方面考虑了地形地貌以及自然环境对生产、生活的影响等因素，体现了布依族传统民居与自然环境、社会环境的充分融合。

（二）传统节日

"册亨布依族传统节日有春节、元宵节、三月三、端午节、六月六、七月半、中秋节，还有开秧节、吃新节、灶王节等。最为隆重的是春节、三月三、七月半三个节日。"[①] 板万古寨布依族的节日民俗文化有春节、"三月三""六月六""七月半"、吃新节等。他们过春节，与中华民族传统春节大同小异，体现了民族融合的特征。但春节里，当地布依族还有一些具有自身特色的民族文化活动。正月初三、初四，板万古寨一般有民歌对唱活动，主要是一些青年男女参与，形式比较随意、简单，自娱自乐，呈现民间化特点。

"三月三"祭山神、社神以及祖宗。板万古寨每年农历三月初三，每户派一名男子参加祭祀山神、社神活动，均摊数十元买猪等祭品，准备一碗五色花糯米饭、三根香、一瓶白酒以及一沓纸钱。女人和小孩子不能参加祭祀活动，在"三月三"前后几天也不能靠近山神、社神居处。当地流传着与"三月三"节日有关的民间故事。据说，以前有一户比较富裕的人家，有三个女儿，已经出嫁了。某年"三月三"，三位姑爷都请岳父去自己家里过节。岳父想，三位姑爷都到家里来请他了，该去哪一家呢？犹豫之间，计上心来。于是，他说，你们三家谁家拿出最好吃的东西来招待我，我就先去哪一家过节。谁家的饭菜做得最好吃，让他满意，他就把家里的 12 头牛送给他。那时候，牛是布依族家庭的重要财产，是财富的

---

① 政协册亨县委员会编：《册亨风物志》，贵州民族出版社 2016 年版，第 230 页。

象征。牛不但用于农耕，而且还是婚姻聘礼，以及丧葬"砍戛"仪式时必需之物。大姑爷与二姑爷家比较富裕，准备了大鱼、大肉。三姑爷家贫穷，没有山珍海味，于是就到山上寻找野味。他采集了山上的枫香叶等植物，把糯米染得五颜六色，然后煮出芳香四溢的花糯米饭。岳父家里条件好，吃惯了山珍海味，却独爱花糯米饭。最后，岳父把12头牛送给了三姑爷。从此，每年"三月三"节日，布依族就会用五色花糯米饭祭祀祖先。

农历六月初六，布依族过传统佳节"六月六"。节日气氛十分隆重。村寨人家都要杀鸡，把沾上鸡血的纸马插到稻田中，祈祷田神保护庄稼，使之苗壮成长，而获得丰收。

"七月半"，即中国传统的中元节，俗称"鬼节"，主要是祭祀祖先。农历七月十四这一天，布依族每家每户都要做褡裢粑。褡裢粑用糯米制成，馅或甜或咸，摆在家神供台之上，祭供祖宗。村民们会在前一天或者当天杀一头牛、一头猪，费用由各户均摊。除了集体聚餐之外，每家还会分到一些肉。一般家庭杀鸡、鸭，以为祭品。农历七月十四晚上，布依族把准备好的玉米、梨子、粑粑等祭品摆在家神前，祭祀祖先，之后送祖先出门，以此表达对先祖的怀念之情，祈求其祐护。

（三）民间艺术

布依戏是布依族特有的民间戏曲文化，被列入国家非物质文化遗产代表性项目名录。它包含了布依族民间文学、音乐、舞蹈及歌唱艺术等内容。发源于清代乾隆时期南、北盘江流域的布依戏，至今在册亨县、望谟县等地存在。1993 年，册亨县乃言乡（今属八渡镇）被文化部公布为"中国布依戏艺术之乡"。2006 年，布依戏被国务院列入第一批国家非物质文化遗产代表性项目名录。2018 年 11 月，因在布依戏的保护、传承方面的重大贡献，册亨县被列为"贵州民间文化艺术之乡"。板万布依戏班是册亨县创建最早的、保存较为完好的戏班之一。板万戏班于清乾隆三年（1738 年）筹建，1741 年正式成立。戏班创始人为黄锦辉（1707—1781年），代有传人，现已传到第十二代戏师陆兴知。该戏班曾表演过《五鼠闹东京》《王玉莲》《天仙配》《薛仁贵征东》《薛丁山征西》等剧目。①

---

① 参见吴晓梅等著《册亨布依戏人类学研究》，中央民族大学出版社 2017 年版，第 77 页。

自古至今，当地布依族群众逢年节以及不同喜庆场合展演布依戏，表达着朴实无华的、民间文化传承的民族情怀。

板万布依族傩戏"哑面"，被公认为布依戏的前身，入选省级非物质文化遗产代表性项目名录。"哑面"是布依族传统丧葬绕棺仪式中表演的、哑剧性质的傩戏，主要表现哭丧、推磨、舂碓、砍柴等内容。演员表演时，头戴面具，身穿古老服饰，没有台词，用肢体语言表现戏剧故事，如同情景剧，远近闻名，被称为"古代戏剧的活化石"。

"八音坐唱"是布依族特色民族艺术形式，以牛骨胡、月琴、芒锣等多种乐器合奏，是布依族古老音乐遗存，被誉为"音乐的活化石"。板万村现有一支八音坐唱表演队，演员近 20 人。八音表演队每年农历正月初一至元宵节期间举行民间娱乐活动，通过活动来表达节日欢乐气氛。平时，八音队受邀参加贺新屋、贺新婚以及祝寿、丧葬等不同场合的活动，开展融传承与创新为一体的民间性群众文艺活动，助兴现场，活跃气氛。

此外，布依族民歌在板万布依古寨至今存在，并在节日、婚庆以及平时的社交活动中呈现。板万古寨男女老少都会对歌，主要是古歌，也有现代民歌。

（四）摩经文化

摩经是布依族摩师用来超度亡灵、消灾除病的经书，内容丰富，包含历史文化、哲学思想、科学技术、道德礼仪等方面。板万布依族摩经存在文本传承形式。板万古寨布依戏师保存了一些布依族摩经。摩经是布依族丧葬礼仪活动中必须诵念的经书，多为五言或七言句式韵文，内容涉及布依族历史发展、民间信仰、经济状况、伦理道德等，丰富而生动。《殡亡经》是布依族摩经中的重要部分，包含了入冥、出冥、祭棺、祭祀等方面内容，卷数较多，在布依族丧葬习俗中应用。布依族人去世，要请布摩念诵摩经，在丧葬仪式的不同阶段念诵不同的经文，以超度亡灵。

二 板万传统民居结构形式

板万古寨的传统民居为干栏式建筑，也称为"吊脚楼"，与其他南方少数民族的吊脚楼大致相同。传统建筑风格是板万古寨布依族文化宝贵的历史遗存。"以'干栏'作为主体风格的布依族住宅，它的发展与演变形式并不是个别因素所决定的，而是社会的精神文化与物质文化两大文化系统共同作用的产物。"① 板万布依古寨的传统干栏式建筑深刻反映了布依族物质层面的建筑文化以及精神层面的生活习俗。

板万古寨民居空间布局合理。整个村寨的民居依山傍水，靠近田坝。单体民居建筑空间功能明确。"大多数布依族村寨的分布形势是村后靠近山林，村前靠近田坝、河流，村边人畜道路纵横，绿树成荫。"② 板万古寨的布依族传统民居建筑也是如此，多数建于半山之间。村寨居民背山、面坝而居，因地因势建房。民居建筑布局大多依据地势呈阶梯式分布。干栏式建筑的住房多为两层，形成半悬空的建筑形式。其下层主要为畜圈，也存放农具等杂物。卫生间位于下层之侧。上层主要为生活区域，一般为三开间，中间为堂屋，左边为卧室，右边为厨房以及储藏间。有的民居有三层，通风效果比较好，可以储藏粮食等物。有的人家人口较多，就把三楼作为子女卧室或客人休息的地方，而上、下楼只能依靠楼梯。

板万传统民居宅基地一般呈"厂"字形。很多房屋将出入口设在堂屋神龛的左侧。房屋正面设有阳台，外围用木头或竹子搭建而成，作为晾晒谷物、衣物，乘凉等用途。有一些房屋从正面进入，正门前用石头砌筑石阶，石阶多少根据房屋高度而定，具有浓郁的民族特色。传统民居采用穿斗式结构，榫卯连接。房屋建造有柱、梁、椽、檩、楼板、墙板、楼梯、窗、门等部分。房屋外墙和卧室用木板围住。火塘、堂屋、农具放置区、酿酒区等互通互联，没有用木板隔开。一般人家的房屋外围用木板连接。而部分人家没用木板，只是将竹子编成篱笆来代替木板。房屋两侧和背面，用泥土作加固房屋的夯土墙，用筑墙板夯筑，再加上糯米等物作为粘连剂，以稳固房屋。在古代社会，用糯米作为建筑材料的情况在布依族建筑文化中是存在的，但现在应用很少。屋顶呈"人"字形，形成一定坡度，有利于雨水的排放。屋顶，以前多盖茅草，现多铺泥瓦。瓦片呈弧形，中间高，两端低，与原来的茅草房相比，更具排水作用。瓦是当地布依族自己烧的土坯瓦，为青灰色，有一定的弧度，长五寸左右、宽四寸左右。关于瓦窑的选址、土质的选择以

---

① 龙平久：《浅释布依族建筑的精神寓意》，《贵州民族学院学报》（哲学社会科学版）1993年第1期。

② 黄义仁、韦廉舟编撰：《布依族民俗志》，贵州人民出版社1984年版，第14页。

及烧瓦火候等得有一定经验。有经验的师傅烧出来的瓦，质量比较好，并且美观实用。

布依族修建传统民居，一般要请阴阳先生看"风水"。阴阳先生根据地势来确定房屋地基、朝向等。"布依族人在建房时，都要先请阴阳先生来看'风水'，选择住宅基地，找好向山和靠山。宅基地一定要依山傍水。向山要选那'二龙抢宝'、'双龙戏珠'、'狮子滚绣球'、'万马归槽'、'寿星高照'等山势。靠山要靠那'卧狮拱卫'、'青龙环护'、'贵人坐椅'等山势。"① 主人选择地基时，请阴阳先生去看。阴阳先生用罗盘去选地基，讲究风水龙脉。如果当年是当家人的本命年，则不宜建房。阴阳先生结合当家人的八字，结合地基的选址情况进行推算，用罗盘定好房屋的走向。房屋朝向不能向西。房屋建造要因地制宜，依山就势，于斜坡上修建半边楼。这样能够减少工程量以及节约木料等建筑材料。选址后，就找柱头，架马开工。开工时，木匠要祭祀鲁班祖师，摆设祭品，举行仪式，敬供鲁班。

木匠根据主人意愿与要求修建传统民居。民居大小及基本形制有"五柱夹六瓜""七柱夹八瓜"等。"五柱""七柱"指的是五根或七根落地的长木柱，"六瓜"或"八瓜"则指六根或八根悬在穿枋上的柱子。柱头一般采用枫香树树心。枫香树树心十分结实，使用时间会比较长。房屋其他木材用松树、杉树、楸树等。房屋建造时，大梁由岳父家送来，多为杉树或楸树。一栋传统的布依族干栏式建筑房屋的修造，需要十人左右、两个月左右时间，才能建成。"开工""架马""立房""入宅"等建房程序，都需要选择良辰吉日举行仪式，以祈求建房工程顺利进行以及房屋落成之后的吉祥如意。

板万布依古寨传统民居目前保存较好，是对之前残破不堪民居合理改造之后的结果。数年之前，板万古寨传统建筑保存较为完整，数量颇多，但由于这些房屋修建时间长，呈现出倾颓趋势，以及常年风吹雨打，主体结构出现松动倾斜、木材虫蛀等情况，容易造成安全事故。"而老旧建筑的保温、隔热防火等功能较弱，居住环境拥挤，设施缺乏。在到了社会不断发展的今天，其已不能满足居民对居住的基本要求。当城镇化带来了第

---

① 汛河编著：《布依族风俗志》，中央民族学院出版社1987年版，第60页。

一所红砖或水泥房时，村民们会坚定地选择'拆旧建新'，追求更好的居住环境，更好的生活，这也是人之常情。"① 在各种因素影响下，相当多的本地布依族，尤其是年轻一代，不愿意再居住在老房子里面。这也是可以理解的。随着经济社会的发展，在现代化的背景下，人们的生活观念、生活方式随之发生了一些改变。在住房方面，砖混结构的房子不但紧跟现代化潮流，而且建造成本不会高于干栏式建筑的木房子，在耐用性方面，比老式木房子更具明显的优势。于是，包括板万古寨在内的许多农村地区，其民居由传统建筑开始转变为钢筋水泥结构的平房或楼房。数年前，在板万村，越来越多的钢筋混凝土房屋开始出现，大部分传统民居出现少有人住甚至无人居住的现象。这对于民族特色文化的传承极为不利。"民居是一个地区民间朴素的、乡土建筑文化形态，是通过实践创造的，是富于地域特征的一种建筑文化类型。"② 册亨县是"中华布依第一县"，浓郁的布依族文化是地域文化的重要特征，而该地区布依族传统民居是保持地域特色的表现形式。抢救、保护布依族传统建筑文化——干栏式民居成为当地党政机关和有识之士的共识。2016 年，为了保护"最后的布依家园"，中央美术学院吕品晶教授应邀担任板万古寨改造建筑师，组建团队，与册亨县人民政府、东方卫视《梦想改造家》栏目一起，对板万古寨进行了整体性改造，对该村布依族传统民居，包括板万小学，结合布依族文化特点，进行了抢救式复原性改造。他们同时对板万古寨的土陶制作、酿酒技术、刺绣文化等布依族传统文化进行保护，设立土陶作坊、酿酒坊、锦绣坊、展览馆、布依戏传习所等场所，以使布依族特色文化重新焕发生机活力。

　　板万古寨布依族民居的改造，主要目的是在不改变原有传统建筑的基础上，按照原来的建筑风貌进行修复，以保持传统建筑的"原真性"，复原板万布依古寨原生态建筑文化。在材料选择、颜色以及建筑结构等方面，严格按照其原初状态及空间格局，在修复过程中力求做到原汁原味。

---

　　① 汪峰：《云南布依族村寨形态继承性发展研究——以鲁布革乃格村为例》，硕士学位论文，华南理工大学，2019 年。

　　② 中华人民共和国住房和城乡建设部编：《中国传统建筑解析与传承：贵州卷》，中国建筑工业出版社 2016 年版，第 166 页。

对于一些破败不堪的房屋的修复，尤其令人殚精竭虑。

板万古寨民居改造的建筑材料主要为木材、青板瓦、黄泥土、石材，这样就保证了整个布依族村寨的建筑风貌的完整性、协调性。门窗采用传统的木质结构，就地取材，图案样式与构件大小与以前的传统民居相协调。墙体采用木制材料。墙面用砖石加上黄泥土的夯土墙，呈现出土黄色，与原来民居色调基本相同，同时增强了房屋的牢固性。屋顶瓦片以青灰色为主，统一风格。传统民居损坏程度较小的墙体采用木板或泥土进行维护。采用仿木防腐材料作为外墙装饰。房屋内部结构的修复，采用穿斗式，恢复原样。屋前台阶，保存完好的，继续保持原始风貌；亟待修缮的，采用本地石材进行修缮或新建，以保持原汁原味的布依族传统民居风貌。在人居环境的改造性设计上，设置了合理的污水排放系统，从而提高了传统民居居住的舒适度，为美丽乡村的打造创造了条件。

三 板万传统民居主要作用

（一）提供适宜人居环境

板万古寨的地形属于喀斯特地貌，地势不平，呈现出西北高、东南低的地貌特点。村寨位于亚热带季风气候区域，夏季潮湿多雨、蚊虫较多且比较炎热。"由于受到外界客观因素的制约，传统村镇形成了协调自然环境、社会结构与乡民生活的居住环境，体现出结合地方条件与自然共生的建造思想。"[1] 为适应地貌特点及气候条件，板万布依古寨形成了具有典型特征的干栏式建筑。在建筑布局上，人们往往选择条件较好的西南坡向，这样，既可满足房屋不同区域与空间的日照要求，又可避免遭"西晒"的情况，使得居住于传统民居中的人们能感受到良好的舒适感。村寨的天然小溪及坝中河道为区域结构性排水创造了良好条件。灵动的水流，蕴含着生机，在一定程度上改善了人居环境的舒适度。古代时期，板万一带猛兽较多，人们常受到猛兽的侵扰。干栏式建筑能为人们提供良好的保护。传统民居建筑为两或三层，一楼用于饲养家畜，二楼主要为生活区域，三楼主要用于谷物等物品储藏，实施建筑功能分离，更好地利用了房屋的空间，提高了居住舒适度。

---

① 赵之枫编著：《传统村镇聚落空间解析》，中国建筑工业出版社 2015 年版，第 122 页。

（二）突出人文教化作用

民居具有人文内涵，其神龛、卧室等的布置及分配，具有较深刻的人文教化作用。在板万古寨，住房分配皆有成规。老人、夫妻、子女起居于哪个房间，都是很有讲究的。"布依族十分崇拜祖先，人们对老年人也十分敬重。"① 在一般布依族地区，堂屋神龛之后较为普遍地设置一间卧室，只能由家中老人居住，其他人如小孩、年轻人等一概不可。堂屋神龛，有的布依族称之为"家神"，其背后的卧室居住者为家中辈分最高的老人。这表现了布依族尊敬老人的礼仪文化。板万古寨的堂屋一般只有一大间，神龛背面没有设置卧室。在此情况下，房子第二层的卧室一般只有两间，家中父母就居住在右侧上方那个房间，夫妻及未成年子女居住于右侧下方的房间。这样的卧室安排，同样体现了布依族尊敬老人的传统文化，对家庭成员具有潜移默化的教化作用。

布依族就餐体现了尊敬老人的礼仪文化。在没有客人的情况下，一家人于堂屋八仙桌就坐，要请长辈坐上席。就餐时，要为老人添酒、夹菜、盛饭。盛饭时，要用双手递给老人。在开始就餐时，长辈动筷，晚辈才能开始吃饭，否则会被视为不懂规矩。吃饭时不能一直说话，不能跷腿。晚辈吃饭结束，要与还在吃饭的长辈及其他人说"你们慢吃"。如若不说，会被长辈批评。在外人看来，这种行为是没有教养的表现。在古代，媳妇与公公不能同桌吃饭。"布依族讲究长幼有序，辈分有别。年长者在任何场合，不论贫富都会得到尊敬，宴席时让长者坐堂屋神龛下的上席，外出时和长辈同路，要帮其挑东西，小辈坐在老辈面前不能跷二郎腿。"② 家中来了客人，就餐地点在堂屋，置八仙桌，主人与客人的坐席有讲究，长辈或客人坐上席。客人吃饭时，要"陪客师"作陪。"陪客师"主要是陪客人吃好喝好。宴席前后以及喝酒之时，人们唱起动人的布依族民歌，表达良好祝愿与美好心情。让客人开心，甚至一醉方休，是主人家最高兴的事情。这是布依族热情好客的表现。在就餐时，妇女及小孩不能上桌，另设小桌于厨房吃饭。客人来了，主人家宰鸡、打狗，端上自家酿的"便当酒"，拿出最好的饭菜、美食招待客人。布依族家庭尊敬老人的文化传

---

① 韦启光等：《布依族文化研究》，贵州人民出版社1999年版，第58页。

② 政协册亨县委员会编：《册亨风物志》，贵州民族出版社2016年版，第172页。

统以及热情的待客礼仪，在小孩子心目中留下深刻的印记，对其良好品德的形成发挥了一定作用。

板万古寨布依族家庭对于小孩的教育很重视，对小孩的日常行为严加管束，促进了其良好品德的形成。"在家庭教育中，父母长辈都是老师，家庭、道路、农田、山林、河流、集会仪式场所都是学校，教育的基本途径是口头教育和行为引导，教育手段和方法主要是语言、口耳相传和行为模仿，使之将生存与生活的知识、本领在潜移默化的熏陶中掌握、发扬。"① 良好的家庭教育，促进了良好的家庭伦理文化的形成。严格的家教，对子女的行为加以约束，以便形成良好的行为习惯，对良好道德品质的养成起到了促进作用。正月初一，女性不可以去别人家，也不能干农活、穿针引线、倒水出房屋、扫地等。家中火塘的设置，也有一定规矩。火是一个家庭兴旺的象征。火塘是一个家庭的神圣地方。火塘的位置与形状，以及铁三角摆放的方位等，都有一定讲究。火塘及铁三角确定方位后，尽量不要移动，如果需要移动，方位也不能偏离。在火塘烧火时，木柴只能朝一个方向。

（三）体现民间信仰文化

板万古寨布依族家庭一般于堂屋设神龛，当地人称之为"家神"。神龛分两个部分，上部一般用红纸书写或木刻天、地、君、亲、师、孔子、关公、文昌帝君、观音、某氏历代宗亲等名号；下部设土地神位。神龛的设置，在布依族家庭中普遍存在，反映了布依族的民间信仰。布依族信仰多神，在神龛设置方面有所反映。"天""地"等名号反映了布依族原始崇拜。"君"反映了布依族的国家意识。"亲""某氏历代宗亲"反映了布依族的祖先崇拜。"师"主要反映了古代时期布依族对以"至圣先师孔子"为代表的知识分子的崇敬，现在，则在广义上反映了对"为人之师"的尊敬。"关圣帝君""文昌帝君""灶君"等反映了布依族的民间道教信仰。"南海观音大士"反映了布依族的民间佛教信仰。神龛是一个布依族家庭的神圣之所。"'以家为本'是布依族社会情感认同、亲属制度、道德习俗的核心和基础。其具体表现就反映在家神的表述上。"② 逢年过

---

① 杨军昌：《西南民族人口文化研究》，中国社会科学出版社 2015 年版，第 184 页。
② 罗正副：《文化采借转换、涵化整合与草根力量——汉族与布依族神牌的比较人类学探析》，《贵州大学学报》（社会科学版）2008 年第 3 期。

节或者重大喜庆日子、丧葬日期，布依族均于此处设祭，祭祀包括祖先在
内的各种神灵，祈求佑护，以获得心理安慰，同时反映了布依族对家庭的
浓浓归属感。布依族新房落成之后，要"安家神"，请布摩举行"开财
门"仪式。民间信仰文化是布依族精神层面的传统文化，其在一定范围
内仍会长期存在。

四　民居与脱贫成效的巩固

册亨县位于滇黔桂集中连片特困地区，原来是国家级扶贫开发工作重
点县。"经济发展落后既是这一地区落后现状的反映，更是造成该地区贫
困落后的直接因素。"① 板万村经济发展水平很低，以前是贫困村，贫困
人口较多。截至 2019 年 6 月，板万村共有居民 446 户 1985 人，其中建档
立卡扶贫户有 161 户 606 人。经大力推进脱贫攻坚工作，贫困户及贫困人
口逐步减少。在各方共同努力下，2020 年 3 月册亨县实现脱贫摘帽，正
式退出贫困县序列，贫困人口全部脱贫。如何利用板万古寨独具特色的布
依族传统民居，以巩固精准扶贫、脱贫攻坚工作成效，值得我们思考。

（一）加强对布依族民居文化保护

板万村要巩固脱贫攻坚成果，必须把重点进一步放到改善生产、生活
条件上来，其中对传统民居的恢复性改造成为关键。根据住建部《传统
村落保护发展规划编制基本要求（试行）》文件要求，按照"保护为主、
兼顾发展、尊重传统、活态传承、符合实际、村民主体"的总体要求进
行，对传统古村落加强保护，以"抢救、保护、改进、传承"的方法使
古村落文化能不断保存下去。2016 年，以吕品晶教授为首的团队，与册
亨县、东方卫视《梦想改造家》栏目一起，对板万古寨传统民居进行了
整体性修复与改造，颇具成效。这是一次运用现代建筑技术，结合少数民
族非物质文化遗产，对贫困村寨进行精准扶贫的传统民居建筑文化改造尝
试。民居建筑改造团队按照科学规划与设计，对民族文化风貌完整、建筑
质量较好、具有较高历史价值的传统民居，在不改变其原貌的基础上进行
修缮；对民族特色体现不鲜明、建筑质量一般、但有一定历史价值的传统

---

① 李文钢编著：《减贫摘帽　同步小康——贵州 10 个国家扶贫工作重点县减贫研究：册亨
卷》，贵州大学出版社 2017 年版，第 50 页。

建筑在保持外观格局、文化风貌的基础上进行改造；对于与传统文化风貌不协调或损坏程度较高的传统民居进行全面整改，重点在立面、材料等方面，将其恢复为布依族干栏式建筑原貌。在此基础上，对布依族文化风貌完整、屋体质量较好的干栏式建筑，作为精准扶贫户的保障性住房，从而提高了人居环境水平。

加强板万古寨布依族非物质文化遗产代表性项目的保护、传承、发展工作。近年，册亨县在布依族非物质文化遗产的保护、传承、发展方面做了许多有益的工作，取得了不少成绩。"非遗资源的持续挖掘、保护传承，为推进册亨县文化建设的大发展、大繁荣创造了良好的条件。"[1] 板万布依古寨所保存的布依戏、民歌、酿酒技艺、纺织技术等特色民族文化是村寨发展的动力之一，在一定条件下可以转化为旅游文化资源。在民族文化保护的基础上，抓好其传承工作。为此，可以积极引导布依族群众自觉传承本民族优秀传统文化，营造良好的民族文化保护、传承与发展的氛围。"少数民族村寨文化传承的主体是生活在乡村的民族群众，少数民族村寨文化传承需要发挥少数民族群众自身的积极性和主动性。"[2] 可以运用有效手段激发板万布依族群众自觉保护、传承民族文化的积极性，充分整理非物质文化遗产，运用传统的文字描述以及现代信息化手段，全面记录，努力挖掘其自身文化价值。为此，可以对非物质文化遗产项目进行记录、整理并形成档案性材料，以文字表现、电子贮存等多种形式进行保存；可以采取有效措施，加大对布依戏、八音坐唱、哑面傩仪等国家级、省级非物质文化遗产代表性项目传承人的培养力度；加紧实施乡村旅游服务区建设，建成古寨布依族民俗文化展览集中性场馆，改变目前的展示地点分散的局面；每年定期组织传统的布依族节庆活动、布依戏展演、民歌对唱、特色手工艺比赛等布依族特色文化旅游活动，与周边布依族传统村落加强布依族传统文化保护与利用等方面的合作、交流，以扩大影响，形成发展合力。

对目前存在的布依族酿酒技艺、织布技术等具有重要价值的旅游文化

① 黄德林主编：《贵州蓝皮书·贵州册亨经济社会发展报告（2016）》，社会科学文献出版社2016年版，第243页。

② 梅其君、张莉等：《贵州民族村寨的现代技术传播与文化变迁》，知识产权出版社2017年版，第157—158页。

项目点的建设还需要完善。可以规划建设传统的手工艺作坊，让经验丰富的非物质文化遗产代表性项目传承人现场展示，同时对相关手工技艺的制作程序、流程、产品等，以文字、数字化相结合的手段进行记录。这样，不但可以达到民族文化保护、传承之目的，而且可以增强人们对布依族传统文化的了解、理解。对于布依米酒、土布等具有较高实用价值和观赏价值的传统手工艺品，可以建立专项保护资金进行收集、整理与保护。挖掘板万布依古寨更多的非物质文化遗产项目，已经申报成功的，加强保护、传承；没有申报成功的，强化挖掘、整理与开发。对相关传承人，多给予精神与物质相结合的关注、鼓励与关怀。

以前，板万村大多数贫困户因残或者因病而致贫，丧失劳动能力，没有收入来源，主要依靠政府救助，由社会保障兜底脱贫。他们大多居住在破旧不堪的房屋中，生活十分困难。精准扶贫政策中，住房保障是一个重要方面。为贫困户及贫困人口解决基本的人居条件问题，是提升精准扶贫工作水平的一个重点。板万古寨对布依族传统民居的恢复性改造，在改善村容村貌的同时，保护了特色民族文化，同时也落实了精准扶贫工作的部分目标，布依族优秀传统文化的保护与精准扶贫就这样密切结合起来了。

（二）促进民族村寨经济社会发展

板万布依古寨历史上传统的生计模式是农耕经济模式，人们往往在自家承包的土地上种植玉米、水稻等作物，收成有限，收入不多。"板万村布依族聚落传统生计模式是适应当地自然环境、充分利用自然资源的一种文化机制。它是以稻作农业为中心的传统生计模式。"① 虽然板万村已整体脱贫，但是传统生计方式明显不能满足当地人民群众日益增长的对美好生活的向往。为促进古寨经济社会快速发展，使当地人民都过上幸福美好的生活，必须寻找新的经济增长点。在现代化发展的大背景下，板万古寨将甘蔗、油菜种植等农业产业，黑山羊养殖等畜牧业产业以及乡村旅游产业结合起来，力图推进村寨经济社会迅速发展。在旅游产业的打造上，古寨的干栏式建筑是一个重点、亮点、名片。具有浓郁布依族特色的干栏式建筑是板万古寨可开发的旅游文化资源。民族文化是生产力。板万村具有

① 曹卿：《"政策—生计模式—文化"聚落变迁动力解释模式——以贵州省黔西南册亨县布依族板万村为例》，《西部人居环境学刊》2018年第4期。

特色的布依族吊脚楼与其他村寨的民居建筑在风格上存在区别，因而有着自身的特点，在乡村旅游开发上具有比较优势。2016年，板万村被国家旅游部门纳入乡村旅游扶贫工程。这对于板万古寨乡村旅游的发展十分重要。根据住建部《关于切实加强中国传统村落保护的指导意见》以及《贵州省人民政府关于加强传统村落保护发展的指导意见》《贵州省传统村落保护和发展条例》等文件要求，有关方面对板万古寨认真实施《黔西南州册亨县丫他镇板万村传统村落保护发展规划（2015—2030年）》规划建设标准及要求，以打造乡村民族文化旅游为目标，牢牢抓住"最后的布依家园"这张响亮的名片，突出布依族传统文化特色，努力将板万布依古寨打造成为远近闻名的传统村落，同时将古寨旅游开发与精准扶贫、脱贫攻坚工作以及巩固脱贫攻坚成果紧密结合起来，创造良好的旅游文化环境，加强旅游景观建设，以此提升旅游知名度，吸引越来越多的游客慕名前来旅游，将板万古寨打造成为知名的乡村旅游目的地。以旅游产业、康养产业的发展，带动当地农业产业发展，增加当地布依族群众收入，从而为该村贫困人口的脱贫创造了条件。新常态下的乡村旅游发展，要把布依族特色的优秀传统文化与旅游产业的发展紧密结合起来，落实村寨整体的旅游规划，加强自然环境和生态文化保护，维护布依族传统民居特色，协调相关民族文化，落实乡村振兴战略，真正把板万古寨建设成为一个"看得见山、望得见水、记得住乡愁"的"最后的布依家园"。

板万古寨具有丰富的山水景观资源、充足的乡村阳光资源、舒适的气候环境等优良的旅游文化要素，使之成为现代康养基地的目标不是不可以实现的。发展乡村生态旅游产业，打造健康养生、养老基地，是板万古寨依据自身特色民族文化优势的可持续发展之路，是能够与精准扶贫、脱贫攻坚、巩固脱贫攻坚成果相结合的传统村落保护与发展之路。板万古寨乡村旅游产业与健康养生、养老产业相结合的发展模式，将对板万村经济增长发挥重要作用，从而切实提升减贫质量。"经济增长是减贫及减贫质量的必要条件。增长的减贫效应除了受经济增长速度影响外，增长方式、收入分配等对增长的减贫效应有重要作用。"[1] 板万古寨可以依托良好的资

---

① 郑长德：《深度贫困民族地区提高脱贫质量的路径研究》，《西南民族大学学报》（人文社会科学版）2018年第12期。

源禀赋和政策优势，与外部旅游企业共同合作，成立村级旅游产业合作社以及乡村康养基地，整合资源，将各家各户，重点把脱贫户及脱贫人口都纳入集体经济实体范畴，按照产业资源、资金、技术等投入，启动发展红利分享机制，保证村级产业集体经济和全体村民都能在古寨的产业发展的过程中有所收获，以巩固脱贫攻坚成果。

板万古寨是"中国少数民族特色村寨""中国传统村落"，具有丰富的布依族民族文化资源。这是可转化为现实产业经济动力的重要资源。"分布于民族地区的特色村寨民族文化底蕴浓厚，自然景观优美，民俗乡情古朴，基于此可大力发展民族文化旅游产业，着力打造'文化＋民宿'的村寨休闲旅游模式。"① 可以依托板万古寨传统建筑、民俗风情以及自然山水等旅游文化资源，打造以家庭旅馆、民宿、农家乐为主要形式的具有养生、养老功能的产业片区，积极发展乡村旅游休闲度假产业。可以设置功能分明的观光区域、娱乐区域等，打造布依族传统文化特色康养基地。在旅游产业建设、旅游品牌塑造等方面，都需要大量资金投入。如何融资，以促进传统村落发展，是大多数中国传统村落面临的重点、难点问题。板万古寨同样如此。"在资金方面，当地政府要对村寨的农民和旅游开发商进行扶持，为他们提供一定的资金贷款和周转，这样不仅地方政府能够在村寨旅游开发中获得一定的收益，而且对村寨农民增收有很大的好处。"② 开发资金的充足，将为板万古寨的保护与开发创造良好的发展条件。除政府资金投入与金融贷款支持外，积极引进社会资本开发板万古寨乡村旅游成为一种不错的选择。资本的投入只是一个方面，板万古寨乡村旅游的开发，还需要加大外宣力度，将"最后的布依家园"这张名片放到望安高速等周边重要的交通要道上，同时利用省级以上电视、报纸等传统媒体以及新媒体的力量，多层面立体宣传板万古寨，以达到扩大乡村旅游知名度的目的。在板万古寨旅游事业发展的过程中，可以将本地丰富的布依族优秀传统文化资源与产业发展密切起来，力求全方位、多样化实现民族文化产业化价值。以康养产业为主体，发展布依族村寨乡村旅游产

---

① 李忠斌、单铁成：《少数民族特色村寨建设中的文化扶贫：价值、机制与路径选择》，《广西民族研究》2017 年第 5 期。

② 吕君丽：《民族地区村寨旅游扶贫路径选择》，《贵州民族研究》2015 年第 4 期。

业，研究并发展包括旅游纪念品、土特产等旅游商品的市场适销路径，完善康养基地、旅游产业基础设施，为广大游客提供优质服务，提升板万古寨旅游文化品位。可以设置农业生态风光体验区与山地户外运动区。选择古寨中部分农田作为生态农业观光与体验示范基地，加强景点建设，改善旅游环境。板万古寨山清水秀，可以修建山体徒步石阶道路，以使游客享受天然氧吧的新鲜空气；可以在有关悬崖峭壁，地质条件又好的山体，视情设置攀岩区，使游客感受运动带来的刺激；可以疏浚自山中流出而汇聚于田坝的各条溪流，形成一条水质清澈的小河流，命名为"板万河"，沿河修建滨河步道，发展野钓等项目，使游客收获亲身参与的幸福感。除此之外，还可开发布依族传统手工业如酿酒、纺织等，创造古寨特色旅游产品，通过手工产品加工、展示、销售，形成产业。这样，既可增加村民的就业机会，提高村民收入，推动古寨经济增长，又可巩固脱贫攻坚成果，实现乡村振兴。

第 三 章

布依族节庆民俗旅游
资源开发及利用

节庆民俗是围绕节日而开展的民间习俗，属于草根文化范畴，是一种可开发的旅游文化资源。"节日文化也是一种资源，而且是具有重要研究价值和重大开发价值的宝贵资源。"① 民族节日文化的价值体现，其一就表现在作为旅游资源的开发上。

布依族传统节日很多，具有自身民族特色。"布依族的民间传统节日极为丰富多彩，表现形式多种多样。……布依族也有许多保持了自己民族特色的节日，如三月三、六月六、赶秋节、赶秋坡、赶查白、赶干洞、四月八、尝新节等几十个节日。"② 国内外许多地方利用节庆活动推动经济社会发展的例子不胜枚举。对布依族节庆民俗进行文化和经济意义方面的阐释，以期促进布依族节庆民俗与区域社会科学发展实际更加密切结合，使之在保护、传承民族传统文化的同时更好地服务地方经济社会发展，从而充分发挥其经济型文化的作用。

第一节　布依族节庆民俗是可开发的
民族旅游文化资源

在长期的历史发展进程中，布依族形成了诸多具有鲜明民族特色的节

---

① 吴正光：《民族节日文化具有开发价值》，载贵州省文管会办公室等编《贵州节日文化》，中央民族学院出版社 1988 年版，第 38 页。

② 杨昌儒、陈玉平编：《贵州世居民族节日民俗研究》，民族出版社 2009 年版，第 139 页。

庆民俗，如"三月三""六月六"、查白歌节、毛杉树歌节、吃新节、牛王节等。布依族节庆民俗不但数量多，而且具有民族特色，是一种可以开发的民族文化旅游资源。"布依族地区合理开发利用布依族文化资源，充分发挥布依族文化的作用，对旅游支柱产业的形成和发展具有十分重要的意义。"① 在同样的时间、共同的节日里，各地布依族开展丰富多彩的民族节庆活动，既保护、传承和发展了布依族传统文化，又吸引众多旅游者前来观光，从而推动旅游经济发展。

布依族节庆民俗活动是布依族的民间活动，是布依族人民大众的节日。在布依族节日中，兴义市查白歌节、贞丰县与望谟县布依族"三月三"节日被国家文化部公布为国家级非物质文化遗产代表性项目名录。安龙县毛杉树歌节，关岭县和贞丰县的布依族"六月六"，望谟县和贞丰县、册亨县、开阳县、惠水县布依族"三月三"等布依族节日被公布为贵州省非物质文化遗产代表性项目名录。另有布依族"二月二"、吃新节等节日尚未被列为省级以上非物质文化遗产代表性项目名录。布依族节庆民俗既具有文化价值，又具有经济价值，还具有政治价值。所以，有必要加强其保护、传承与开发。布依族"六月六"是布依族最重要的传统节日之一。"布依族六月六具有自身的独特性，在布依族中的流行具有普遍性，并具有很高的知名度，在外界的知名度很高，具有担当布依族文化名片的充分条件。"② 将布依族"六月六"节日打造成为布依族传统节日文化名片的设想具有文化传承及旅游开发上的新颖创意。

"民俗旅游是一种高层次的文化型旅游。"③ 在精彩的布依族节庆民俗文化展现过程中，布依族的服饰民俗、饮食民俗、文艺民俗、信仰民俗等得以不同程度表现。这些具有特色的布依族民俗风情，对外地游客具有很强的旅游吸引力。旅游者通过观赏布依族节庆民俗活动并在活动中亲身体验布依族民俗风情，能够尽情享受旅游的乐趣。

———————————

① 金安江：《布依族地区文化旅游的思考》，《贵州民族研究》2003 年第 2 期。

② 周国茂：《民族文化名片视域下的布依族六月六节日研究》，《贵州社会科学》2010 年第 11 期。

③ 陆景川：《民俗旅游发展浅探》，《民俗研究》1988 年第 2 期。

一　布依族节庆民俗的旅游开发，须保持布依族节日民俗原貌

民俗原貌在很大程度上反映了文化事象的真实性，体现了其原生态特点。随着时代的发展与社会的进步，很多民族的、特色的节庆民俗逐渐消逝。这不是个别现象，而是普遍现象。包括汉族在内的许多民族的节庆民俗，有的已经找不到影踪，只是保留在人们的美好记忆深处；还有一些节庆民俗，虽然还存在于人们的日常社会生活中，但在内容和形式等方面呈现出简单化趋势。这种简单化实则是对节庆民俗的弱化。这种状况已经引起了人们的充分重视。面对节庆民俗逐渐消逝的迹象，可以结合实际，尽力开展保护、传承工作。当下，保持布依族特色的节庆民俗活动的正常开展，对满足旅游者的好奇心和求知欲等旅游文化心理将产生积极作用。因此，保持节庆民俗活动原貌是布依族传统文化融合旅游开发及利用的一个契合点。哪里的民族节庆民俗保存得越完整，哪里的旅游品牌效应就越强，哪里就有越来越多的旅游者。云南省傣族泼水节、内蒙古自治区那达慕大会等民族节庆民俗活动的成功举办，归功于保存并展现了民族节庆民俗文化原生态的一面。在布依族节庆民俗活动开展过程中，保持原貌是吸引游客的主要方面，在此需要注意两个方面的问题。首先，可以全方位表现该节日的全貌，不要只简单表现一个或者少数几个方面，以避免旅游者对布依族节庆民俗的片面理解，从而造成只见树木、不见森林的状况。其次，不要简单照搬或者复制其他民族的节庆民俗。民族节庆民俗活动具有很强的民族性，照搬或者复制是牵强附会的行为，会导致不伦不类的结果，会造成本民族人民和游客对布依族节庆民俗文化的误读，不利于民族文化的传承与发展。

二　布依族节庆民俗活动的开展，须投入数量足够的发展资金

经济基础决定上层建筑。资金是开展布依族节庆民俗活动的经济条件。首先，要在节庆活动开展地营造具有布依族特色的文化氛围。有关部门要对城市建筑进行布依族特色建筑文化统一规划，对布依族村寨的建筑装饰同样需要体现民族特色。一个布依族城市、社区和村寨，如果在外部环境上充分体现了布依族民族特色，不仅将提升城市品位和旅游品牌地位，而且将加强城市、社区和村寨的基础设施服务功能，可以使当地人民受益，更会使诸多旅游者产生对具有旅游文化品牌的布依族城市、社区和村寨的旅游向往。望谟县、册亨县等布依族人口众多的县级城市，在县城建筑装饰中注入布依族文化元素，是较好的旅游文化氛围创设方式，可以提高城市品位，树立良好的旅游形象，从而产生不可估量的旅游效果。近年，望谟县围绕"三月三"节庆民俗活动的开展，先后投入数千万元加强城市基础设施建设，兴建了集中表现布依文化的王母广场和布依文化街等工程项目，在县城的建筑装饰上强化了布依族文化元素。

外部环境的塑造，需要资金支持。布依族节庆民俗活动的开展，没有活动资金，寸步难行。活动资金的筹集，主要是政府投资，其次是民间资本。望谟县"三月三"节庆活动、贞丰县"三月三"和"六月六"节庆活动、册亨县布依文化年活动和黔西南布依族苗族自治州查白歌节，基本上每年举办一次，政府部门投入数万甚至几十万资金用于节庆民俗活动的举办，收到了良好的旅游效应，促进了地方经济社会发展。一些布依村寨自觉开展布依族节庆活动，当地政府虽然对之进行了一定的支持，但主要是民间自发集资举办。黔西南布依族苗族自治州德卧镇毛杉树村"毛杉树歌节"、万屯镇下坝村坡落布依古寨"祭山节"、兴义市马岭镇营上古寨"祭山节"、安龙县钱相乡打凼村"六月六"布依族民族风情节、册亨县威旁乡大寨村布依族"三月三"活动以及其他布依族村寨布依族节庆民俗活动的举办，主要由村寨自筹资金开展活动。布依族民间自觉开展的节庆民俗活动，虽然扩大了村寨的旅游影响，对于保护和传承布依族文化有利，但在旅游经济效应上，与政府举办的布依族节庆民俗活动难以相比。

三　布依族节庆民俗活动要办成大众化的节日活动

节庆民俗活动的开展需要布依族人民积极参与。当地布依族要满怀热情、激情投入节庆文化活动中，以充分的主人翁意识，使旅游者感受布依族质朴纯洁、热情好客的民族性格。在日常的生产、生活实践中，为了建构良好的旅游文化氛围，布依族可以加强民族文化特别是节庆民俗文化的保护、传承。另外，在布依族服饰、建筑、饮食等方面要保持布依族特色，还可在布依族自然生态环境上下功夫。这样，才能使旅游者在感受浓郁民族风情的同时享受布依族地区美好的自然风光。

　　布依族节庆民俗活动开展期间，当地布依族要整体参与活动中，从气势上营造一种积极的民族节庆氛围。布依族自觉参与活动，不但按照统一部署做好民族风情展演及服务工作，而且身着民族服装，说布依话，使布依族人民和旅游者都感觉到这才是原生态的布依族节庆民俗活动。

　　旅游者在布依族节庆民俗活动中的大众化表现，是通过亲身体验民俗活动而实现的。布依族节庆民俗活动形式多样，要设计好旅游者的体验参与项目。将布依族服饰、婚姻民俗、歌舞等民俗文化元素纳入节庆活动中，能产生良好的旅游效应。游客中的部分布依族人民，他们参与民俗文化活动的积极性较高，穿着民族服装与本民族兄弟姐妹一起载歌载舞，其乐融融。其他民族的游客也有参与民俗活动的兴趣，即使是穿上布依族的民族服装拍几张相片，也能使其永久珍藏参加布依族节庆民俗活动的美好与快乐。这就无形中提升了布依族节庆民俗活动举办地的文化品位和旅游品牌。旅游文化活动的大众化设计是较好的旅游营销策略，可以吸引更多的旅游者参与布依族节庆民俗活动，以激发其旅游兴趣。

第二节　布依族节庆民俗是推进民族地区科学发展的文化软实力

　　关于贵州省文化旅游事业的发展，党中央、国务院和贵州省非常重视，对民族文化旅游事业的开发与利用，做出了政策性规定与阐述。

一　国发 2 号文件促进贵州大力发展少数民族地区文化旅游产业

　　2012 年 1 月，国务院发布《关于进一步促进贵州经济社会又好又快发展的若干意见》文件（即国发 2 号文件）。国发 2 号文件是新中国成立以来在国家层面出台的第一个全面而系统地支持贵州省加快发展的专门文件，为贵州省的加快发展创造了前所未有的战略发展机遇，充分体现了党中央和国务院对贵州省发展的高度重视。文件提出在贵州建立文化旅游发展创新区的创意，主张"传承优秀传统文化，弘扬社会主义先进文化，探索特色民族文化与旅游融合发展新路子，努力把贵州建设成为世界知名、国内一流的旅游目的地、休闲度假胜地和文化交流的重要平台"①。该文件进而具体提出了重点发展文化旅游、打造具有国际影响的原生态民族文化旅游区的目标。贵州省要实现原生态民族文化旅游区的目标，必须"大力发展文化和旅游产业。把文化和旅游产业发展成为支柱产业。依托贵州多民族文化资源，建设一批文化产业基地和区域特色文化产业群"②。国务院《关于进一步促进贵州经济社会又好又快发展的若干意见》文件为布依族节庆民俗活动的旅游市场化运作指明了发展的方向，为布依族文化旅游事业的发展明确了发力空间，为区域经济社会又好又快，更好更快发展奠定了政策基础，为贵州省奋力后发赶超准备了条件。

二 贵州同步小康建设目标对布依族文化旅游事业发展提出要求

中共贵州省委、贵州省人民政府按照党中央和国务院的部署与要求，结合贵州欠发达、欠开发的省情，科学决策，精心谋划，提出了"两加一推"主基调，重点实施工业强省、城镇化带动"两大"战略，实施工业化、城镇化、农业现代化"三化同步"主战略，加速发展、加快转型、推进跨越，与全国同步建成小康社会。贵州省的发展基调为全省和布依族地区的科学发展明确了奋斗目标和发展思路。

三 节庆民俗风情是促进布依族地区社会发展进步的重要生产力

国发2号文件对贵州发展文化旅游事业的指导是发挥布依族节庆民俗之文化软实力作用的政策依据。文化资源是生产力。节庆民俗风情是能促进区域经济社会发展的重要生产力。对布依族节庆民俗旅游资源的合理开发及利用，可以推动区域经济社会科学发展。对布依族节庆民俗旅游资源的合理开发与利用，可以增加布依族人民收入，提高其生活水平，是贵州

---

① 国务院：《关于进一步促进贵州经济社会又好又快发展的若干意见》，中华人民共和国中央人民政府网，发布时间：2012 年 1 月 16 日，网址：http://www.gov.cn/zwgk/2012 – 01/16/content_2045519.htm。

② 国务院：《关于进一步促进贵州经济社会又好又快发展的若干意见》，中华人民共和国中央人民政府网，发布时间：2012 年 1 月 16 日，网址：http://www.gov.cn/zwgk/2012 – 01/16/content_2045519.htm。

省与全国实现同步全面小康、乡村振兴战略目标的经济助推器。

第三节 布依族节庆民俗是促进民族地区科学发展的经济助推器

布依族主要分布在贵州省黔西南布依族苗族自治州、黔南布依族苗族自治州两个自治州，贵阳市、安顺市、六盘水市和毕节地区。云南省罗平县、河口县和四川省宁南县、会理县等地也有部分布依族聚居。随着人口的流动，国内其他地区也有少数布依族人口分布。国外而言，越南、缅甸、老挝、泰国等国家有少数布依族，是清末民国时期由贵州、云南迁徙过去的。中国布依族所属地区基本上处于西部欠发达地区。黔西南布依族苗族自治州望谟县、册亨县、兴仁市、贞丰县、普安县、晴隆县和兴义市全境及黔南布依族苗族自治州罗甸县、长顺县、荔波县、贵定县、惠水县、独山县等地区是布依族主要聚居区，是集中连片特殊困难地区，其中多数县市曾经被列为国家扶贫开发工作重点县。这些地区经济发展水平滞后，人民生活水平较低，尤其是城乡差距造成布依族部分农民生活艰难。但这些地区处于后工业时代，具有浓郁的布依族民俗风情，具备较强的后发赶超优势。布依族节庆民俗旅游活动属于生态旅游活动，是实现可持续发展的着力点和落脚点。举办布依族节庆民俗活动，对民族地区经济社会发展可以起到直接或间接的推动作用。

一 布依族节庆民俗旅游活动能促进当地旅游文化品位的提升

旅游文化品位是旅游目的地重要的名片。它无形中决定了旅游目的地的市场竞争力。当代社会的旅游活动，在旅游目的上趋向多元化，旅游者对文化旅游的概念认识在旅游实践中越来越清晰。旅游者对休闲文化旅游的愿景是旅游管理部门及其工作人员开发布依族节庆民俗等文化旅游资源的决策根据。在布依族节庆民俗的开发上，首先要在挖掘节庆民俗文化内涵上多做文章。只有提升了节庆民俗文化内涵，才能塑造与提升旅游目的地的旅游品牌地位。具有较高旅游品牌地位的布依族节庆民俗活动，才能成为促进地方经济社会发展的助推器。望谟县"三月三"节庆民俗活动、贞丰县"三月三"和"六月六"节庆民俗活动、黔南布依族苗族自治州

"六月六"节庆民俗活动、黔西南布依族苗族自治州查白歌节和毛杉树歌节等布依族传统节日已经产生了良好的旅游品牌效应，对布依族地区经济社会发展起到了促进作用。

二　布依族节庆民俗旅游活动能获得良好的区域旅游经济效益

通过布依族节庆民俗活动的开展，旅游目的地能获得良好的经济效益，直接推动地方经济发展，增加布依族人民的收入，改善生活条件，从而实现致富奔小康的目标。在布依族节庆民俗活动过程中，招商引资是活动重点，关键是要引进外来资本和民间资本，使之参与到本地经济社会建设中来。2010年，望谟县和贞丰县布依族"三月三"节日被国家文化部公布为国家第三批非物质文化遗产代表性项目名录。两县在进行运作时，都将此节日的举办视为促进县域经济社会科学发展的助推器。每年农历三月初三，望谟县、贞丰县分别举办节庆活动，至今已成功举办数届。望谟县利用"中国布依古歌之都""中国传统纺织文化之乡"和"中国布依族语言文字培训基地"等布依族文化品牌，将布依族文化融入"三月三"节庆民俗活动中，以此为契机，加大招商引资力度，为县域经济的快速发展注入了新的活力。"中华布依第一县"册亨县自2010年开始举办布依文化年活动，每年农历十月初八摘刀粑节时举行布依族节庆民俗活动，将布依戏、转场舞和布依族服饰等民族文化与布依族节庆民俗活动紧密结合起来，至今已举办数届，收到了良好的效果。近年，在有关部门的策划下，贞丰县几乎每年举办布依族"三月三""六月六"节庆民俗活动。自开展以来，布依族节庆民俗活动提升了贞丰县的旅游形象，发展了旅游经济，促进了县域经济科学发展。

通过举办布依族节庆民俗活动，县级城市和有关乡镇、村寨加强了基础设施建设，发展面貌焕然一新，实现了以节庆促变化、促发展的目的。通过引进开发建设项目，带动了当地经济发展，实现了文化搭台、经济唱戏的目标。

文化资源是生产力。"布依族文化是一笔非常宝贵的旅游资源，只要我们了解民族文化与旅游资源的关系，分析旅游者的类型，明确本地的旅游定位，建立好民族文化村，处理好自然资源与人文资源的关系，使二者有机结合，就一定能够把布依族文化做成一种美妙的旅游资源。"① 布依族节庆民俗是可以促进布依族所属民族地区科学发展的文化软实力和经济助推器。布依族节庆民俗文化的开发及利用，为民族文化资源融入旅游市场，发挥其文化资源生产力作用，助推区域经济社会科学发展创造了条件。在新时代实现中华民族优秀传统文化和社会主义文化大发展大繁荣的历史背景下，随着经济、科技、文化、教育、艺术等各项社会主义事业的蓬勃发展，在旅游资源开发、旅游市场拓展、旅游商品制造、旅游基础设施建设等方面，对布依族节庆民俗的旅游开发与利用将进入一个新的历史时期。

第四节　大寨布依村寨传统节日与山地旅游融合发展

　　随着现代社会的快速发展，草原、平原、水滨、山地等自然生态环境越来越受到人们的关注。以山地生态环境为基础发展起来的山地旅游，正以其独特的旅游文化资源卓然立于旅游市场。山地旅游资源大致可分为两大类，一是山地自然旅游资源，二是山地人文旅游资源。山地自然旅游资源有着景观丰富、宜居宜游的特点。山地人文旅游资源则有着民族风情多样化、特色化的特征。就贵州而言，在发展山地旅游方面具有得天独厚的优势，独具特色的喀斯特岩溶地貌，具有原生态民族文化的十八个世居民族聚居于此，为山地旅游在贵州的发展奠定了坚实的基础。

　　布依族作为贵州的世居民族之一，所居之地多为山间谷地、高山流水的喀斯特地貌区域，世代繁衍于此，大多聚族而居，形成了特色的民俗风情。布依族人民充分运用自身智慧，不断适应和改造适合自身生存和发展的自然环境，并在此过程中逐渐创造出文学艺术、节日民俗、民间信仰等具有布依族自身特色的民族文化。在这个相对完整的文化体系当中，布依族传统节日是其重要的组成部分，包含了布依族传统文化的诸多方面，可以说，布依族节日文化是整个布依族民族文化的缩影。在山地旅游事业强

---

　　① 杨昌儒：《浅论布依族文化的旅游开发》，《贵州民族学院学报》（哲学社会科学版）2003 年第 2 期。

力推进的态势下，探索布依族传统节日文化与山地旅游之间有效融合的发展模式，对布依族地区的发展极为有利。

一 村寨文化生态

村寨文化生态是布依族传统节日文化的生境。布依族传统节日文化以村寨文化生态的维持为前提。布依族生态文化浓郁的村寨为传统节日活动的开展创造了条件。贵州省册亨县冗渡镇大寨村具有良好的布依族传统文化生态，从节日文化的保护、传承发展与现实社会发展实际相结合的角度，山地旅游背景下的大寨村布依族节日文化创新大有可为。

大寨村原属于册亨县威旁乡，2016 年划入冗渡镇，距册亨县城 30 余公里，距冗渡镇 10 余公里，是贵州省 50 个最具魅力的少数民族村寨之一，2017 年入选中国少数民族特色村寨。大寨村东与冗渡镇连丰村、四合村相连，南临冗渡镇江见村，西接安龙县定头村，北靠冗渡镇坛坪村。村寨总面积 14.4 平方公里，耕地面积 1680 亩，其中旱地面积 820 亩，水田 860 亩。全村山林面积 10070 亩，森林覆盖率达 59.8%，森林植被丰富，是天然氧吧。全村共有 440 多户，2100 余人，下辖顶效、石碰、冷田坝、堡上、拉坎、中坛、庆脚、吴家湾、中寨、蒋家坝、马家洞等 11 个村民小组。大寨村居民的民族成份主要有布依族、苗族、汉族等民族，其中居住在蒋家坝的居民为苗族，马家洞的居民为汉族，其他村民小组的居民均为布依族。大寨村少数民族人口占全村总人口的 88.9%。村寨中布依族人口最多，占全村总人口的 78%。

大寨村原来属于当地"秧弄九寨"的地理范畴。"秧弄九寨"即现在的冗桑、江见、打浪、中寨、大寨、堡上、冷田坝、顶效、石碰等 9 个寨子的合称。这 9 个寨子是连成一片的布依族自然聚落，现分属于大寨村、江见村。大寨村集中了"秧弄九寨"布依族特色文化。它地处山间盆地之中，中为农田，四周环山，青翠满目，景色迷人。大寨村属于亚热带季风气候，海拔 1100 米左右，最高气温 35℃左右，最低气温 0℃左右，年平均温度 15℃，冬暖夏凉。这里，夏季昼夜温差明显，白天气温较高，夜晚凉爽；冬季则气温适宜，不觉寒意。

中寨组是进入大寨的第一个村民小组，近大寨村委会，主要姓氏有王、韦、黄等，均为布依族。从中寨往里走 500 米左右就是大寨村委会所在地，本地人称这里为"大寨"。中寨是大寨村的政治、文化中心。大寨村山地旅游开发公司办公地点位于大寨村委会一楼。中寨民居多沿村道而建，大多为两层砖房，统一规划，统一建筑风格，形成城镇化的聚落。吴家湾居民主要有布依族、汉族，是距离村委会最远的一个村组。冷田坝水资源丰富。此处的水泥硬化路是当地的农业产业化基地羊博园为了开发冷田坝而修通的，改善了村寨交通条件，提升了大寨村乡村旅游发展品位。

大寨村环境优美，山水如画，气候宜人，民族民间文化底蕴深厚，形成了特有的民族文化旅游品牌。这里有被列入国家级非物质遗产代表性项目名录的布依族转场舞，有贵州省非物质遗产代表性项目布依族高台舞狮，还有布依棍术、糍粑舞以及荡秋千、"浪哨"对歌、婚丧民俗等别具特色的布依族传统文化。2007 年，大寨村布依族转场舞在"多彩贵州"舞蹈大赛中荣获原生态特别优秀奖，2014 年以 9770 人同跳转场舞而成功申报吉尼斯世界纪录。转场舞成为大寨村布依族特色文化的一张靓丽名片。大寨布依族高台狮灯颇具特色，主要在节庆时日、乔迁之喜、农闲时节等时间表演。大寨村至今存在舞狮队，且有高台狮灯传承人。表演高台狮灯时，至少需要 4 人，多达 10 余人。表演舞狮的高台由 20 多张八仙桌垒叠而成，高 10 余米。我们曾于 2018 年正月初五观赏了大寨布依族高台狮灯表演活动，十分精彩，赢得上千名游客的阵阵喝彩。

大寨村集民族风情、自然风光、历史古迹于一体，为打造乡村旅游村寨、山地旅游胜地、康养旅游基地提供了丰富资源。近年，这里成为国际山地旅游暨户外运动的分会场，开展了布依族传统文化特色旅游活动，树立了良好的旅游文化品牌，为大寨村的快速发展奠定了基础。

二　传统节日文化

节日活动是布依族传统文化的集中体现。"布依族许多古老的民俗文化依靠布依族传统节日得以传承和弘扬。"[①] 可见布依族传统节日对于民族文化传统的保护与传承发展的重要作用。布依族是一个节日众多的少数民族，一年之中几乎每个月都有节日。大寨村布依族传统节日有春节、"三月三"、"六月六"等。这是大寨村利用布依族传统文化发展山地旅游

---

① 杨昌儒、陈玉平编：《贵州世居民族节日民俗研究》，民族出版社 2009 年版，第 139 页。

的力量与源泉。大寨村在节日期间开展转场舞、高台狮灯、民歌大赛、打糍粑、丢香包、民间祭祀等活动，有力地宣传、推广了大寨布依族传统文化，为该村山地旅游的发展奠定了基础。

春节是中华民族最重要的节日。大寨村布依族春节十分热闹。节日前夕，人们置办年货，宰年猪，包粽粑，打扬尘，祭灶神，做好节日准备。节日期间，吃团圆饭，走亲访友，互道新春祝福，气氛祥和而融洽。欢乐的人们聚居在村中文化广场，开展"浪哨"对歌、高台狮灯表演和转场舞活动，玩得不亦乐乎。大寨从正月初十至十五晚上，村民同跳转场舞，形成了习惯。正月十五元宵节这一天，大寨村家家户户一大清早就准备祭品，开展祭祖、点灯、跳转场舞、唱民歌等活动。祭祖仪式一般在下午四点左右开始。各家各户带上刀头、蜡烛、香、鞭炮等物品到祖宗墓前祭奠。大寨村布依族走亲访友需要带一定礼品，以表示心意。主人要将客人带来的礼品摆在神龛供台上，祭祀祖先。这反映了布依族的祖先崇拜意识。

2015年，大寨村开始实施山地旅游开发策略，结合实际，在春节期间开展转场舞、高台狮灯等布依族传统文化活动，将本地民族特色文化与山地旅游事业结合起来，促进村寨经济社会发展。正月里，当地布依族在寨门口设下拦门酒，唱起迎客调，热忱欢迎四方游客。宾主互动，对唱民歌，气氛热烈。之后，游客进入村寨，欣赏村寨美景，感受民族风情。随后的高台狮灯、转场舞等布依族特色文化表演活动将节日气氛推向高潮。在转场舞活动中，游客可以亲身参与，获得旅游文化体验的乐趣，加深了对布依族文化的了解。

"三月三"是大寨村布依族最隆重的节日之一，举行扫寨、祭山神、社神与寨主、扫墓挂青、跳转场舞、"浪哨"对歌等活动。在"三月三"节日里，大寨布依族准备一头猪、一只大公鸡、花糯米饭、鸡蛋、酒等祭品。祭祀仪式由寨老主持。"三月三"宰猪要在寨主的坟前，以祭祀寨主。寨主就是布依族的寨神。大寨"三月三"敬祭灶神在当地被称为"敬大神"。现在，大寨村很多年轻人已经不清楚"敬大神"的来龙去脉了，但知道"敬大神"后，可以实现风调雨顺、庄稼丰收、大风不破坏房屋等愿景。这是民间信仰的功利性表现。大寨的祭祀仪式开展之后，堡上的布依族才可以宰狗祭祀山神。据说，古代时期，堡上的布依族先祖比大寨的晚来三年。他们来到这里之后，当地寨主王抱赛让他们居住在堡上，守卫垭口，并允许他们"三月三"杀狗祭祀山神，与大寨布依族一起过节。"三月三"祭祀费用由当地布依族按户均摊。参加祭祀活动的人们均着布依族传统服饰，头戴青帕，不能大声说话，怕惊扰了神灵。以前，妇女和未满12岁的男子不得参加祭祀活动，现在可以参加，但不得说话。过去，"三月三"节日，祭祀仪式是主要内容，不准外人进寨，寨子入口有人把守。如果有外人贸然闯进村寨，会被当地人认为破坏了祭山的风水。外人必须接受惩罚，承担重新祭祀的所有费用。现在，"三月三"节日中的祭祀仪式仍然重要，布依族思想观念较以前开放，允许外人进村寨，一起过节。"三月三"节日中需要"闲三"，人们休息三天，不得动土，开心过节。布依族转场舞、民歌对唱、高台狮灯等布依族传统文化活动已成为人们节日里的娱乐节目。如今，每逢"三月三"节日，大寨布依族"嘞呜"文化广场人山人海，人们赏布依族转场舞等文化艺术表演节目，品布依族特色洞藏美酒，尝布依族"八大碗"特色菜肴，喜气洋洋，场面壮观。

三　融合发展策略

节日文化是一种资源，是具有重要研究价值和重大开发价值的宝贵资源。[①] 民族节日文化的价值体现之一就表现在作为旅游文化资源的开发上。大寨村在布依族传统节日文化与山地旅游融合发展方面，虽然取得一定成效，但是还存在一些不足。

（一）现状分析

旅游交通条件需要改善。进入大寨村，只有一条狭窄的乡镇公路，尽管已经硬化，但距省道与高速公路较远，旅游道路交通条件不够好，通达性不强，对游客自驾游吸引力不大。同时，大寨布依族村寨所属册亨县还没有通高铁。对于乡村山地旅游来说，旅游交通是一个瓶颈问题，在一定程度上制约了乡村旅游事业的快速发展。

旅游产品开发力度不够。大寨村四面环山，自然资源十分丰富，布依

---

① 参见贵州省文管会办公室等编《贵州节日文化》，中央民族学院出版社1988年版，第38页。

族风土人情特色鲜明。目前为止，大寨村旅游文化资源还没有得到充分的挖掘。除布依族传统服饰在村寨中有一定开发外，布依族花糯米饭、粑粑、香包等旅游商品的开发进度滞后。旅游产品不太丰富，导致游客对大寨乡村旅游的兴致不高。这是大寨发展山地旅游的一个短板。

艺术文化的节日融入度不够。布依族传统艺术文化参与节日活动，能很好地渲染节日气氛，同时对民族文化的保护与传承发展有利。在"三月三"等节日活动中，转场舞、高台狮灯是重头戏，是当地的布依族文化特色，但单纯如此还不够，布依族服饰、刺绣、花糯米饭、民歌、棍术、婚俗等也要参与进来，以表现布依族传统文化在节日活动中的丰富多彩。近年春节期间的大寨布依族文艺活动，高台狮灯、转场舞、布依族婚俗已经参与到传统节日活动中，但布依族其他文化元素的参与度不强。节日活动的特色化、多元化是大寨村山地旅游发展所要考虑的。

自身发展动力不足。当地有关部门积极支持大寨村山地旅游事业发展，采取切实措施推进工作，引进农业产业化龙头企业，以带动大寨乡村旅游产业发展，但效果需要强化。大寨村虽然成立了山地旅游开发企业，但旅游服务能力不强，旅游服务水平不高，不利于当地山地旅游事业的发展。由于山地旅游投资周期长、经济见效慢等原因，导致部分村民自身认识不足，对村寨可持续发展了解不够，因而在布依族传统节日活动中的积极性不足、主动性不够、参与度不高。大寨村除羊博园作为旅游酒店外，缺乏山地旅游民宿，缺乏布依族农家乐，从而在山地旅游服务上难以满足游客的多元化旅游需要。近年，大寨村作为国际山地旅游暨户外运动的分会场之一，先后举办过好歌旅游节和山地徒步等活动，但旅游服务效果并不理想，存在一些不足，需要改进。

（二）发展措施

完善旅游基础设施。合理规划大寨旅游景区内外旅游交通道路，构建方便、快捷的立体旅游交通通道，以提高景区的可准入性。对内，改善道路质量，在一些容易发生交通事故或比较危险的地方设置警示牌，尽力避免交通事故的发生；改造山地旅游公共服务设施，绿色、环保而有特色，制定一套长久有效、科学严谨的旅游管理制度，营造优良的旅游环境。对外，联合册亨县内福尧、岩架以及安龙县招堤、兴义市万峰林等周边旅游景区，形成特色山地旅游精品线路，提升铁路、公路有效运营度，使旅客出游更方便、快捷，实现与周边景区之间的资源共享、客源互送、线路对接、市场共赢，为游客提供更为安全、舒适的交通条件，形成具有较强影响力的区域山地旅游经济带。

实现旅游商品产业化。布依族传统节日活动是民族特色商品实现商品价值的有效空间。一方面，大寨旅游景区的旅游产品要突出特色，既要创新旅游产品形式，又要主打布依族传统节日文化品牌，调整好旅游产品结构，满足不同层次游客对旅游产品的需求；另一方面，大寨山地旅游景区要充分利用自然山水，合理发挥生态旅游优势，实现布依族传统文化与山水田园之间的有机融合，打造多元型山地旅游胜地。"传统节庆文化作为人文旅游资源所具备的独特民族性，恰好满足了探新求异的旅游者动机，是体现其旅游资源价值的首要因素。"[1] 在传统节日的特定时间内，民族文化的诸多方面参与到节日活动中来，在一定的空间范围内产生作用。大寨村转场舞、高台狮灯、服饰文化、艺术文化、饮食文化、体育文化、民间信仰等布依族传统文化元素可以广泛参与到旅游产品产业化建设的过程之中，构建特色旅游商品产业链，形成山地旅游新业态，从而产生良好的旅游经济效益。布依族转场舞的旅游商品产业化发展方面，可以设计身穿民族服饰、手拉手、围绕同心圆、同跳转场舞的布依族玩偶人物等旅游文创产品。布依族高台狮灯的旅游商品产业化发展方面，可以设计狮灯舞中出现的猴子、大头和尚、猪八戒等形象的塑料面具产品，以实现其商业附加值。布依族棍术的旅游商品产业化发展方面，可以设计孙悟空金箍棒式样的旅游产品，以塑料玩具的形式打造。

增强游客的节日活动体验度。彝族火把节因游客可以很好地体验火把节的热情奔放，所以人们对之相当熟悉。布依族传统节日活动中的文化娱乐节目同样可以使游客充分体验特色布依族文化。大寨布依族转场舞是游客参与度较高的项目。夜幕之下，村寨中燃起篝火，游客与当地布依族手拉手同跳转场舞。在布依族高台狮灯表演活动中，部分游客身着表演服装，扮演适当角色，体验高台狮灯的精彩绝伦，感受十分惊险的表演活动，绝对印象深刻，终生难忘。在大寨布依族"三月三"节日中，游客参与打糍粑活动，体验民族饮食文化内涵，对之印象深刻。

---

① 赵东玉：《中华传统节庆文化研究》，人民出版社 2002 年版，第 238 页。

在布依族便当酒的酿造过程中，游客参观并亲身体验，能使其增强对纯正而传统的布依族特色酒文化的认识。在布依族婚俗表演活动中，游客体验一把做"新郎"或者"新娘"，切身感受布依族传统婚姻习俗，生动的表演参与，应该会使其"刻骨铭心"，从而深化对布依族传统文化的理解，无形中拓展了大寨布依族山地旅游文化的社会影响力、知名度、美誉度。

优化村寨旅游推介方式。大寨村可以充分利用信息化条件，实施"互联网＋"策略，推动山地旅游向深层次发展。积极推进现代化山地旅游网络推广形式，通过大寨村山地旅游网站、微信公众号、淘宝电商平台等多方面项目建设，将当地基本情况、民族特色、风俗习惯、远古传说等制作成系列专栏，不定期推出村寨节日文化活动，强化山地旅游宣传推广模式，为外界提供信息量很大的旅游文化信息，促使广大游客加强对大寨布依族特色文化的了解，以激发其旅游兴趣，从而为当地山地旅游事业的迅速发展创造条件。

建设大寨布依族文化展览馆。大寨村具有深刻的布依族传统文化，是可开发的旅游文化资源。当地布依族农耕文化遗产、传统生产工具与生活用品、艺术文化活动中所穿服饰和道具以及布依族转场舞、高台狮灯在各地演出的照片和传承人事迹介绍等，都可以成为大寨布依族文化展览馆中的陈列实物。在布依族文化实物展出的同时，可以制作"三月三"节日、转场舞、高台狮灯等活动的短视频或者摄制大寨村风土人情的宣传片。这样，可以使游客迅速认知、了解大寨村特有的布依族传统文化，形成良好的旅游印象，促进大寨村山地旅游事业深度发展。

布依族节日是布依族传统文化的一部分。在山地旅游发展背景下，对布依族传统节日文化传承与创新发展的关注具有一定的现实意义。目前来看，布依族传统节日文化与山地旅游的融合仍处于初级阶段，其根本问题在于没有处理好布依族传统节日文化与山地旅游之间的关系，没有找到两者之间的契合点。对布依族村寨山地旅游文化资源的开发，很大程度上表现于对布依族旅游商品的深度开发。布依族传统节日文化与山地旅游之间存在一定的逻辑关系，在开发时，既要维持布依族的民族文化特色，又要兼顾山地旅游之发展，不要固化保守而缺乏创新精神。山地旅游与布依族传统节日的开发要具备相融性，既要实现社会效益的和谐共赢，又要实现传统节日文化保护、传承与山地旅游之间包容性发展的新局面。两者之间的密切结合，方能彰显山地旅游文化内涵，并为布依族传统文化的传承发展注入新鲜血液，从而促进两者之间的相融性发展。

第 四 章

布依族传统酒文化及其开发

第一节　布依族酒文化研究现状

布依族传统酒类的生产基本上是以作坊形式在农村社会中存在，市场狭小，大多自给自足，其文化价值没有得到很好的开发。虽然学术界已对布依族酒歌文化做了大量田野调查工作，记录了不少布依族酒歌，但大多停留在记录、描述的初级阶段，而较少在文化内涵层面开展较为深入的研究。目前学术界关于布依族传统酒文化方面的研究成果较少。有鉴于此，我们结合现实社会发展需要，试图对布依族传统酒文化作一次较为系统的探讨。

一　酒文化研究

（一）酒文化及相关研究

何明、吴明泽《中国少数民族酒文化》，王赛时《中国酒史》，黄玉将《酒文化》，周睿《基于酒文化旅游的文化创意产品开发策略研究》，刘奕云《中国酒文化》，陈少波《酒文化与贵州旅游》，李树梅《论酒文化与工业旅游的发展——以贵州茅台镇为例》，袁睿《略论侗族酒文化与旅游业的互动》和蒋雁峰《中国酒文化研究》，王道鸿《茅台镇白酒文化与旅游开发研究》，吴正光《贵州酒文化》，周连斌与罗琳《布依族酒文化概览》，曹茂与谭晓岚、吴晓敏《布依族食物加工科技探析》，王仕佐与邓咏梅、黄平《略论贵州酒文化及旅游功能》等论著对酒的起源、分类、产业、功能、酿造、品鉴，酒礼仪，酒故事以及酒与旅游、经济发展之间的联系等方面作了一定阐述与分析。

（二）酒歌文化研究

沈茜《布依族酒歌与礼仪交融形态》，赵焜与吴启禄、陈亮编《布依族酒歌》，贵阳市民族宗教事务局和贵阳市布依学研究会编《贵阳布依族酒歌》，贵阳市乌当区民族宗教事务局编《乌当布依酒歌》，中国民间文艺研究会贵州分会编《民间文学资料》（第六十三集　布依族酒歌、叙事歌）等论著记录了布依族部分婚宴酒歌，有迎客时唱的《拦路开朝门》《接风》《十进门》《请客杀猪》《迎客酒歌》《分烟歌》《下坎词》《安桌》《解酒杯》等；敬酒时唱的酒歌有《没有好酒迎客人》《抬来好酒迎客人》《醉酒你们拿来敬》《没有茨藜酒待客》《吃了酒肉去传名》《我们斟的松果酒》《好酒喝了几多次》等。另外，还有四言酒歌《造酒歌》《赞酒歌》《斟酒歌》《敬酒歌》等，以及酒排歌、放客歌、周年酒歌等各种场合所唱的酒歌。诸多论著对布依族酒歌文化从民间文献的角度进行了记录、分析与研究。布依族酒歌的内容来自布依族的日常生活，具有特色。在布依族传统宴会活动中的安桌、散凳、发壶、发筷子、发烟等礼仪中，都有民歌演唱活动，其中与酒歌相关的不少。布依族人民自古以来热情好歌，注重礼仪，酒在礼仪文化生活中扮演着较为重要的角色。

二　酿酒工艺研究

（一）白酒品种及其分类

罗庆芳与丁匀成《黔酒飘香》、秦含章《现代酿酒工业综述》、周于德等编著《酒的知识》、郭其昌等编著《酒谱》、任志宏编著《酒博览》、孙方勋编著《世界葡萄酒和蒸馏酒知识》、章克昌主编《酒精与蒸馏酒工艺学》、食品工业部制酒工业管理局编《制酒工业科学研究报告选集》、王文哲主编《中国酿酒业大全》等论著，从酒曲、度数、原料等角度对区分酒的品种作了较为全面的研究。

（二）酿酒工艺流程

［苏］葛鲁包夫等著，张金民译，李惠敏校《发酵酒与配制酒生产的物料计算》，轻工业食品二局编《制酒工业生产技术经验　酒精与白酒生产技术》，刘荣忠编著《糖化酶和酿酒工艺》等论著，从酿酒的工业原理方面，对酿酒过程进行了较为细致的研究。李大和主编《浓香型大曲酒生产技术》、庄名扬编著《浓香型低度大曲酒生产技术》、谢邦祥编著

《农家小曲酒酿造实用技术》等论著，以白酒的香型差异为切入点，对白酒酿造过程进行了较为系统的研究。沈国坤、蒲青编著《低度酒制作技术》，李艳主编《新版配制酒配方》，王金山编著《饮料酒酿造技术》，吴福林主编《中华风味酒》等论著，以白酒的度数差异为研究点，对酿造过程的方法、技术要求进行了综合研究。黄平主编《生料酿酒技术》、黄文诚的《蜂蜜酿酒》、国营大茅山综合垦殖场编著《野生植物酿酒》、邹志鹗编《稻草酿酒和酒糟造纸》、湖南省野生植物利用展览会编著《野生植物酿酒操作方法》等论著，从酿造原料的种类分析白酒的酿造过程。林可行编著《酒验方——酒为百药之长》等论著，从白酒的功效来研究白酒的酿造、炮制过程。沈祖志《中国酒后期处理技术》、梁雅轩与廖鸿生编《酒的勾兑与调味》、彭铭泉主编《药膳酒泡制法》、朱荣宽与隋华章著《家庭养生酒》、鄂小凡与鲍蔚敏编著《百酒治百病》、卢祥之编著《养生延年酒疗集锦》、乔罡健编著《酒治病养生秘方》、韩文领等编著《饮酒养生和酒疗良方》、李祥睿与陈洪华主编《配制酒配方与工艺》、高运华主编《酒品与调酒》等论著，以成酒的粗加工、深加工与保存等为着力点，对酒类的风味变化、质量差异、特性等开展了综合性研究。

三 旅游酒类产品市场化研究

(一) 布依族传统文化与旅游应用

马启忠的《布依族"六月六"探源》、陈立浩的《布依族节日民俗略论》、周国茂的《民族文化名片视域下的布依族六月六节日研究》、谷因的《祭祀大禹：布依族"六月六"节探源》、樊敏的《黔南布依族"六月六"节日的文化特征及社会价值》、吴文定的《文化视野下的布依族"四月八"》、毛天松的《布依族"三月三"节日文化研究》、杨秀昌的《布依族"三月三"》、葛继红的《布依族节日礼俗的特征及功能》、罗春雷的《望谟倾力打造"三月三"布依族文化节名片》等论著，对布依族重大节日的历史来源、活动内容等展开了较为详细的阐述。

伍泉穆的《布依族婚姻风俗试析——以高荡村为例》、彭建兵的《坡落布依古寨"祭山"节庆活动民族志》、贵州省社会科学院文学研究所与黔南布依族苗族自治州文研室编《布依族民间故事》、刘柯编著《贵州少数民族风情》、兴义市民族事务委员会编《中国民间故事集成·贵州省黔西南布依族苗族自治州兴义市卷》、陶凤珍编著《少数民族奇俗荟萃》等论著，对包括布依族婚姻风俗、民族节日等在内的延续至今的特色民俗风情进行了探究。在众多布依族民俗文化活动中，传统酒文化时有表现，贯穿于人们的日常生产、生活过程之中。

高绪东、岳振的《基于贵州贞丰布依族文化的旅游纪念品设计研究》、杨冠雄主编《西南旅游资源开发与布局》等论著对布依族特色文化进行了探讨，分析了其应用于旅游开发与服务地方经济社会发展的作用。贵州省布依学会与黔南布依族苗族自治州布依学会编《布依学研究》（之七）一书中有关布依族文化与旅游开发的部分论文有罗祖虞的《云南罗平及周边布依的民族风情及旅游资源》、莫新华的《布依族地区旅游资源开发思考》、卢延庆的《浅议布依族民俗旅游开发》、杨路塔的《重塑贵州旅游形象的构想》、范莉娜的《浅论贵州少数民族地区旅游资源的开发》、伍忠仕与伍中辉的《乘西部大开发之东风　发展布依族特色旅游——安顺市旅游开发之我见》、樊敏的《试论布依族地区文化资源的开发利用及文化产业的发展》、胡萍的《保护与开发利用并举——关于布依族传统文化的思考》、王克松的《布依族饮食文化概说》等。以上论著以布依族旅游开发为着力点，以布依族特色文化旅游发展为中心，以推动少数民族地区脱贫致富为目标，对布依族旅游文化资源开发提出了自己的设想。贵州省布依学会与黔西南布依族苗族自治州布依学会编《布依学研究》（之八）一书中有关布依族旅游文化开发的论文有金安江的《布依族地区文化旅游的思考》、孙乾卫的《布依族地区文化旅游开发必须走可持续发展之路》、莫新华的《布依族区域旅游业发展存在问题及对策》、王天辉的《旅游业在民族地区的经济社会效应——从镇宁旅游文化资源谈起》、罗洪庆的《开发布依族文化与旅游，促进河口经济发展》、农文成的《对发展贵州省旅游业的思考》、罗用频的《突出民族文化特色，打造民族旅游精品——黔西南州民族文化旅游业发展思考》、安金黎的《黔西南旅游应选择布依族文化打造品牌》、王士高与岑红的《黔西南州旅游发展刍议》、彭殿基的《确立"绿色旅游"观念　加快发展黔西南旅游业》、卢丽娟的《布依族饮食文化与旅游》、周俊的《西部旅游开发战略探究》等。以上论著从开发布依族旅游事业出发，就如何利用布依族文化资源推动地方经济发展，提出了自己的看法。王克松的《论布依族地区旅游景点的旅游市场》、罗汛河的《布依族地区旅游资源与经济开发展望》、孙乾卫的《布依族地区旅游景点开发建设思考》等论著，则从布依族旅游市场的开发与建设方面，思考布依族旅游业发展问题。

（二）布依族传统酒文化与旅游开发实践

胡北明、曾绍伦、雷蓉著《川酒文化旅游资源开发研究——基于文化遗产保护视角》一书从中国酒文化及酒文化旅游资源的界定入手，对酒文化旅游资源进行了分类。胡爱娟著《饮食文化与现代旅游》一书部分内容为酒文化、旅游产品设计及饮食观念等在现代旅游开发中的运用和创新设计提供了可能实现的路径。石培华的《贵州应大力发展以茅台为代表的酒文化旅游》，陈少波的《酒文化与贵州旅游》，王明、赵宁曦、周强的《喀斯特洞穴旅游开发的新视角——藏酒洞旅游初探》等论著，从不同角度分析了旅游业与酒文化产品密切结合的问题。游来林的《略论贵州民族节日与酒及其商机》、汪建国的《玫瑰蜜酒的开发和产品创新》、马靖羽与赖艳梅的《桑葚酒面膜的开发构想及前景》等论文，研究了特色酒产品开发的前景。吕晓燕的《绍兴黄酒旅游体验式旅游流程探析》、张萍与王爱红的《体验式葡萄酒旅游产品开发研究》、芦雅红的《杏花村酒文化与工业旅游发展探讨》等论著，对特色酒产品的开发作了可行性研究。

（三）布依族传统酒产品开发与旅游扶贫政策的结合

近年，国家大力支持民族地区生态旅游业发展，与少数民族传统文化相关的旅游产品设计受到重视，通过旅游产品设计大赛、旅游文化博览会等多种形式，扩大了文旅结合方面的影响。学术界对于布依族传统酒文化有所关注，但对于酒产品开发方面的研究成果很少。宋明主编《少数民族地区综合扶贫开发》，王超、吴倩、王志章著《贵州少数民族地区特色旅游产业精准扶贫路径研究》，邓子钢著《大文化视域下产业扶贫与特色发展研究》等论著，从扶贫开发的角度，提出了民族文化融合扶贫开发方面的认识。黄承伟主编《脱贫攻坚省级样本——精准扶贫贵州模式研究》，汪三贵、张伟宾、杨龙著《少数民族贫困问题研究》等论著结合少数民族经济发展特点，从扶贫政策的角度，对少数民族的影响方面进行了研究。刘锋的《中国西部旅游发展战略研究》、王芳礼与王云星的《略论布依族地区旅游扶贫开发问题》、吴文定与潘云的《布依族传统文化保护开发利用的现状及对策——以贵州省黔南地区为例》等论著，从产业规划及开发、布依族文化旅游融合等方面着手，分析了布依族传统文化促进经济社会发展，推动脱贫攻坚等方面的重要意义以及实施路径。

四　研究趋势

（一）布依族传统酒文化的内涵

一是酒在布依族人民日常生活中的重要地位。酒本身就是布依族自产自销的"土产品"，无论是重大节日、祭祖祭山，还是待人接客、农作时节之时，都离不开布依酒。布依酒的种类丰富，有糯米酒、玉米酒、刺梨酒、杨梅酒、芭蕉酒、蜂蜜酒、甘蔗酒等，根据个人喜好及不同场合可以有不同的选择。酒具的选择、饮酒量的多寡、饮酒姿势都是有讲究的。人们喝酒时也会根据不同情况演唱不同的酒歌，民族文化氛围十分浓厚。这对于增强布依族文化认同及凝聚力等方面，发挥了一定积极作用。当今研究成果较少关注布依族酒类产品设计以及传统酒文化在节日等场合的应用内涵。

二是布依族特色酒文化的市场化呈现可促进生态文化旅游产业发展。布依族传统文化具有包容性，在经济全球化、旅游业日益发达的今天，布依族旅游景区、景点必须要具有自身特色，而布依族传统酒文化在一定程度上可以体现地域文化与民族文化的特点。无论是在乡村社会还是在城镇社会，布依族传统酒类及酒文化的应用，不能仅仅限于自给自足，还可以对其进行规范生产、集团发展，以形成生态产业链。把布依族"三月三""六月六"等重大节日活动做大做强的同时，必须把布依酒文化充分融入节日习俗中，转化为民族文化旅游产品。可以利用融媒体等各式传媒平台，把布依族特色酒推向中国，推向世界，从而实现文化促进经济发展，经济发展又推动文化保护的理想目标。

（二）布依酒酿造过程的传统性

一是对布依族酒类产品的深入发掘及其市场占有率的关注热度持续上升。布依族传统的酒俗称"便当酒"，这是布依酒的统称，主要由稻谷、玉米、高粱等酿制。"便当酒"好喝，入喉绵软不呛，而又具有后劲十足、韵味悠长等特点。我们到布依族村寨开展田野调研活动或者做客时，就体会到了布依族人民用美味的"便当酒"款待客人的热情。关于布依族酒酿造过程的传统性，在于挖掘新的酒产品种类，以适应市场的发展及人们的饮食需要。这不但对保护、发展布依族酒文化有利，而且可以推动地方经济社会发展。

二是随着布依酒新酒品的研究渐有成果，也将对布依酒的酿酒原料、工艺、条件提出更高、更新的要求。只有维持布依族传统酿造工艺，才能生产出更为优质的文旅产品。

三是随着酒逐渐变成现代社会人们之间往来馈赠的佳品，再结合现代养生要求，布依酒在成酒的加工保存方面要与行业标准并行。新时代背景下，如何改善布依酒的口味，提高布依酒的营养价值，体现布依酒文化的内涵，以产生巨大的经济效益。这一课题将是人们关注的一个重点。

（三）精美包装提升布依酒产品市场价值

布依酒产品的市场价值有待进一步评估及充分发挥。首先，可以深化布依族酒文化研究，使之形成系统而具有特色的民族文化，并加大宣传力度，使布依酒文化的人文价值为外界所了解。其次，对布依酒的酿造过程，包括原料、配方、适配比例、发酵模式、保存方法等进行深入探究，改变其小作坊、自产自销的模式，实现布依族酒类生产规范化、销售市场化，与布依族特色民族文化相结合，通过特色酒类产品的充分表现，以占有一定的市场份额。

第二节　布依族传统酒文化习俗及其应用

布依族热情好客，以酒待人，酬宾又自娱，自古以来形成了较为浓郁的酒文化习俗。著名民族学家岑家梧曾考察布依族的饮酒习俗。"仲家也极嗜酒，家常便饭，必先酒后饭，亲戚来往或遇红白事，则非醉不欢，所以家家都储藏大量的酒。酒用糯米或玉蜀黍制，糯米酒尤为普遍。"① 酒文化成为布依族礼仪文化生活中的一个重要部分。"酒在布依族人日常生活中扮演着重要的角色，布依族人会酿酒、好饮酒，酒不仅是布依族家庭

---

① 岑家梧：《水族仲家（布依族旧称）风俗志》，《岑家梧民族研究文集》，民族出版社1992年版，第181页。

的日常必备品，更是他们在节日盛宴时、待客时必不可少的佳品。"① 酒在布依族生产、生活中应用普遍，无论在节庆之日，还是婚丧嫁娶、待客酬谢之时，必须用酒。

一　布依族传统酒文化习俗

（一）布依族酒类

黔地多产酒，有美酒，酒类齐全，自古皆然。清代宋庆常《石阡竹枝词》中仅四句就提及了贵州石阡府之酒类有"甜酒""高粱酒""包谷酒""刺梨酒"。"甜酒连糟味比饴，高粱包谷酿俱齐。浮桥不用寻沽去，化积消痰有刺梨。"② 又，清代今独山县、兴仁市等地即有刺梨酒。莫友芝有诗咏刺梨，谓之入酒称奇。"品以经霜别，芳缘入酿奇。不须忙采摘，但就菊花期。"③ 清人乔子木《盘南苗俗竹枝词》言："醅菜登柈腥欲避，刺梨酿酒醉成醺。"④ 吴泽霖先生曾对布依族酒文化开展调研。他认为，布依族酒的种类有辣酒、茨藜酒、甜酒、烧酒等。⑤ 今人认为布依族酒的种类有糯米酒、刺梨酒、白烧酒等⑥，未及详尽。布依族有名的"便当酒"应属于烧酒之列。故布依族传统酒类有甜酒（即醪糟）、烧酒（多数情况下称为"便当酒"）、糯米酒、刺梨酒等。

布依族甜酒味甘，一般由白糯米酿成，度数极低。客人连糟饮之，如饮甘饴。"便当酒"由大米、玉米或高粱等酿成，度数低，味甘甜，入口清爽。"便当酒"多数情况下指布依族传统意义上的烧酒（烧窖酒），是布依族待客的传统酒类。客人可以大碗大碗地喝，而后劲十足，过量则不知醉归，次日或数日后仍旧宿醉，乃因甘甜清爽入口易而实难把持也，故布依便当酒至今

---

① 周连斌、罗琳：《布依族酒文化概览》，《酿酒科技》2007 年第 11 期。

② （清）宋庆常：《涵性堂诗钞》卷 6，转引自贵州省文史研究馆编《贵州竹枝词集》，贵州人民出版社 2019 年版，第 101 页。

③ （民国）王华裔修：《独山县志》卷 28《艺文》，载黄加服、段志洪主编《中国地方志集成·贵州府县志辑》（第 23 册），巴蜀书社 2006 年版，第 561 页。

④ （民国）冉晟修，张俊颖纂：《兴仁县志》卷 21《艺文志》，载黄加服、段志洪主编《中国地方志集成·贵州府县志辑》（第 31 册），巴蜀书社 2006 年版，第 268 页。

⑤ 参见吴泽霖《贵州仲家的生活一角——食俗》，载吴泽霖、陈国钧等《贵州苗夷社会研究》，民族出版社 2004 年版，第 125 页。

⑥ 参见周连斌、罗琳《布依族酒文化概览》，《酿酒科技》2007 年第 11 期。

名闻遐迩，成为布依族一大饮食特色文化。糯米酒分白糯米酒与黑糯米酒，为近世开发之新酒类。糯米酒以糯米为原料，甘甜无比，酒中佳酿。贵州省兴义市万峰林布依人家所酿糯米酒及惠水县好花红镇布依族黑糯米酒等糯米酒，大受市场欢迎。刺梨酒，取布依族所居生态山地之野生刺梨为原料，经精细加工而成生态美酒，富含多种维生素，生态，可口，浅尝则瘾，饮之难忘。关于布依族酒类酿造工艺，我们将在下节详细阐述，在此不叙。

（二）布依族酒礼

酒礼，即饮酒礼节。布依族在文化生活中逢年过节、接待亲朋之时，均须用酒，由此产生饮酒礼节。饮酒礼节是布依族传统酒文化的重要组成部分。布依族拦门酒、鸡头酒、迎客酒、送客酒等礼仪文化活动中都涉及饮酒礼节。

拦门酒，也称"拦路酒"。重大的节日里或有重要客人到访，布依族总要到寨门口迎接，向来宾敬献拦门酒。酒多为"便当酒"等布依族传统美酒。本地布依族设拦门酒，是一种非常隆重的仪式，亦是一种礼节。迎宾时，众多布依族男子舞起龙狮，吹起唢呐、长号等乐器；布依族女子则于寨门处一字排开组成人墙，双手端着盛满布依酒的酒碗，恭敬地递送给贵宾喝，贵宾一饮而尽。同时，布依族女子唱起迎客歌，与贵宾以布依话对歌。贵阳市乌当区布依族"拦路酒"，主宾双方要对唱迎宾酒歌，主人在寨门处或客人进寨的主要路口摆一张方桌，在桌子上放一方盘，把十二个小酒杯放在盘子里。盘子里放着一把装满糯米酒的瓷壶。客人到寨门时，主人就端起方盘，斟酒八分于酒杯中。主人先唱敬酒歌，迎接客人到来。客人对唱酒歌。对唱几首歌曲后，客人端杯把酒倒一点在地上，然后把酒杯放在盘中。客人不喝酒了，主人才让客人进寨。① 有些布依族村寨的"拦路酒"，贵宾喝酒时，不能以手碰酒碗。依风俗，客人不喝酒者，难以进入寨中。客人喝了拦门酒，主人才高兴。善歌又善饮者，双方对歌状态亦佳，难免多喝几碗，情之所至也。双方兴致很高，喝酒与对歌之间，宾主之间的感情得以充分交流，达到一种和谐、融洽的状态。

"吃鸡酒"。逢年过节、婚庆喜宴等场合款待贵宾时，布依族多杀鸡，将整鸡分为八大块，谓之"鸡八块"。鸡头在"吃鸡酒"习俗中，被布依

---

① 参见贵阳市乌当区民族宗教事务局编《乌当布依酒歌》，2005 年，第 4 页。

族称为"凤凰"。吃鸡头的客人是最尊贵的。其他人可以吃鸡肉,但不可以吃鸡头。"鸡八块"是布依族传统的美味佳肴,反映了深刻的民族礼仪文化。黔西南布依族苗族自治州布依族喝定亲喜酒之时,少不了酒及相关酒文化。定亲后,女方家将从男方家带来的酒肉办酒席,请族人等亲朋来喝酒,叫作"吃鸡酒"。"吃鸡酒当天,女方的舅家一定要到场并坐上席吃鸡头,以示受到尊重。"① 舅舅在接受鸡头之后,要表示谦让之意,将鸡头递送给其他尊贵之人,如此人人传递,最后还是到舅舅碗中,由舅舅来吃鸡头。宾主举杯庆贺,酒助气氛,无比和谐。

酒席座次。中国历来重视餐桌礼仪。"我国民间酒席多用方桌,称之为'八仙桌'。每方两席位,以大门方向为准,左上方为首席,右上方为二席,左下方为三席,右下方为四席,上座为五席、六席,下席为主人或受主人委托执酒壶者的坐席。"② 布依族酒席座次,也大抵如此。布依族接待宾客时,于堂屋神龛前方设酒席,此为尊贵之所。饭桌为传统的八仙桌,木质,八个座位。主宾是最尊贵的客人,坐桌子北面之上座,即面向堂屋正门之左上座,在下席主人对面。二席与主宾并列。三席在主宾之右,四席在三席对面。五席与三席并列。六席与四席并列。男主人或受主人委托的主陪在下席,与主宾相对而坐。次陪与二席相对而坐。宾客及陪客坐定之后,酒席开始。在布依族传统习俗中,男子才能坐八仙桌,女宾则另设桌,也可与主人家中的女性同桌;主人家中的女性不能坐上八仙桌与客人一起吃饭;辈份较低及年纪较轻的客人切勿首先就座,要等尊者、长者就座之后,由主人安排座位。若干礼节,自知即可。酒席座次属于礼仪文化内容,谦虚推让,方显和谐,切忌目无尊长,有失礼节,以免贻笑大方。现在,酒桌座次问题较以前有所随意,但尊老敬长的习俗还是要传承,故餐桌礼仪仍须注意。

敬酒问题。酒礼包括斟酒、敬酒、劝酒等环节。斟酒按尊长次序,一一倒满盛酒之器,如牛角、瓷碗或酒杯等。倘若酒具为牛角或碗,适当即可。"敬酒方式有三,一是给在座的每人敬一杯;二是重点敬酒,给长

---

① 韦启光等:《布依族文化研究》,贵州人民出版社 1999 年版,第 45 页。
② 天龙主编:《民间酒俗》,中国社会出版社 2006 年版,第 65 页。

辈、主人或重要人物敬酒；三是同辈之间互相敬酒。"① 布依族斟酒、敬酒、劝酒时，传统仪式一般要对歌。依照不同场合，敬酒之人先唱酒歌，客人再对唱。在布依族拦门酒、迎客酒、送客酒、转转酒、请八字酒等礼仪文化活动中，酒与酒歌几乎是同时应用的，共同组成布依族酒文化的基本内容。在友好气氛中，无论"敬酒"，还是"罚酒"，都要一饮而尽，宾主皆大欢喜。随着时代变迁，布依族敬酒习俗也在发生变化。现在，敬酒规制发生了一些变化。在布依族酒席中，主人或主陪先敬客人三杯，再按尊长次序一一敬贵宾。之后，按尊长顺序，各位客人向陪客一一敬酒，以表示答谢之意。最后，宾主共饮最后一杯酒，谓之"团圆杯"。一场酒局下来，觥筹交错之间，宾主均乐在其中。现在，在酒席中，布依族对唱酒歌的情形在逐步消逝。喝酒趋向随意，劝酒情况大为减少。

（三）布依族酒歌

酒歌因酒而生，可以说是酒重要的衍生产品。它同时是酒文化的重要标识，能升华酒的应用价值。在少数民族酒文化中，酒歌是重要的民间文献。清代牂牁青苗"牛角觥称村酒熟，娄娘曲唱月轮高"②。民国时期台拱等地苗族"席地围炉笑语多，同倾牛角互高歌。酒痕襟上寻常事，顶灌酶醍奈汝何"③。又，民国李绍良辑榕江酒歌数首④，录之如下：

其一

红漆棹⑤子亮光光，棹⑥子上面摆猪羊。拿起金壶酌美酒，金壶酌酒好芳香。

酒杯酌酒酒生花，随茶便饭是我家。有酒无菜多简慢，多住几天再回家。

---

① 天龙主编：《民间酒俗》，中国社会出版社 2006 年版，第 66 页。

② （清）刘韫良：《牂牁苗族杂咏》写本，转引自贵州省文史研究馆编《贵州竹枝词集》，贵州人民出版社 2019 年版，第 219 页。

③ （民国）伍颂圻：《苗风百咏》，转引自贵州省文史研究馆编《贵州竹枝词集》，贵州人民出版社 2019 年版，第 273 页。

④ （民国）李绍良纂：《榕江县乡土教材》（第 5 章），载黄加服、段志洪主编《中国地方志集成·贵州府县志辑》（第 18 册），巴蜀书社 2006 年版，第 603—604 页。

⑤ 棹：同"桌"。

⑥ 棹：同"桌"。

其二

一杯酒来是新春，春来花开笑盈盈。表姐好似新春样，红红绿绿果爱人。

打扮一身多伶俐，蓝是蓝来青是青。不是我今夸讲①你，巧手难绣二花针。

表姐饮干这杯酒，荣华富贵盖全城。

二杯酒来二月天，江边杨柳穿嫩烟。表姐好似杨柳树，风吹柳摆似神仙。

不是为妹夸讲②你，才貌双全盖世间。表姐饮干这杯酒，五子登科中状元。

其三

酒杯酌酒酒杯歪，这杯美酒敬奶奶。奶奶饮了这杯酒，脚踩莲花朵朵开。

金打酒壶银打杯，打起蝴蝶满天飞。倘若你吃两杯酒，我也情愿领双杯。

以上酒歌虽是描写清代、民国时期贵州苗族之酒俗，但从侧面反映了古代贵州少数民族聚饮且歌的场景。

酒歌是"在酒席上敬酒时彼此对唱的歌，主人用歌声表示对客人欢迎，并举杯劝酒，客人也会用歌声回敬主人"③。民国《都匀县志稿》描述布依族婚姻习俗，宾主双方"杂沓歌唱，饮酒为乐"④。酒助歌兴，歌因酒生。布依族以酒对歌，以表达宾主之间情谊。

布依族善歌。会唱民歌是布依族的传统艺术技能。不会对歌之人，则只能充当看客，无法成为被关注的对象。布依族各种礼仪活动，少不了酒，也缺不了歌。这样，布依族酒歌就在不同场合中得以应用，表现出布依族热情好客的精神面貌。"在贵阳市的布依族地区，节日节庆和喜宴场合的走亲访友，迎来送往的习俗仪式中，无酒不成席，饮酒必唱歌，此类

---

① 讲：应为"奖"字。

② 讲：应为"奖"字。

③ 谢彬如主编：《中国节日志·查白歌节》，光明日报出版社2014年版，第48页。

④ （民国）窦全曾修，陈矩纂：《都匀县志稿》卷5《风俗》，载黄加服、段志洪主编《中国地方志集成·贵州府县志辑》（第23册），巴蜀书社2006年版，第55页。

歌曲称为酒歌。"① 包括贵阳市在内的布依族聚居村寨，至今流传特色的酒歌文化，是布依族具有代表性的风土人情。

在布依族婚嫁庆祝、起房造屋等喜庆场合里，"在饮酒时，主客互相举杯祝贺，同时要唱酒歌。内容多是喜庆祝贺之词。有时也涉及酒的发明，酒的历史传说故事，酿酒的方法和劳动过程等"②。布依族酒歌的内容及形式都很丰富。从形式上看，有酿酒歌、拦路酒歌、迎客酒歌、送客酒歌、婚礼酒歌、丧葬酒歌、节日酒歌等。流传于贵州省望谟县、册亨县、罗甸县一带的布依族古歌《酿酒歌》讲述了布依酒的酿制、种类以及敬酒等文化习俗。"酒越酿越清香，酿酒时间越更长，酒色好似老窖酒，味醇清香久不衰。父兄们敬杯酒，斟杯酒敬客人。"③ 布依族酒歌内容极为丰富，涉及方方面面，"酒歌的内容无所不包，诸如开天辟地，日月星辰，民族族源、历史，山川草木，乃至对村寨及主人的称赞等等"④。布依族酒歌主要有迎客歌、敬酒歌、酒令歌等。布依族迎客，唱酒礼歌。主人唱：喝酒唱酒歌，你唱我来和。祝愿老年人，寿比南山坡。祝福后生伙，下地勤做活。祝福姑娘家，织布勤丢梭。祝福主人家，年年丰收乐。酒宴毕，客人也要唱歌，感谢主人全家用劳动获得的果实殷勤招待亲朋。⑤ 布依族以酒款待客人，唱《敬酒歌》，"你和阿爸相商量，新房好酒端来斟；你和阿妈相商议，抬来烧酒敬客人。你真情欢迎亲友，你热情款待客人"⑥。布依族礼貌称赞主人家米酒，唱《赞酒歌》："米酒绿央央，快往缸里装。窖在糠壳里，六年才开缸。米酒绿央央，客来就开缸。闻着千家酒，口水汩汩淌。米酒绿央央，开坛十里香。下河洗坛子，醉倒老龙王"⑦。布依族家庭喜添新生儿女，开办满月酒，称为"月米酒"。主家敬酒时唱酒歌，"吉月吉日家添丁，惭愧大家贺上门；家里贫寒无准备，薄酒一杯待亲人。吉月吉日家添娃，惭愧大家贺上家；家里贫寒无准备，冷

---

①　李辉：《贵阳市布依族民歌的社会文化功能探析》，《贵州社会科学》2013 年第 9 期。

②　黄义仁：《望谟县布依族传统民歌特色》，《贵州民族研究》1981 年第 4 期。

③　郭堂亮主编：《布依族古歌》（下卷），贵州民族出版社 2012 年版，第 356 页。

④　沈茜：《布依族酒歌与礼仪交融形态》，《贵州大学学报》（社会科学版）2007 年第 6 期。

⑤　参见天龙主编《民间酒俗》，中国社会出版社 2006 年版，第 187 页。

⑥　赵焜等编译：《布依族酒歌》，贵州民族出版社 1988 年版，第 30—31 页。

⑦　贵阳市民族宗教事务局、贵阳市布依学研究会编：《贵阳布依族酒歌》，2006 年，第 128 页。

水一杯也当茶”[①]。在布依族的习俗中，布依族待客时，有时候谦虚地称“便当酒”“甜酒”等布依族酒为“茶”。不知习俗者，真以为是“茶”，实则为“酒”。夜宴中有《起书房酒歌》，主人与客人对唱酒歌。主方唱：“坐在贵府屋中堂，奉请高亲起书房，论起理来我不敢，从古至今礼应当。高亲今把书房起，童生读书闹沉沉，读书要读千万本，下起笔来如有神”[②]。客方和唱应之：“坐在贵府好门庭，要起书房该主人，贵府书房自古有，不是今朝我来兴。今夜要把书房起，众位童生进考庭。要读诗书千万本，古来辛苦是先生”[③]。如此一唱一和，表达了祝贺的心愿，更渲染了气氛，增进了宾主之间的了解及友谊。

（四）布依族酒具

清代张澍《黔苗竹枝词》记布依族“牛角倾醪劝两邻，欢呼沾醉乐连旬”[④]。明清乃至民国时期，贵州地方历史文献在对布依族、苗族、彝族等少数民族饮酒习俗的描写中，有多处以牛角为饮酒器具之记载。除了牛角为酒具外，布依族传统的咂马酒（亦称“扎玛酒”）则以芦苇管或竹筒插于瓮中，众人遍吸之。我们在义龙新区万屯镇坡落布依古寨调研时，当地布依族介绍，每年农历六月二十二日祭山，过民族风情节。人们在祭山神时，要以咂马酒祭祀。这是古俗。咂马酒是布依族自酿的米酒，甘甜可口。参与祭祀活动的王、郎等姓布依族代表，可与布摩一起共饮咂马酒。他们吸食咂马酒的工具是芦苇管。酒具还有碗、杯、瓶等。现代布依族聚饮时，有时以扑克牌游戏形式喝酒，故扑克也就成了酒具。

（五）布依族酒令

酒令增添喝酒气氛，是许多酒局中少不了的。在中国传统酒俗中，酒令占有一席之地。“我国古人行酒令的方式有猜枚、骰子令、酒牌令、筹令等。”[⑤] 布依族行酒令与之差不多，主要有发烛令、合桌令、请官令、

---

① 贵阳市花溪区民族宗教事务局、贵州省贵阳市花溪区布依学会编：《花溪布依族酒礼歌》，2005 年，第 141 页。

② 贵阳市乌当区民族宗教事务局编：《乌当布依酒歌》，2005 年，第 67 页。

③ 贵阳市乌当区民族宗教事务局编：《乌当布依酒歌》，2005 年，第 67 页。

④ （清）张澍：《养素堂诗集》卷 3，转引自贵州省文史研究馆编《贵州竹枝词集》，贵州人民出版社 2019 年版，第 73 页。

⑤ 天龙主编：《民间酒俗》，中国社会出版社 2006 年版，第 52 页。

跟官令、随口令、藏头令、绕口令、十贺令、地名令、开柜令等，大多以猜拳等形式开展，并有相应酒令歌。布依族传统夜宴等活动中行酒令，为保证公平、公正地开展饮酒活动，一般推选一名"执法者"（如今有的地区称之为"酒司令"）。"在'凑圆宝'前，按酒令方法先任官。凑圆宝中银两数，只能用'小'和'中'等规定语，'三'为一小，'五'为一中，报数时三'中'打转，'小'数不拘，先说'小'后说'中'，说错者被罚酒。"① 酒令歌，以歌助兴。如"十贺令"，表达祝贺的美好意愿："一贺百岁状元，二贺两朵金花，三贺人品出众，四贺四季发财，五贺五子登科，六贺禄位高升，七贺天上七姊妹，八贺八方来财，九贺天长地久，十贺金银满堂。"② 现在，布依族酒令多以扑克游戏行令，如"喂饱""斗地主""吹牛""水鱼"等等，花样百出，令人目不暇接，而酒歌则逐步消逝，时人已大多不会演唱了。

二　布依族传统酒文化应用

布依族会酿酒，又善饮。酒在布依族生产、生活中广泛应用。著名民族学家吴泽霖描述了民国时期布依族酒文化及其应用情况。"贵州的仲家中何时接受了酒的文化特质，已不得而知，但在今日已十分普遍，成年男女几莫不喜饮，并且酒量极大，一遇婚丧节季，个个尽量消耗，每日晚餐成年男女都要痛饮几杯，惟女子饮者较少，故在仲家中除十分贫苦者外，每家皆自己做酒，富有者的贮藏常足几年之用，酒的种类有辣酒、茨藜酒、甜酒、烧酒等种类。"③ 吴老先生对布依族酒的种类、生产及应用情况等作了较为详细的介绍，中肯而到位。

（一）日常人际交往中的酒文化

自古以来，酒在人们日常生活中扮演着重要的人际交往媒介角色。贵州省为多民族聚居区，汉族、布依族、苗族、侗族、彝族、土家族等大多喜欢喝酒，酒文化亦是一种日常生活礼仪文化。"在贵州'无酒不成礼，无

---

① 王星虎：《布依族夜宴酒歌礼仪解析》，《贵州文史丛刊》2013 年第 4 期。

② 赵焜、吴启禄、陈亮明编译：《布依族酒歌》，贵州民族出版社 1988 年版，第 199—200 页。

③ 吴泽霖：《贵州仲家的生活一角——食俗》，载吴泽霖、陈国钧等《贵州苗夷社会研究》，民族出版社 2004 年版，第 125 页。

酒不成俗'。举凡农事节庆、婚丧嫁娶、奉迎宾客等民俗活动，酒成为主角。离开了酒，民俗活动便无所依托。"① 清代贵州诸多竹枝词中对汉族、苗族、彝族、布依族等各民族的酒文化进行了诸多描述。清代陈熙晋竹枝词《之溪棹歌》中说，"茅台村酒合江柑，小阁疏帘兴易酣"②。贵州茅台酒香，自古美名远扬。又有清人张国华竹枝词《茅台村》，"一座茅台旧有村，糟丘无数结为邻。使君休厌曲生醉，利锁名缰更醉人。于今酒好在茅台，滇黔川湘客到来。贩去千里市上卖，谁不称奇亦罕哉"③。清代梁玉绳在竹枝词中记，"咂酒罈开客满堂，中厨料理妾先尝"④。酒亦用于祭祀仪式中。"劝鬼一杯鬼莫哭，今宵原是好中秋。"⑤ 这是清人描述龙里等地苗族中秋节祭祀用酒的情况。民国伍颂圻《苗风百咏》记载彝族以牛、酒祭奠亡人的情况。"翁车牛酒哭哀哀，一束生刍吊客来。"⑥ 在丧葬仪式活动中，酒成为必备之物品。清代余上泗《蛮峒竹枝词》记瑶族以酒祭盘弧，"爱著青衣短似襦，逢年酹酒祀盘弧"⑦。这是酒参与民间祭祀仪式的一个缩影。该竹枝词中记载布依族酒文化。"看待官人惟咂酒，持竿开取两三罈。"⑧ 在以上诗文中，可以看出酒与贵州少数民族的密切关系。"比如他们在祀神祈报、婚丧庆吊、岁时聚会、亲邻交往等多方面的活动，都离不开饮酒，以示敬意。"⑨ 在日常生活中，布依族的社交往来活动，以酒为礼，无酒不欢，无酒不乐。"拦门酒"等礼仪活动的产生也就顺理成章了。

---

① 严奇岩：《竹枝词中的清代贵州民族社会》，巴蜀书社 2009 年版，第 89 页。

② （清）陈熙晋：《之溪棹歌》，转引自贵州省文史研究馆编《贵州竹枝词集》，贵州人民出版社 2019 年版，第 90 页。

③ （清）张国华：《全黔风俗竹枝词》手抄本，转引自贵州省文史研究馆编《贵州竹枝词集》，贵州人民出版社 2019 年版，第 198 页。

④ （清）梁玉绳：《播州谣和马鲁浦》，转引自贵州省文史研究馆编《贵州竹枝词集》，贵州人民出版社 2019 年版，第 28 页。

⑤ （清）毛贵铭：《黔苗竹枝词百首并引》，转引自贵州省文史研究馆编《贵州竹枝词集》，贵州人民出版社 2019 年版，第 135 页。

⑥ （民国）伍颂圻：《苗风百咏》，转引自贵州省文史研究馆编《贵州竹枝词集》，贵州人民出版社 2019 年版，第 263 页。

⑦ （清）余上泗：《蛮峒竹枝词》，转引自贵州省文史研究馆编《贵州竹枝词集》，贵州人民出版社 2019 年版，第 31 页。

⑧ （清）余上泗：《蛮峒竹枝词》，转引自贵州省文史研究馆编《贵州竹枝词集》，贵州人民出版社 2019 年版，第 34 页。

⑨ 杨祖恺：《浅谈贵州民族与酒》，载王玉桂主编《贵州酒文化文集》，1990 年版，第 49 页。

依古俗，人们到布依族村寨做客，寨中男女身着民族盛装，到寨口迎宾。布依族男子吹起长号或唢呐等乐器，悦耳动听。女子则提着酒壶，端着酒碗，奉请客人喝下几碗甘醇可口的米酒。敬酒之人与饮酒之人对起动人的布依族民歌。那场景，令客人十分感动。甘甜的美酒，代表了布依族人的热情。据说，客人不喝那美酒，可进不了寨门。进了村寨，客人在进入主家房屋前还得喝数杯酒，才可入屋。这不是刁难客人，而是布依族的待客礼节。现在，随着时代变迁，这种不喝拦门酒不能进寨子的规矩有所改变，但在正式的场合，"拦门酒"的形式仍然存在。客人进得家中，宾客坐定之后，布依族主人端来茶点，又以糯米做的甜酒——敬客人。这种甜酒相当可口，男女嘉宾都可喝一点。另外，有部分能喝白酒的男宾，在男主人的招呼下，会喝一些度数较高的便当酒、果酒或玉米酒等。主人往往会邀请寨中亲朋好友、左邻右舍数人前来作陪，划拳行令，以使嘉宾喝醉为最高兴之事，亦表示主家待客之诚恳矣。饮酒之时，少不了对歌，其中就包括了酒歌。如此醉美酒俗，气氛非常之好，令人难忘。我们在黔西南布依族苗族自治州兴义市南龙古寨、册亨县乃言古寨、安龙县中坳古寨、兴仁市铜鼓村、望谟县甘莱村、贞丰县必克古寨及这旗村等布依族村寨开展田野调查时，就遇到过这样的场面，见识了布依族浓郁的酒文化习俗。

酒不但是布依族的社交媒介，也是人们自娱自乐的工具。自古及今，一些布依族男子喜欢喝酒。清代易凤庭竹枝词《仲家子》记载，"刺花袖口衣偏短，聚饮屠牛喜若何"[①]。在家庭聚餐、逢场赶集以及劳作之时，布依族男子也会自斟自饮，以此为乐，形成一种习惯。民国《黎峨竹枝词》中有"相邀赶集几徜徉，三五拼拳酒兴狂。放浪形骸称无敌，不拘包谷与高粱"[②]。这里生动描写了民国时期兴义人赶集时的喝酒情形。此处虽未明确与布依族有关，但作为聚居于此的主要民族之一，布依酒风影响了地域文化，也是地域文化的表现之一，不必深究，实民风古朴使然。酒文化习俗已经深深嵌入布依族传统社会生活之中。

---

① （清）易凤庭：《黔苗竹枝词》，转引自贵州省文史研究馆编《贵州竹枝词集》，贵州人民出版社 2019 年版，第 154 页。

② （民国）无名氏：《黎峨竹枝词》，转引自贵州省文史研究馆编《贵州竹枝词集》，贵州人民出版社 2019 年版，第 281 页。

（二）民族节庆活动中的酒文化

春节为中华民族传统佳节，是一年当中最重要的节日。其隆重程度，往往为其他节日所不及。春节之时，在祭祖、上坟以及吃团圆饭、接待贵宾时，多用酒。酒之所用，各得其所。祭祖、上坟用酒，是敬供祖宗的。吃团圆饭及接待贵客用酒，是向客人表达热情的。民国《兴仁县志》记载，"已闭财门莫乱敲，年年守岁坐通宵。客来甜酒粑粑煮，恭喜一声运气高"①。在人们庆祝新春的友好气氛下，酒歌随之吟唱。"酒余引吭发清歌，同喜新年天气和。罗汉不辞牛角醉，锦袍老倍最情多。"② 此处述及民国时清江黑苗未婚男女在春节里醉酒当歌之情形。春节，既为佳节，又是青年男女社交往来、缔结友情与爱情之节点。

酒与布依族传统节日密切相关。在"六月六"节日里，独山县麻尾一带已婚布依族妇女"走娘家"。她们抬着糯米甜酒（醪糟）、米酒等食品孝敬父母；有的还根据父母的年庚八字，给老人做高寿、添粮补寿等，希望父母健康长寿。③ 在节日里，布依族传统的甜酒、米酒成为佳品。可以说，凡逢节日必用酒，若无酒，则不成节。"六月六"祭祀要用酒，"六月六"聚会要喝酒。"六月六"期间馈赠亲朋好友离不开酒。已婚妇女"六月六"的"走娘家"礼品中，酒同样是不可缺少的重要礼品。布依族先民心目中具有特殊魔力的酒，在"六月六"节日里，满足着布依族群众驱邪除秽、敬神祭祖等心理需要。④

农历四月初八是布依族"牛王节"。"四月八日农事忙，黑饭油油枫叶香。手捻数丸犒大牯，怜他未耙要登场。"⑤ 节日期间，布依族以糯米饭、米酒祭祀牛王，并以糯米饭喂牛，以求牛王保佑自家之牛健壮，能耕

① （民国）冉崇修，张俊颖纂：《兴仁县志》卷21《艺文志·韵文》，载黄加服、段志洪主编：《中国地方志集成·贵州府县志辑》（第31册），巴蜀书社2006年版，第267页。

② （民国）伍颂圻：《苗风百咏》，转引自贵州省文史研究馆编《贵州竹枝词集》，贵州人民出版社2019年版，第268页。

③ 参见樊敏《黔南布依族"六月六"节日的文化特征及社会价值》，载《黔南民族师范学院学报》2013年第5期。

④ 参见樊敏《黔南布依族"六月六"节日的文化特征及社会价值》，载《黔南民族师范学院学报》2013年第5期。

⑤ （清）欧阳朝相：《都匀竹枝词》，转引自贵州省文史研究馆编《贵州竹枝词集》，贵州人民出版社2019年版，第251页。

田，以保证农作物丰收。布依族端午节要饮雄黄酒。清代莫友芝所作竹枝词《咏乡里端午故事》云，"雄晶煜煜照荷囊，屑入蒲尊乱郁香。一样青红儿女节，额黄添得晚来妆"①。在布依族"二月二""三月三""六月六"、查白歌节、毛杉树歌节等节日文化活动中，均有酒之应用。"二月二"节日，兴仁市铜鼓村布依族祭铜鼓用酒。"三月三"节日，各地布依族祭山神、土地及款待客人，均用酒。"六月六"节日，布依族以酒数杯祭祀田神。农历六月廿一日，查白歌节时，布摩率寨老等人祭查白坟，以酒、鸡、鸭、果品等祭奠查郎、白妹。②查白歌节中布依族使用的酒类有糯米酒、糯米甜酒、糯米烧窖酒等。③查白歌节时，布依族对唱酒歌，增添节日气氛。"主人捧酒招待宾客，就用酒歌来表达询问与祝福。客人也以歌相答，对主人的热情款待表示衷心感谢。歌词内容包含着团结互助、友好往来的精神，还带有一种淳厚、简朴、恬适的古风。较常唱的歌如《酒歌》《吃酒歌》《敬酒歌》《谢酒歌》《问酒歌》《祝贺》《要筷子歌》《敬老人歌》《客人来要请坐》《赞歌》《问姓歌》等。"④毛杉树歌节活动时，布依族米酒在祭祀仪式中得以应用，也运用于歌节期间布依族接待亲朋之场合。在节日场合中，布依族对酒的应用，是一种传统，也是一种习俗。作为一种文化形式，它并没有多大改变。

（三）婚丧礼仪活动中的酒文化

婚姻喜事，自然少不了美酒。在中华民族传统文化中，酒乃喜事重器。"无酒不成席"，讲的就是酒在宴席中的重要性，婚庆大喜尤其如此。"主婚男女情巫师，六臂三头像最奇。糯饭饱时红酒醉，添来竹管几多枝。"⑤这里讲的是民国时期贵州彝族婚姻中的用酒故事。酒在布依族青年男女恋爱生活中扮演着重要角色。在布依族传统婚姻仪式中，有抛绣球

---

① （民国）王华裔修：《独山县志》卷28《艺文》，载黄加服、段志洪主编《中国地方志集成·贵州府县志辑》（第23册），巴蜀书社2006年版，第563页。

② 参见谢彬如主编《中国节日志·查白歌节》，光明日报出版社2014年版，第15—16、44页。

③ 参见谢彬如主编《中国节日志·查白歌节》，光明日报出版社2014年版，第66页。

④ 参见谢彬如主编《中国节日志·查白歌节》，光明日报出版社2014年版，第60页。

⑤ （民国）伍颂圻：《苗风百咏》，转引自贵州省文史研究馆编《贵州竹枝词集》，贵州人民出版社2019年版，第265页。

之故事。"野外踏歌相跳月，花球抛接有谁知。"① 布依族姑娘掷绣球给意中人"马郎"，"浪哨"谈情。马郎饮酒而醉。清代毛贵铭竹枝词中记："棋枰收罢绣鸳鸯，又把花球掷马郎。马郎醉倒不知夜，懊恼青家夜度娘"②。此竹枝词生动描述了布依族青年在恋爱情境下沉醉不知归处而乐此不疲之大概。此处"醉"乃因饮而醉抑或酒不醉人人自醉。"酒"权当交心的媒介，此情此景美不胜收。夜色渐深，沉醉何处，当事之人自不知矣。布依族青年男女相识后，提亲、要八字、接亲等环节，均须送女方家数坛米酒，以之为聘礼之一。男方家在宴请嘉宾时肯定也要以酒酬谢，附之以主宾之间及宾客之间的酒歌对唱，热闹非凡，以渲染喜庆气氛。

布依族婚姻习俗中"取八字酒"。这是男方请媒人到女方家要生辰八字以决定婚期的酒。男方家长辈数人由媒人率领，带上酒肉，去女方家求取"八字"。女方家于堂屋八仙桌上，将女方生庚八字写于红布上，放在桌上，用装有米酒的碗将其盖住。同样的酒碗有八个。男方进屋后，双方长辈围绕"八字"对酒歌。男方家派来的人需要选中盖有"八字"的酒碗。如果第一碗选中了，就可不喝第二碗酒了，如果选不中，就要一碗一碗往下喝，直至找到"八字"为止。之后，宾主互敬喜酒，彼此祝福。

布依族婚庆仪式中演唱酒歌，有《开朝门歌》《安桌歌》《板凳歌》《筷子歌》《解壶歌》《斟酒歌》《敬酒歌》《答谢歌》等。③ 在欢快愉悦的气氛中，酒与歌相映成趣。客人多畅饮欢聚，亦有一醉方休者，意犹未尽。

布依族丧葬仪式中离不开酒。报丧、吊丧、出殡、安葬入土等场合均须用酒。④ 在丧葬仪式中，布依族宰牛待客，以大瓮盛酒。客人执牛角而饮。"牛角为筒吸瓮头"⑤，即指执牛角而饮酒的情况。布依族丧葬仪式中以酒为祭品。在祭奠亡人的各项仪式过程中，布摩及祭吊之人均用酒。丧家款待客人时，亦用酒。客人以牛角为酒具，执而畅饮。"不解束刍门吊

---

① （民国）伍颂圻：《苗风百咏》，转引自贵州省文史研究馆编《贵州竹枝词集》，贵州人民出版社 2019 年版，第 267 页。

② （清）毛贵铭：《黔苗竹枝词百首并引》，转引自贵州省文史研究馆编《贵州竹枝词集》，贵州人民出版社 2019 年版，第 143 页。

③ 参见张永吉《布依族酒歌》，《酿酒科技》1999 年第 3 期。

④ 参见天龙主编《民间酒俗》，中国社会出版社 2006 年版，第 190 页。

⑤ （清）毛贵铭：《黔苗竹枝词百首并引》，转引自贵州省文史研究馆编《贵州竹枝词集》，贵州人民出版社 2019 年版，第 143 页。

客，偏倾牛角恣欢狂。"① 这里描述了民国时期今贵阳市、惠水县、长顺县一带布依族丧葬时以酒供吊祭之客欢饮之场面。我们在安龙县普坪镇鲁沟塘居委会中坛布依古寨调研丧葬文化时看到，布依酒在祭奠亡人各项仪式中均有使用，也在接待来宾时广泛应用。

（四）神灵祭祀场合中的酒文化

酒常用于神灵祭祀场合。"皇冠屡舞酒频浇，神鬼荒唐咒可招。"② 此处描述的是贵州青苗祭神鬼时的用酒情况。又，清代路朝霖《毕节清明竹枝词》记载："大甑浮浮玉粒蒸，屠豨沽酒约晨兴。……祭罢先人尝馂餕，醉归社散语喧哗。"③ 此处描述清代毕节地区清明节祭祖情况。民国之时，独山县、荔波县一带瑶族祭祀盘瓠，用大酒。"一年一度祭盘瓠，大酒肥鱼礼特殊。"④ 布依族在祭祀活动中也常用酒，作为一种重要祭品，起到沟通人神之作用。布依族传统节日，大多与神灵祭祀有一定联系。春节、清明及"七月半"祭祖，"二月二"祭铜鼓，"三月三"祭山神，"六月六"祭田神，还有祭官厅、寨神等民间祭祀活动，祭祀场合中均须用酒。以前祭祀活动中的酒多为布依族自酿米酒、包谷酒、呷酒等，现在用酒之种类有所改变，不但有布依族传统的便当酒等酒类，而且有市场上所购品牌不一的白酒，但不用葡萄酒、啤酒等其他酒类。布依族祭祖先、祭山神、祭土地、祭田神、祭天神、祭树神、祭水神、祭洞神、祭官厅、祭寨神等各式祭祀场合无不用酒。

布依族文化中酒文化浓郁，与布依族热情好客的性格分不开，充分展示了布依族的礼仪文化，在节庆期间、喜庆时节、人际交往等不同场合中应用，在一定程度上起到了渲染气氛、联络感情、和谐团结的社会作用。

---

① （民国）伍颂圻：《苗风百咏》，转引自贵州省文史研究馆编《贵州竹枝词集》，贵州人民出版社 2019 年版，第 269 页。

② （清）刘韫良：《牂牁苗族杂咏》写本，转引自贵州省文史研究馆编《贵州竹枝词集》，贵州人民出版社 2019 年版，第 219 页。

③ （清）路朝霖：《毕节清明竹枝词》，转引自贵州省文史研究馆编《贵州竹枝词集》，贵州人民出版社 2019 年版，第 237 页。

④ （民国）伍颂圻：《苗风百咏》，转引自贵州省文史研究馆编《贵州竹枝词集》，贵州人民出版社 2019 年版，第 278 页。

第三节　布依酒酿造及其市场开发

一　布依酒概述

俗话说，"民以食为天"。饮食是人类生存的根本。饮食是一种文化现象，是人类生物属性的物理反映。布依族饮食文化自古以来形成，经历了从单一化到多元化的发展阶段。对火的发现与使用，使得布依族可以趋避寒冷，抵御野兽侵袭，可以制作熟食。熟食增强了人类体质，提升了生存能力，也使人类智力得到了一定发展。布依古歌《造万物·造火》记载："从前的时候，人人吃生肉，肤色不好看，脸皮白普普。自从有了火，个个吃熟肉，肤色最好看，脸皮红朴朴"①。这说明火的发现与使用对远古布依族的生活产生了重大影响。布依族对火的利用，改造了其饮食文化。布依族是一个农耕民族，种植水稻，收获稻谷。水稻成为布依族历史以来的主要粮食作物。谷粒由生变熟，内部分子结构发生改变，食物的色、香、味等方面发生巨大变化，更好地满足人们饮食的需要。当布依族人民意识到食物除了生吃以外，还有多种食用方法以后，在烹饪方式、饮食器具等方面均有所发明，从而推动了布依族饮食文化的发展。

布依族喜食糯食、辣椒以及饮酒。这种喜欢表现在方方面面。人们可以将糯米蒸熟，加工制成花糯米饭、糍粑、糯米酒等主食或小吃，可以将辣椒晒干、舂碎而制成辣椒面，或泡制成酸辣泡椒等，以作为佐料、小菜。同样，关于稻谷、玉米等粮食，布依族除了作为主食外，还用其酿造美酒，从而丰富了人们的生活。布依族酒类较多，既有糯米酒、玉米酒等粮食酒，又有刺梨酒、杨梅酒等果酒。

关于酒的出现，人们认为，"最原始的'酒'是野生花果经过附在表面上的野生酵母的自然发酵而形成的花蜜果酒，称为'猿酒'"②。可见，酒是因为酵母菌的作用而被制造出来的。自然界的神奇给人们带来无限快乐。人类发现水果可以经自然发酵变成入口酸爽、刺喉，又回味甜辣的酒，于是在远古时代就进行了酿酒尝试。距今一万年多前的新石器时代，

---

① 参见韦兴儒等编《布依族摩经文学》，贵州人民出版社1997年版，第59页。
② 陆寿鹏主编：《白酒工艺学》，中国轻工业出版社1994年版，第1页。

出现了原始畜牧业和农业。当时物资存放条件简单，兽乳经长时间置放，乳糖与自然酵母发生交替的糖化和酒化作用，由此产生了乳酒。粮食酿酒出现稍晚，发现过程与乳酒差不多，是自然发酵而成。传说古代时期杜康、仪狄运用酿酒技艺制作美酒。杜康更是被后世尊称为"酿酒始祖""酒神"。酿酒技艺在原始社会时期就已经出现了，夏商周时期酿造技术比较成熟。到了唐朝时期，酿酒史上的重大转折——世界上最早的蒸馏酒出现了。酒文化作为中华优秀传统文化的一部分，延续至今。

布依族善于接受外来文化，在历史发展过程中，因时就势，善于学习先进的中原文化。古代时期，居住在南、北盘江流域的布依族人民就向汉族学习酿酒技艺，在山上采百草为酒曲，用粮食酿米酒。

按照酿造方式来分，布依族酒类产品主要有发酵酒、蒸馏酒、配制酒三类。发酵酒是将水果与酒曲置于缸中密封，自然发酵。发酵越久，饮用时酒精含量越高，果香回味就越悠长。其特点是度数较低且果香浓郁，饮则口舌生津、回味无穷。蒸馏酒的制取，利用了乙醇与水的沸点不同的原理。蒸馏酒的"头酒"酒精含量高，"尾酒"酒精含量低，大多勾兑之后饮用。蒸馏酒性烈，多饮易醉，可能会对身体造成一些损伤，故一般而言，少饮为佳。配制酒是将一些不适合于蒸馏、酿造的原料如中草药、毒虫兽骨等与米酒按照一定比例泡制，之后生成的酒。这种酒多半为药酒，具有一定治疗作用。一些单一酒类也可以用不同的酿造工艺制作出来。我们在黔南布依族苗族自治州惠水县考察时发现，布依族特产刺梨酒可以通过发酵与配制两种酿造工艺制得。黔西南布依族苗族自治州册亨县达秧乡糯米酒、芭蕉酒可分别用蒸馏、发酵的方式酿制。

按照酿造原料来分，布依族酒类产品主要有粮食酒、果酒、药酒三类。以粮食为原料酿造的叫作粮食酒，其中又分两种：一是以稻谷酿制的米酒，称为"糯米酒"或"便当酒"。糯米酒以惠水县的黑糯米酒为最有名。一是以玉米、高粱等五谷杂粮酿制的"玉米酒""高粱酒"。"便当酒""糯米酒""玉米酒""高粱酒"等粮食酒，由于其酿造规模很小，制酒设备简单等特点，基本上为作坊式生产，别称"小锅酒"。布依族传统的"便当酒"大多用稻谷、玉米为原料，也有用高粱为原料的情况。这种酒的度数不高，饮用时入喉轻快，唇齿留香。"便当酒"度数低，后劲却很足。人们豪饮之时，不经意间，难免过量，容易喝醉。布依族以刺梨、杨梅、芭蕉等水果为原料酿造的果酒，是布依族酒类中的一种。在果酒之中，贵阳市花溪区、黔南布依族苗族自治州惠水县等布依族地区的刺梨酒最具市场影响力。此外，还有以白酒为主体，加入灵芝、枸杞等材料，泡制而成的药酒。药酒在一般布依族家庭比较常见，具有舒筋活络、强身健体，乃至治病救人之功效。黔西南布依族苗族自治州册亨县生产的灵芝酒已经研制成功，并走向市场，产生了较好的经济效益。

酒在布依族的生活中占有较为重要的地位，属于礼仪文化的范畴。布依族男性喜欢喝酒，除了自饮之外，很多时候是为了陪客人喝酒，以表达热情大方的传统礼仪。"男妇性嗜酒，每逢场集，三五成群，必醉而归，亦积习然也。"① 客人来访，布依族总要热情地以酒待客。布依族酒文化习俗具有深厚的历史积淀，有"迎客酒""拦门酒""送别酒"等。布依族喜好饮酒的习俗至今延续，"布依族村寨多依山傍水，靠近河谷平坝，值得一提的是，布依族喜欢喝自酿自烤的米酒和包谷酒，酒同样是他们日常生活的重要内容之一"②。布依族酒文化丰富多彩，是可以在新时代背景下传承创新的少数民族优秀传统文化。而布依族传统酿酒技艺处于逐渐消逝的状态，令人担忧。游客到著名的布依族村落贵州省花溪区镇山村考察，在农家乐品尝了甘甜可口的布依美酒"便当酒"后，连声赞叹。以前，镇山村布依族自酿米酒的情形比较普遍，以米酒款待客人或者自饮，但现在很难见到家家酿酒的兴盛局面了。大部分家庭的酿酒工具因长期不使用而破旧、腐朽，或者被闲置、抛弃了。③ 虽然我们仍然可以在当地农家乐品尝便当酒，但该村寨很多布依族人已经不再酿造这种酒了。

二　布依酒酿造

美酒醇香，离不开酒曲及原料。在一定的技术工艺作用下，从简单的原料到四溢飘香的美酒，其过程竟如此具有迷人魅力。

① （清）李其昌纂修：《南笼府志》卷 2《地理志》，载黄加服、段志洪主编《中国地方志集成·贵州府县志辑》（第 27 册），巴蜀书社 2006 年版，第 539 页。
② 王仕佐等：《略论贵州酒文化及旅游功能》，《酿酒科技》2003 年第 5 期。
③ 参见甘代军《文化变迁的逻辑——贵阳市镇山村布依族文化考察》，博士学位论文，中央民族大学，2010 年。

（一）酒曲

布依族善于从百草中寻找自己所中意的植物，用以制成酒曲，即"酒药"。望谟县布依族酿造便当酒，所用酒曲取材于"告嘎列""然巴南""扒岩香"等十二种有芳香味的草本药物。① 这些可以制作酒曲的植物，在布依族地区很容易找到，从而为布依族酿酒创造了条件。布依族酿酒用的酒曲由母料和子料混合配制而成。两相配合，揉和成曲。母料为稻糠、蕨、巴地香、扒岩香、辣蓼、胡椒、血藤、山药、芭蕉、对脚连、饭豆、黄豆等十余种植物，晒干，研磨，成粉。子料以野山菊、金刚果、四块瓦、五加皮、千斤拔、牛藤、葛根藤、香樟果、黄泡杆等十余种植物为原料，按比例加水熬制成汤。母料与子料混合于一起，做成粑粑状，用树叶包好，使其发酵，再捏成花生大小的颗粒，晒干，保存，以备酿酒之用。

从药理上看，布依族选择的制曲原料是很讲究的。"巴地香"学名"毛大丁草"，是一种草药，主治发热、咳嗽等。"扒岩香"又名"石南藤"，有祛湿、壮阳之功效。血藤具有活血通络的作用。辣蓼、胡椒热量高，可祛风寒。贵州省素有"八山一水一分田"之说，雨量充沛。长期生存于阴湿的自然环境中，为了抵抗疾病侵袭，增强体质，布依族选择祛寒除湿、活血通络等草本药物作为酒药自可理解。此外，用作酒药原料的还有山药、芭蕉、饭豆、黄豆等富含淀粉的植物。稻糠、蕨作为酒曲基质，起到承载曲霉菌和酒曲成形的作用。酒药配制，对原料有比例要求。稻糠、蕨要占母料比例中的八成。子料的选择多种多样，择个人喜好适配。人们按照适当比例，将母料与子料混合均匀。子料加入干燥的母料以后，以手捏形，搓成乒乓球大小的曲团。至此，先期的酒曲基就制作好了，之后便是曲霉菌的繁殖。将搓好的曲团放入装有稻草的箩筐中，上覆稻草之后静置于阴凉处，待酒药自然发酵。需要注意的是，稻草起到恒温、保温的作用，太密或者太疏均不利于曲霉菌的繁殖。待发酵月余，曲霉菌大量繁殖之后，便可取出晾晒。晒干之后，置于干燥阴凉之处保存，以备用。酒曲的保存时间与酒的质与量息息相关。一般而言，三年内的酒曲，草药效果最好，出酒率也高。还有一种特殊酒曲是甜酒药曲。甜酒药

① 参见曹茂等《布依族食物加工科技探析》，《农业科技与信息》2016 年第 8 期。

曲与一般酒曲的区别是甜酒药曲成型载体是糯米粉，甜酒药曲一般呈白沙色，而一般酒曲呈土黄色。我们曾到黔西南布依族苗族自治州德卧镇毛杉树村调研，看见过用中草药制作而成的酒药，汤圆大小，拿起来很轻，闻之则芳香四溢。

（二）原料

酿酒原料极为丰富，由此形成不同种类的酒，有白酒、果酒、葡萄酒、黄酒、啤酒等。而白酒基本上用粮食酿造，包括谷酒、糯米酒、高粱酒、包谷酒等。布依族酿制白酒的原料很丰富，谷物类有籼米、糯米、玉米、高粱等；果品类有刺梨、芭蕉、杨梅、甘蔗等。布依酒的特点之一是家庭式酿造。只要有需求，便可以酿制，并不需要进行大量的原料储备。布依族酿酒多为自用，贸易的比例小，因此酿酒原料不必像商业化那样准备很多。在喀斯特特殊地貌情况下，粮食作物种类多元化，因此可供制酒的原料随之多样化。布依族食俗文化的多样化，使得布依酒酒醅的选择多元化。

（三）酿造

酒醅制作、发酵完成，酿酒就可以开始了。我们考察布依族不同地区的酿酒情况时发现，酒类根据原料的差异而有所区别，酿造方式也有不同。布依族几乎家家户户会酿酒，各家各户都有自己不同的酿酒手法。

农家酿酒一般在农闲时节，并无固定的日期。平时，酿酒器具要清洗干净，一口酿酒用的大铁锅被称为"天锅"。其底部抹上一层菜籽油，以起到除锈、保持光亮的效果，避免铁锅氧化生锈，从而保证酿酒器具能正常使用。

贵州省黔西南布依族苗族自治州一带布依族酿酒的"天锅"由四个部件构成：灶台锅为地锅，烹煮酒醅；地锅上架甑为引酒甑，甑中有枧槽，以引酒；甑上支起一口锅以为"天锅"，以冷却蒸汽液化成酒；灶旁置陶瓮，接引枧槽，酒滴落于其中。甑子呈烟囱形，由同等大小的木片拼接，外箍两至三圈竹片固定而成。甑子上部小而下部大，高约0.6米，下口直径约1米，上口直径约0.8米。甑子中间斜插一条枧槽。酿酒的地锅很大，比甑子的直径还要大，所以一般常年置于大灶上，不轻易移动。这就构成了简易而完整的布依族酿酒系统。地锅盛放发酵好了的酒醅。天锅盛放冷水。甑子上小、下大的样式使得蒸汽不散逸,同时为蒸汽遇冷液化以及原料与酒曲之间发生化学作用提供适当的空间和时间。为了减少蒸汽的散逸,人们经常会用打湿的布依土布围绕在甑子与地锅相接之处。待谷物煮开,产生酒蒸汽,酒蒸汽遇天锅底部,冷却液化成酒,滴入枧槽,醇香美酒就潺潺流入陶瓮中,顿时酒香满屋。为了过滤酒液,人们往往在陶瓮口蒙上一块土布帕子。

木制甑子常受酒蒸汽浸湿,很是笨重,搬动不方便,且木条拼接处的酒蒸汽难免散逸,从而液化效率较低,无形中造成了成酒的浪费与减产。近年来,不锈钢甑子被广泛使用,逐渐替代了原来传统的木甑子。不锈钢甑子优良的密闭性和较木质更为良好的冷却效率使得它成为自酿酒器具的新宠,但不锈钢久经弱酸性气体附着、腐蚀,会破坏防锈保护层而生锈,所以酿制完毕需要清洗干净并擦上菜籽油减少氧化。器具改良从减少木材消耗、加快冷却速度的角度上达到了节约成本的目的;更为成熟的蒸汽收集系统在保证酒品如一的同时亦提高了产量。

黔西南布依族苗族自治州兴义市瓦戛布依村寨有一家名为"张氏小锅酒"的酿酒作坊,其主要产品是布依族玉米烧酒。该作坊亦使用"天锅"系统,但有所创新。其创新之处在于将酿制间与取酒间隔离开来,达到了在酿制过程中减少烟熏对酿酒环境、酒质影响的目的。这是一座典型的农村一层平房,屋子右侧搭建一个小棚子以作为厨房,也是酿酒的地方。厨房与正房之间的隔墙上开了一个小孔,中插以水管,从枧槽引出的酒液顺着水管流进屋子里盛酒的坛子中。这就杜绝了烟灰飘落于酒液中的可能,也减少了布依酿酒人被烟熏的烦恼。

黔南布依族苗族自治州惠水县好花红镇"酿造之家"的酿酒器具与黔西南州的不太一样。黔西南州的"天锅"系统是天锅、地锅用甑子隔开,都是锅底朝下。而这里的天锅和地锅都是倒扣在一起的,形似蚌壳。天锅的锅底开了一个圆洞,焊接了一对铁质把手,以方便翻搅、换料。在那套大锅旁边的水平位置,置放着一口造型奇特的陶制坛子。天锅上开的洞就是放气孔,为的是将蒸汽接到那坛子里。这坛子有个专门的名称——气坛,为梭圆敞口,肚大而两头小,有内衬层和外层,互不相通,类似保温瓶结构。坛壁外缘上、下各有大小两个气口。酿酒时,坛子里注入自来水,起到冷却水的作用。待大火将原料煮开,产生酒蒸汽,便用管子将天锅气口与坛子上边的气口紧密连接在一起。此时，酒蒸汽在坛子密闭层里冷却、液化成酒，醇香的美酒便从坛子下方的气口里流出来了。这坛子的作用和木甑子的作用差不多，但是设计着实巧妙。坛内密闭的空间尽量保留了酒蒸汽，同时又不会像木甑式冷却法那般，因为木质本身以及长期暴露而滋生细菌等原因而影响酒质。这样的设计，因为天锅倒扣在地锅之上，蒸汽接触的面积更大，使得冷却成酒效率更高。据酿酒师介绍，这样的气坛现在只剩下这一个了，弥足珍贵。难怪我们想触摸它的时候，主人一再叮嘱我们要小心一点。

1. 糯米酒

"布依族的糯米酒是用自产的糯米和自制的酒曲酿制而成的。"① 糯米酒除了白色的糯米酒外，还有黑糯米酒。糯米酒度数较低，甘醇可口。黑糯米酒是其中一种，其主要原料是被称为"黑珍珠"的黑糯米，主要产于黔南布依族苗族自治州惠水县一带。黑糯米对土质、温度、湿度等自然环境条件要求很高，产量较低。黑糯米又有"药谷"之称，甚是珍贵，以之酿酒，别有风味。糯米酒酿造的具体做法：糯米去壳，淘洗三遍，入水浸泡 24 小时。待浸泡到糯米外层透明时捞出，沥干水分后放入甑中蒸煮。蒸煮时可加入适量清水，能使糯米软弹而不干硬。糯米煮熟后取出，摊凉。酒曲按与酒醅 1∶100 的比例配备，拍散之，均匀撒在糯米上，搅拌均匀，以酒曲均匀附着在米粒上为佳。待摊凉的糯米温度达到 30℃ 时装入瓮中，封装，使之发酵。发酵温度在 30℃ 到 32℃ 为宜。封装后，根据瓮壁的温度开口散热。这需要丰富的酿酒经验才能完美操作。发酵后，糯米会膨胀上浮。这个时候，需要用干净的长条竹片搅动糯米，使其沉底。发酵期一般在一个月至一年之间，具体由酿酒师傅自定。发酵时间太短，会使酒味太冲，且影响出酒量；而发酵时间太长，就会使成酒味道变酸。

1979 年，原惠水县酒厂将黑糯米酒的配方研制出来，把古老的酿造工艺融合现代酿酒技术开展批量生产，投放成酒到市场，受到了消费者的青睐。1983 年，惠水县黑糯米酒被评为"贵州名酒"。惠水黑糯米酒色泽黑亮，酒液晶莹，酒味醇厚，酒体协调，适量饮用，有助消化、去虚热的

① 周连斌、罗琳：《布依族酒文化概览》，《酿酒科技》2007 年第 11 期。

功用。

糯米可以制作成醪糟（甜酒）。醪糟其实是糯米酒的另外一个品种——发酵糯米酒。它的制作和糯米酒的前期制作差不多。酿制醪糟需要用到甜酒曲，需要发酵的时间更长，要经历发酵冲味、出酒味再到出甜味的过程。在这个过程中，糯米经酒曲作用糖化之后产生葡萄糖，葡萄糖水解生成乙醇，这时候一般酒精含量很低。最后，糯米粒浮在酒面上，醪糟就做成了。制作醪糟时，糯米发酵时间上要控制好，不宜过度，否则口味发酸，会冲淡甜味，酒精含量也会比较高，饮用时不爽。食用时固态、液态参半可以搭配而食。醪糟有开胃、助消化的作用，是酷夏时饮用之佳品。糯米酒始闻甜香细腻、酒味厚重，初品甜淡，入喉轻快，余味醇甜。糯米滋补，糯米酒亦是，适量饮用对身体有所裨益，而饮用过度，则可能伤害身体健康，所以须适量而饮。

2. 玉米酒

玉米自明朝传入中国以来，迅速发展成为我国三大粮食作物之一，东、南、西、北地区皆有种植。玉米有糯玉米和普通玉米之分。糯玉米一般不适合酿酒，原因是因为产量比较低且价格较高。糯玉米一般少量栽种，市场需求并不大，而普通玉米则种植范围较广。布依族种植玉米，形成传统，部分用以酿酒。

玉米酒的酿造颇费功夫。玉米晒干脱籽后，用扬谷机初步筛选出干瘪、虫蛀者，放入打谷机中碾碎，不必碾得太细，免得蒸煮时结块而影响后期发酵。玉米碾好后，加清水搅拌，搅拌成玉米面，湿润即可，再上甑子蒸煮。蒸煮时，要不时加水。不加水的话，玉米面就会结块、夹生，不利于后续操作。蒸煮完毕，将玉米面放入盆中，摊开，查看是否还有夹生的情况。之后，加入与第一次同量的水，再进行第二次蒸煮。在地上准备好一铺干净的竹席，将蒸好的玉米面倒在上面，摊开，此时玉米面呈颗粒状散开，不结糊则证明蒸煮得好。否则，玉米面还要再上甑蒸煮。待玉米面温度降至50℃左右，便以1∶100的比例将酒曲放入其中，混合搅拌。因为玉米面密度较高，发酵时温度上升较快，所以需要经常翻搅，否则会出现涌缸的情况，严重的还会出现爆缸。玉米酒糟的发酵温度在室温20℃左右，比其他酒糟的发酵温度稍低，可以静置在阴凉处。玉米酒发酵一般分三个阶段，酿酒时机需要酿酒师傅灵活掌握。第一阶段是酒糟散发冲味。需要翻搅酒糟，进行合理的散热，恒温操作。第二阶段是散发酸味、甜味。发酵时间差不多了，进入糖化阶段，不久就可以酿酒了。第三阶段是出现苦味状况，且伴有冲味。这就说明发酵过度了，需尽快酿酒。否则，酿出来的酒质会受到影响。

3. 米酒

米酒，即大米酒。米酒酒醅所用原料不分新米、陈米。米酒酿制程序比较简单。大米淘洗干净，加水浸泡半天，上甑，大火蒸煮 2 个小时左右。蒸煮时，亦需加水。不加水，则米粒太干，不具黏性，后期与酒曲混合时效果就会不好。蒸煮之后，摊凉，温度与室温差不多时就可加入酒曲，混合搅拌，然后封缸发酵。发酵温度达到稍高于室内温度时即可。布依族酿酒在发酵酒醅时控制温度有一个土办法，即加湿降温，若发酵温度太高，则酒水于瓮体表面；若发酵温度太低，则用竹篾编成的套具罩好，在里层填充稻草以达到保温的作用。

4. 刺梨酒

刺梨，又名"茨梨"，其果富含维生素 C，可抗衰老、防癌，是名副其实的水果之王。刺梨夏花秋实，收获期较短，将之酿成美酒，是布依族饮食文化智慧的体现，亦是人类对时令美味延续的传统。将刺梨作为酿酒原材料，这是布依族人民的智慧与大自然馈赠的完美结合。刺梨树每年 4 月至 6 月开花，8 月至 10 月结果，而后成熟。刺梨树为灌木，有刺，采摘果实时需戴手套。采摘之后切片，曝晒，脱干水分。将刺梨装入麻袋，捶打揉搓后果刺就会脱下。果皮的软刺处理好之后洗净刺梨表面，刺梨酒的原料就准备好了。刺梨酒因为其维生系 C 含量很高，维生系 C 加热至 80℃以上就会受到损坏，失去本来的营养价值。因此刺梨酒不宜蒸馏取酒，而需炮制。刺梨，山中珍品，以之入酒，则魅力四射。刺梨酒在贵州的酿造历史较为悠久，大约始于清代前期。清道光年间及之后，以诗词文章咏刺梨酒者就有石阡知府宋庆常以及独山莫友芝等数人。至今惠水县、花溪区等地刺梨酒仍具盛名。

布依族刺梨酒可以分为炮制酒、烧窖酒和甜米酒三种。刺梨酒的制作离不开酒基，也就是需要先拿一种底酒作为炮制刺梨酒的基础。各地区根据本地特色酒的不同选用不同的酒基。惠水县盛产糯米酒、黑糯米酒，则将此两种酒作为刺梨酒的酒基。所以，惠水县的刺梨酒既有刺梨之营养、果香馥郁，又有黑糯米酒之滋补，两相结合，滋味醇甜，唇齿留香，意味绵长。

刺梨酒酿造有两种方法：老缸、老格。"老缸"，即酒缸里面的酒。将洗净去刺的刺梨片上甑，大火蒸煮半小时，闻到果香味散发出来即可，不用彻底蒸熟，之后摊凉。蒸煮过后的刺梨会带有很多水分，稍微攥干即可，之后用纱布袋装好备用。将酒基与处理好的刺梨按照25∶1的比例浸泡，浸泡时间越久，刺梨酒就越香甜。将刺梨片装入纱布袋，是为了防止发酵过程中刺梨果肉分离而使酒液浑浊。这种物理隔绝的办法还是会使酒液稍微浑浊。尽管这些果肉同样营养丰富，但是为了使酒的品相好看一些，饮用或者售卖时还需过滤。我们在惠水县好花红镇考察时发现，刺梨酒酒液黄亮，并无黑糯米酒黑亮的酒液特征，应是将普通糯米酒或米酒作为酒基炮制而成。"老格"，布依语，即"坛子里面的酒"。这种刺梨酒是先将自制的甜酒准备好。这里的甜酒是指糯米经甜酒曲发酵好的醪糟。将醪糟与处理好的刺梨片按照3∶1的比例装入坛子中。甜酒不能是干的酒糟，需要带有酒液，且酒液要漫过刺梨片。待坛中水分大量蒸发，所有的精华全部留在坛子里，滑香浓稠，酒味醇厚，似羹而不易醉人。这种刺梨酒既可以当甜品小食，也可以当作美酒畅饮，是居家待客之佳酿。

5. 灵芝酒

灵芝具有补气安神、止咳解寒的功效。炮制灵芝酒要选用完整灵芝，晒干、切片。灵芝清洗时要小心，不要将灵芝表面的孢子粉冲掉，否则药效就会损失较大。将玻璃罐洗净，晾干，然后倒入自酿米酒，加入灵芝一起浸泡，密封即可。泡制的时间越长，酒的效果越好，酒就会随着时间的推移而逐渐变成深红色。

布依族地区的灵芝酒以册亨灵芝酒最具特色。册亨县将灵芝酒作为特色酒推向市场，逐步打开了市场，赢得了一定的市场占有率。册亨灵芝酒采用发酵和蒸馏的双重工艺，将灵芝作为酒醅原料。这在市场上独树一帜。册亨灵芝酒的取酒阶段有两次：一是在发酵完毕之时，滤净灵芝渣滓即得；二是蒸馏成酒。册亨灵芝酒是低酒精度配制酒。它以布依族传统米酒作为基酒，加以野生灵芝炮制，具有很高的药用价值。酒液黑红透亮、清净无浊。品尝时，灵芝酒既有米酒的醇香，又有灵芝特有的韵味，初入口时甜中有涩，回味时甜香悠长。

6. 布依神酒

布依神酒是贵州省册亨县布依酒业有限公司打造的核心产品。它以布依族传统米酒作为基酒，以蜂蜜、枸杞、桂圆、山药、茯苓等为辅料配制而成。其酒液晶莹剔透，酒味芳香醇厚，酒体丰满协调，具有鲜明的布依酒文化特色。布依神酒于 2014 年获得"贵州省十大民间酒文化遗产名酒"殊荣。其市场占有率随着品牌影响力的增强而不断攀升。

（四）酒的保存

酿酒时，一锅酒醅通常能接三趟酒（这里的"趟"是指天锅更换冷却水的次数），酒精含量依次递减。头锅酒是第一趟所接的酒，最是辛辣，酒味艰涩，需要勾兑之后才可得到品质好的成酒。新酒酒性辛辣，不易下口，经一段时间储存之后，便可使其绵软，达到"酒体丰满协调"之境界，所以良好的保存十分必要。它既能提高酒的品质，也可以提高酒文化内涵。美酒储存的目的在于，将蒸馏时产生的带有异味的物质慢慢挥发、消散，同时，储存过程中酒体还会发生氧化、酯化、缩合等多样化过程，从而使酒的口感变得幽香、绵爽。所谓"酒越陈越香"，大致如此。

储存美酒时，多用陶器。此法古已有之。陶器上釉之后更能防止酒液渗漏，因此，以陶器储酒的情况很是普遍。针对陶器易碎之特点，勤劳智慧的布依族想方设法保护盛酒陶器，以保护那来之不易的美酒。布依族擅于编结竹制品。他们将竹篾编成竹篓，套在酒瓮外部，用稻草填充空隙，以起到防震作用，避免酒缸破碎。成酒需要静置在阴凉处，避免阳光直射，防止温度过高而使酒液发酵、酸化。

三　布依酒市场开发及利用

（一）布依酒市场化现状

1. 市场化表现欠佳

布依酒的销售主要有以下几个途径。

一是散装销售。在黔西南布依族苗族自治州册亨县达央乡、坝赖镇、弼佑镇、岩架镇、者楼镇等地的场集中，布依族人民销售自家酿酒大都使用此销售办法。人们用塑料桶装好酒，按斤出售，一市斤市场价格为 3—10 元不等，单日赶集交易量为 150—300 斤不等，市场潜力一般。

二是酒肆销售。在黔西南布依族苗族自治州兴义市区、册亨县城、安龙县城以及黔南布依族苗族自治州惠水县城等地有专门售卖布依酒的零售店，特点是店面小，酒的种类不多。

三是超市销售。在黔西南布依族苗族自治州兴义市兴客隆超市开设有贵州特产专柜，但布依酒的上架量很少，只有两款：贵阳包谷烧酒和册亨布依神酒；在大润发超市、世纪华联超市、大尔多超市等处，虽然有烟酒专柜，但很少有布依酒售卖。

四是特产店销售。黔西南布依族苗族自治州兴义市桔山、三月桥、沙井街等处有几家布依特产店，但是售卖布依酒的比例依然很低，更多的是小吃、服饰。

五是互联网销售。在电子交易平台淘宝网上有数款布依酒出售，这几款酒来自不同的店铺，有两家是专门从事布依酒销售的，但是销量极少。在其他大型电子商务平台上如京东商城、苏宁易购等处难以发现布依酒的销售。布依族酒类产品的销售在电商领域还有很大的发展空间。

布依酒作为布依族文化产品之一，知名度较低，不如大型酒类企业，所以盲目拉高身价去竞争显然不现实。从地方政策来说，布依酒的发展正遇春天。有关部门重视文旅产品的开发，特别是重点挖掘白酒酿造等特色产业发展，无疑为布依酒的市场化发展带来了春风。贵州省有很多大型酒类企业，布依酒要想得到政策扶持，必须有突出表现。从市场反响来看，布依酒市场两极分化较为严重，在城市的市场占有率很低，在乡村倒是遍地开花，在互联网上的销售则表现疲软。

2. 品牌影响力缺乏

目前，布依酒虽然具有较为浓郁的文化底蕴、醇厚的酒感品质，但所涉及的市场很小、很零散，没有形成统一、巨大的品牌影响力，其所创造的市场价值还达不到应有的高度。布依酒类中的"便当酒"在布依族聚居地区有着相对较高的知名度，具有较强的独特性和民族文化认可度。布依酒的种类很多，多处于民间化状态，没有形成统一的文旅品牌，从而弱化了其市场影响力。这对于布依酒的生产和销售都是不利的。从布依酒的生产来看，酒曲品质、酿造技艺等因素决定了布依酒的质量高低，而生产规模等因素决定了布依酒的市场份额。由于酒曲原料的多元化、酿造技艺的差异性以及主要生产方式的作坊式、销售渠道的单一性等原因，布依酒的品质提升、品牌树立等方面存在很大的发展空间。

（二）布依酒市场化策略

布依酒作为布依族文化的实际表现，底蕴是深厚的，在西南少数民族地区具有一定知名度。虽然布依酒市场化过程中存在很多问题，但不可否认的是，它的市场拓展优势还是存在的，只是没有充分发掘出来。针对布依酒市场化过程中存在的诸多问题，以市场为导向，用现代科学技术对布依酒进行技术改造，拓展市场销售渠道，不断提高其市场占有率，从而产生良好的经济效益，带动民族地区人民增收致富，是布依酒市场化发展的重要目标。

1. 从源头出发：酿造技术的改良

布依酒酒曲药理的科学性检查。布依族土酒药曲采用了各种中草药，对这些中草药的含量、药性的检测是有必要的。不同地区的文献记载或口头流传的土酒药曲的配方并不相同，如关于酒曲母料记载，就有辣椒与胡椒的差异。这只能通过科学检测的办法去证明配方的合理性，一是为了保证食品安全，二是为了在不同的酒曲原料搭配中获得全新的口感，最终完成产品创新。

布依酒的成本控制优化。对商品成本进行合理控制是符合生产者利益需求的。以蒸馏布依米酒为例，成本的控制主要体现于蒸馏次数和酒醅原料的选择上。蒸馏次数指一次酿酒产生的有效取酒次数。头锅酒最烈，二锅酒最适合，三锅酒最淡。酿酒多取三锅酒。互相勾兑得当，使得一次酿酒的成酒量就会变多，产量增加无形中节约了生产成本，产品质量也较为稳定。根据国家标准，谷物在适当环境下可以保存五年。陈米的营养价值和新米相差无几，但是由于水分的流失，陈米的口感较硬，不适合做日常主食。在乡镇米市中，新米售价比陈米高了大约三分之一。商业酿酒需要使用大量粮食，选择陈米，可以降低生产成本。

布依酒的规范化、规模化生产。酿酒技艺因个人和地区的差别而有所区别。黔西南布依族苗族自治州的布依酒酒性温和，不易上头，酒经勾兑之后度数适中，广受好评，但酿酒原料选择较为单一，多为粮食，也有以芭蕉等水果酿酒的情况。黔南布依族苗族自治州惠水县的布依族酒种繁多，黑糯米酒、刺梨酒等声名远扬，但规模化、规范化生产亟待提高。不同地区的布依族可以互相借鉴、学习酿酒工艺，使布依酒产品质量更上一层楼，从而促进布依酒在市场化浪潮中更好更快发展。

2. 从服务出发：销售手段的创新

布依酒的销售可以从优化销售手段及提高服务质量两个方面进行创新、优化。针对乡村、城市的销售手段创新。布依酒在乡村的销售特点是小而散。个体户所酿之酒由个体销售，自负盈亏，风险较小。这种经营方式的特点是客源稳定、价格稳定，缺点是无法提高商品竞争力、规模很小。改变布依酒农家作坊式的生产方式难以行得通。可以将布依酒以地方特产形式，布置于特产店或烟酒连锁商店、超市等处销售，从而建立较为稳定的销售渠道，改变布依酒销售手段上的短板。同时，更多地采取"互联网＋"模式营销，建立稳定的电商销售渠道。

必要的市场宣传做好之后，就要实施服务质量跟进。中国的白酒售后提供防伪查询，而布依酒现阶段还没有运用好这个手段。可以创设较为完备的售后服务手段，想方设法提升售后服务水平，保障消费者权益，以提升布依酒的市场效应。

3. 从政策出发：宏观政策的主导

借力政府东风，助力扬帆远航。国家"全域旅游"理念的提出，是将区域范围内的旅游文化资源进行捆绑式打造，从旅游目的地建设的角度实现区域内资源整合、产业融合，以旅游业的发展带动经济社会的协调发展。贵州省被列为国家级生态公园省、全域旅游示范区，区域内自然、人文旅游资源非常丰富，多民族生态文化多姿多彩，"山地公园省·多彩贵州风"的旅游文化品牌基本确立，且发挥了良好的旅游市场效应。另外，国家对于民族文化的传承创新十分重视。少数民族优秀传统文化的传承、发展是需要认真思考的问题。布依族酒文化属于布依族优秀传统文化的内容，在旅游供给侧结构性改革的时代背景下，以政府支持为主导，在金融支持、产业扶持、旅游市场开拓、文化市场繁荣等政策的作用下，深刻挖掘布依酒文化内涵，设计出诸多迎合市场需求的布依酒类产品，将迎来布依酒业发展的春天。

4. 从文化出发：历史韵味的积淀

布依酒文化之所以能够获得布依族广泛的民族认同，是因为布依酒是布依族优秀传统文化的重要内容。布依族酒文化反映布依族礼仪文化，是其热情大方待客的重要表现，具有十分丰富的历史文化底蕴。一些布依族村寨的布依文化展示平台如文化广场、展示板等，通过对布依族酒文化的图文描绘，让旅游者了解布依族酒文化相关知识。另外，还可以从民族节日入手，加强布依酒文化的体现。在册亨县、望谟县、贞丰县等地基本上年年举行"三月三""六月六"等民族节日，拦路酒等环节的创设之外，还可以增设布依族斗酒等酒俗活动，使旅游者在体验布依族文化时，饮布依美酒、行布依酒令、唱布依酒歌，领略别样的布依族文化风情。布依族酒文化的平台表现多样化。可以开设布依客栈，恢复布依族酒坊，复原布依酒俗文化。这是布依族文化旅游供给侧结构性改革的一个方面。在少数民族文化旅游活动中，以旅游者角色参与的方式，可以使游客获得良好的文化体验。布依酒文化可以酒俗的方式展现出来，在酒店、饭馆、农家乐等迎宾环节中应用。

第四节　布依族旅游酒类产品开发策略

一　布依族旅游酒类产品开发现状

布依族酒类产品大多处于自给自足状态，市场化融入程度较低。以黔西南布依族苗族自治州为例，从目前市场上布依族酒产品的销售情况来看，仅有册亨县布依酒业有限公司生产两款带有布依族特色的保健酒——布依神酒、灵芝酒。在布依族村寨中，村民生产的米酒大多自给自足，很少拿到市场上售卖。

通过市场调查，我们发现布依酒类产品的销售非常少。通过对网络商城中布依酒的查询，我们发现，虽然有布依酒类产品的出售，但存在一些问题。比如，各布依酒产品网店的网页制作比较粗糙，商品产地没有标注清楚，酒产品包装极其简陋，用普通塑料瓶作为酒瓶，没有粘贴相关产品信息，等等。

通过对文化旅游景区特产店和兴义市内几家特产店的调查，我们发现，布依酒产品的市场占有率不高，产品种类少，包装普通，没有突出布依族的文化特色，产品缺乏吸引力。整体来说，布依酒类产品与本地区销售市场、旅游景点乃至周边较大酒厂之间的合作交流还存在不足。这些问题对布依旅游酒类产品的开发产生了不利影响。

二　布依族酒类产品开发存在问题

（一）布依酒类产品市场定位不明确

布依族旅游酒产品的市场定位，需要生产企业根据不同的酒产品，设计出不同的产品定位。目前关于布依族便当酒、糯米酒、刺梨酒等酒类产品的定位不太清晰，酒产品的创意开发存在短板，布依族文化特色没有很好地突出，从而造成在酒产品设计上的同质化状况。

贵州省册亨县布依酒业有限公司生产的"布依神酒"具有较好的药用、保健价值，是一款具有保健功能的布依族特色药酒。生产企业可以根据酒产品的保健特点，针对中老年人对健康长寿的保健需求，将销售宣传重点锁定中老年人消费群体，以激发潜在消费人群的购买吸引力；同时调整产品配方，积极回应广大顾客的消费需求，可以打造专供老年人保健需求的特色药酒。

（二）布依旅游酒产品尚未形成知名品牌

品牌就是市场竞争力。没有品牌的商品难以在市场获得较好的经济效益。知名品牌才能在激烈的市场竞争中崭露头角。目前布依族酒类产品在品牌建设上存在一些问题：一是布依酒类产品没有响亮的品牌。目前的产品比较粗糙、低端化现象较为严重。二是生产者对布依族民族文化旅游品牌的重视不够，缺乏长远的眼光，通常把目标消费人群锁定在本地区，使布依酒类产品宣传面不广，知名度不高。可以深度发掘地方特色民族文化，把酒类产品设计、开发与民族文化结合起来，寻求政府部门支持，借助举办布依文化旅游节活动，开展布依酒文化活动，紧紧围绕布依文化节活动主题再精心策划营销方案，吸引广大游客参与布依文化活动，最终达到推广布依族酒类产品，提高知名度、美誉度，树立特色品牌的目的。

（三）布依酒类产品的销售渠道开发和产品宣传力度不够

布依旅游酒类产品市场占有率不高，原因之一是销售渠道开发和产品宣传力度不够。销售渠道的健全、畅通是商品销售中必不可少的重要环节。制订出行之有效的产品推广计划，创造多样化销售渠道和销售方式，才能提升产品的销量。这就要求企业设计长远的发展战略规划，对布依酒文化进行深度发掘，了解市场需求，突出布依酒产品设计，迎合市场需要，从而推动布依酒类产品的市场化发展。目前布依酒产品的广告宣传基本上停留在成本相对较低的户外墙体广告等层面，这对一个资金有限的企业来说是可以的，可以降低生产成本，但不利于布依族酒类产品影响力的扩大。

三　布依族旅游酒类产品开发策略

旅游酒类产品的竞争最终体现在文化竞争方面。文化是旅游发展的灵魂，旅游是文化发展的依托。布依族酒类产品的开发，要在布依族民族文化的挖掘、整理、研究、推广上下功夫，要以丰富多彩的原生态布依文化为载体，不断创新布依族旅游酒类产品。相关企业可以充分利用资源优势，提高布依族文化旅游酒类产品的品位和文化内涵，使布依族旅游酒类产品充分体现出浓郁的民族特色和地域特色，同时还要注重布依族文化同其他文化的互动交流。比如说，布依酒文化要与自然景观文化、历史人文文化、地方红色文化充分互动，以此推动布依酒文化发展。

（一）布依旅游酒类产品可以深度开发

布依酒文化是布依族优秀传统文化的一部分。布依族传统酒产品品种较多，有便当酒、玉米酒、黑糯米酒、杨梅酒、甘蔗酒、刺梨酒等，还有已经开发的"布依神酒""灵芝酒"等保健药酒。像"便当酒"这类低度米酒，生产企业可以根据酒产品酒精度低的特点，将其开发为布依族特色饮料，或者专门为青年朋友打造出一款适用的特色酒产品。这就要求企业具体而长远的发展战略规划，在产品特色、市场供求、产品营销推广等方面深入分析市场，采取适销对路的生产、营销策略。

（二）打造布依旅游酒类产品的品牌

要想把布依旅游酒类产品打造成为广受国内外游客与普通消费者喜欢的品牌，就要把布依酒产品与本地区旅游大环境结合起来。可以把布依族酒类产品打造成为既上档次、高质量，又让大众消费者能接受的布依族特色酒类产品。这就要求生产企业精心打造布依旅游酒类产品品牌。品牌既要突出布依族文化的内涵，表现地方特色，又要使旅游产品具有旺盛的生命力，塑造出具有良好市场形象的布依族系列酒类产品，不断提升市场影响力。

（三）加强布依酒类产品营销渠道拓展与广告宣传

布依旅游酒类产品营销渠道的开拓离不开市场营销。科学合理地将市场营销方法运用到市场开发中，将会对布依酒类产品的销售渠道拓展产生积极作用。

1. 服务营销

当下许多商品在质量上呈现出同质化倾向，具有极高的相似性，酒类产品更是如此。所以，商品的配套服务作用显得更加关键。想要在激烈的现代市场竞争中立于不败之地，企业就必须从商品的质量、服务两方面提升产品的市场竞争力。布依酒类产品生产企业应当重视营销策略的正确运用，通过提升售后服务水平，结合自身产品的情况，更好地服务消费者。

2. 形象营销

形象营销实际上是品牌运作的过程。良好的市场形象，能够使企业及产品树立良好的品牌形象。有影响力的市场品牌，能够使产品在市场中脱颖而出，从而产生较好的经济效益。布依族文化是原生态的民族文化，其浓厚的文化底蕴是布依族旅游酒类产品开发、设计、销售的很好的名片。

3. 关系营销

关系营销是以生产企业与市场关系为出发点，通过良好的顾客关系的建立，为商品销售创造条件。关系营销能够使顾客对企业或产品维持认可度，从而实现高效的营销效果。和谐商业关系的确立，能够使企业与消费者之间构建良好的信任关系，有助于企业消费群体的稳固，从而对产品销售产生重要的推动作用。

对布依旅游酒类产品而言，目标消费人群是旅游者和布依族地区本地消费者，故布依族旅游酒产品的广告投放可以不采取高端酒产品精致型的电视广告、高端杂志、著名报纸等成本过高的宣传方式。根据布依族旅游酒类产品市场定位于大众市场的特点，可以采取多种方式实施营销策略，可以微信等新媒体宣传、墙报、海报、条幅、移动宣传车、特定区域传单发放、开展布依酒产品展示会、开展品酒活动等丰富多样的形式，宣传布依族旅游酒类产品。这些形式的广告成本相对较低，区域效果明显。只要能够做好，任何低成本的广告都是不错的选择。降低生产成本，加大宣传力度，积极拓展市场，是布依族旅游酒类生产企业的发展要求。

长期以来，布依酒的销售主要集中于民族村寨、小县城，与高端市场联系很少。我们从布依酒的酿造及其市场化开发等方面进行分析，发现并不是布依酒"不香"，而是未与时俱进地创新。布依族米酒系列在贵州旅游事业发展的今天，在酒的包装、产量、质地等方面都发生了巨大变化。现在，布依族传统米酒的文化内涵大为拓展，不单纯是一种饮品，已经成为了一种具有民族特色的饮食文化。传统文化的传承并不会因为方式的"现代化"而不"传统"。旅游产品的生产，实际上是文化的生产，也是一种文化输出。而接受产品的旅游者，实则在体验式地品味文化。旅游的过程，就是文化体验的过程。在文旅融合的时代背景下，需要积极探索民族文化与旅游事业融合发展的新路子，把文化旅游产业发展为支柱性产业，把特色布依酒推向市场，深刻挖掘其文化价值及发展空间，服务文化旅游市场繁荣发展，为布依族人民增收致富打好基础，为区域经济社会的发展打好基础，为边远民族地区脱贫攻坚成果的巩固铺平道路。

第 五 章

布依戏传承与发展

第一节　历史层面的布依戏

　　布依戏是布依族板凳戏、布依彩调、布依剧等的统称，主要分布在贵州省西南部册亨县、兴义市、贞丰县等布依族聚居地区。布依戏作为国家级非物质文化遗产代表性项目，具有很高的艺术文化价值和历史人文价值。贵州省黔西南布依族苗族自治州册亨县是布依戏的重要发源地。布依戏自清代乾隆时期开始形成，其表演活动一直在南盘江流域存在。

一　布依戏之历史发展述略

（一）清朝时期：布依戏形成与初步发展

　　布依戏产生于清代地方戏曲发展最为兴盛的年代①。但其产生的具体时间不详。"在布依板凳戏、布依彩调（八音坐弹戏）和布依地戏的基础上，又经过一定时期的改造、融合，逐渐衍变成为布依族的舞台综合艺术——布依戏"。②清朝乾隆十年（1745年），册亨县秧坝开始编演布依戏。随后兴义市巴结与册亨县乃言、者术、八达、保和等布依戏班纷纷组建。布依戏班主要在民间社会开展演出活动，在其发展过程中注意吸收汉族文化和广西北路壮剧等元素，促进了布依戏的形成与初步发展。"道光二十四年（1844年）乃言戏班戏师黄大孝、黄老益曾到广西纳度教授武戏。光绪元年（1875年）广西北路壮剧戏师杨莲、廖法伦到册亨乃言演

---

　　①　参见刘玲玲《贵州布依戏研究》，光明日报出版社2013年版，第42页。
　　②　毛鹰：《布依戏史话》，贵州人民出版社1985年版，第11页。

出并传艺。"① 这样的交流演出活动还有很多，基本上为民间活动，因缺乏文字资料记载而无法统计。

布依戏与北路壮剧之间具有密切联系。两种少数民族戏曲文化在一定历史时期交往交流交融活动中互通有无、取长补短、各有发展，共同活跃在历史的舞台上。光绪三年（1877 年），册亨保和班应邀到板其乡马行寨贺新春演出五天五夜，表演了《薛仁贵征东》《薛丁山征西》《穆桂英》《况山伯·娘英台》等剧目。"光绪二十一年（1895 年）广西壮剧戏师黄永贵带秧白壮戏班到册亨八达、乃言、板坝等地演出，并交流传艺。特别是光绪三十一年（1905 年）清盐运使岑毓琦在广西纳劳做寿，除集中了当地壮剧戏班外，还邀请了包括云南壮剧、沙戏和贵州布依戏班等共 13 个，于宫保院外搭起三个高台，进行了六天六夜的演出活动，观众达数千人之多。"② 这一时期的布依戏生长于民间社会，与壮剧等其他民族戏曲在交往交流交融中得到发展，逐步形成了自身民族特色，受到广大布依族人民的喜爱，在黔桂边地区产生了较深远的历史影响，具有较高的知名度。

（二）民国时期：布依戏民间表演活动的加强与严重打击并存

民国四年（1915 年），广西壮戏师黄福祥率壮戏同乐班到兴义巴结交流演出。册亨保和班应邀到广西隆林扁牙乡姑母村罗公爽家贺新居演出。民国十六年（1927 年），册亨县县长萧强为其母亲做寿，请崩杠布依戏班到县城城隍庙戏台演出了三天，剧目有《王玉莲》等。民国二十一年（1932 年），安龙县坡脚乡边防大队长刘文清请保和班为其岳父贺寿，演出五天五夜。民国二十七年（1938 年），册亨八达戏班到望谟，为板陈兵工厂演出，受到地方实力派人物王海平的宴请。民国三十一年（1942 年），安龙马鞍营戏班到广西者保演出了《胡喜与南祥》等剧目。

民国时期，由于战乱频仍，尤其是黔、滇、桂等地方军阀混战，给布依戏的存在与发展带来了致命打击。"从 1912 年到 1949 年这个地区由于军阀割据，互相混战，地主之间的械斗频频，加上帝国主义输入鸦片，布

---

① 黔西南州文化局编：《贵州布依戏》，1993 年，第 8 页。
② 冯景林：《天籁之音——布依族曲艺戏剧文集》，内蒙古人民出版社 2010 年版，第 170 页。

依族人民生活倍加痛苦，布依戏在成长壮大的过程中遭到很大的压抑与挫折，致使很多传统剧目和音乐曲牌，由于传承无人，导致失传。"① 诸多不利因素严重影响了布依戏班及其演职人员的生存及发展状态，布依戏传承发展几乎陷入绝境。

（三）社会主义时期：布依戏艺术在曲折中发展

中华人民共和国成立后，党和政府重视民族文化建设。20 世纪 50 年代至 60 年代初，布依戏编演活动出现繁荣景象。1953 年，册亨弼佑戏队首次在县城册阳镇公演《玉堂春》等剧目。1956 年 1 月，兴义巴结戏队到锅底河水库开展慰问演出，后又在县人民体育场公演，参与演出活动的演员众多。同年 6 月，安龙县举行首届民族民间文艺汇演，龙广小场坝戏队演出《六月六》等剧目。8 月，贵州省黔南布依族苗族自治州成立，安龙龙广戏队和册亨者术戏队到都匀参加庆典演出活动。10 月，兴义布依戏《一女嫁多夫》和册亨布依戏《玉堂春》参加贵州省第一届工农业余艺术汇演，均获奖，其中册亨弼佑戏队女演员王安秀获得表演一等奖。1958 年，安龙县举行民间文艺汇演，马鞍营戏队演出布依戏剧目《胡喜与南祥》。1964 年，册亨县为筹备参加贵州省少数民族文艺汇演的节目，抽调人员在县城排演《三月三》《双江口》等布依戏现代剧目。1965 年，册亨洒宜戏队参加贵州省少数民族文艺汇演活动，《三月三》获优秀剧目奖。1966 年，册亨布依族自治县成立，板坝、弼佑、崩杠三个布依戏队到县城参加庆祝演出。

"文革"时期，包括布依戏在内的民族戏剧艺术文化受到严重冲击。"'文革'十年浩劫中，少数民族剧种被污为'落后'，并被当作'封、资、修'的东西而'一扫而光'。剧团被解散，一些优秀的剧目被打成毒草；很多艺人遭到残酷的迫害。"② "文革"期间，很多布依戏主要演员被打成"牛鬼蛇神"，剧本、道具、乐器等戏曲物品被强令没收、查封或烧毁，戏班被强行解散。"文革"十年对布依戏的打击是致命的，编演活动无法开展，布依戏的存在与发展在历史上处于低谷时期。

---

① 黔西南州文化局编：《贵州布依戏》，1993 年，第 8 页。
② 贵州省文化出版厅、贵州省民族事务委员会编：《贵州省少数民族戏剧资料汇编》，1984年，第 7 页。

党的十一届三中全会以后，党和政府十分重视布依戏的传承与发展。以布依戏重要发源地册亨县为例，"自1978年党的十一届三中全会至1992年我国市场经济确立前的这一时期，是册亨布依戏发展历史上最兴旺的阶段"[1]。布依戏班的恢复重建为布依戏正常表演活动的开展打下了坚实基础。"这些年来，在布依族聚居地区的各种节日和庆祝活动中都有布依戏的演出活动。同时参加了省、州、县各类布依戏调演或文艺汇演活动三十七次，并组织了评选活动。对优秀剧目及表、导、演、作曲、舞美的优秀集体或个人进行了表彰奖励。对一些戏班，国家还拨给专款给予添制服装、道具、乐器等。这些都对布依戏的健康发展起到重要作用。"[2] 尤其是在进入中国特色社会主义新时代之后，在党和政府精准脱贫方略、乡村振兴战略、乡村文化建设等英明政策指引下，在政治上的安定团结、经济社会的持续发展、文化教育与科技水平的大力提高等有利因素的合力下，布依戏的传承发展迎来了春天。册亨县部分布依戏班得以恢复，布依戏重新焕发生机。1978年，长春电影制片厂《山寨火种》影片作曲吴大明到册亨县收集布依戏音乐素材。1979年，广西壮戏班到册亨八达与布依戏班联台演出，并从八达戏班学习《邱人卖嫂》布依戏剧目。同年，原册亨县文化馆馆长赖淦按照县委宣传部指示，率何祥玉、韦安礼等人到板坝、者告、板万、八达、乃言等地调研布依戏，搜集整理布依族戏曲资料。1980年，册亨县境内原有的布依戏队纷纷恢复。春节时，册亨县举办全县民族民间文艺汇演，八达、弼佑、板万、崩杠四个布依戏队参加了表演活动。同年，贵州省戏剧家协会何平深入册亨、安龙、兴义等地，开展布依戏调研。1981年，册亨县文化馆派工作人员下到乡一级，对布依戏班进行艺术指导。同年，册亨县八达戏班演出的《人财两空》在庆祝册亨自治县成立十五周年举办的民族民间文艺汇演活动中获奖。乃言等其他八个布依戏班参加了汇演活动。兴义地区文化局派专业人员冯景林等人到册亨县指导布依戏的发展。1982年4月，为庆祝贵州省黔西南布依族苗族自治州成立，冯景林受派到册亨县辅导弼佑、路雄两个戏队，为自治州成立的庆典活动做演出准备。5月，弼佑、路雄两个戏队到兴义参加了

---

① 张合胤主编：《册亨布依戏》，中国戏剧出版社2013年版，第12页。
② 黔西南州文化局编：《贵州布依戏》，1993年，第10页。

庆典演出活动，表演了《罗氏盛》《陈世美不认前妻》等布依戏剧目。1983 年 3 月，册亨县弼佑戏队到县城参加民族团结月活动，演出《罗氏盛》。1984 年 4 月，黔西南布依族苗族自治州文化局派人到册亨县调查布依戏；5 月，成立布依戏演出研究小组。1984 年，《贺蒙姑盘》（即《祝你成功》）获得黔西南布依族苗族自治州首届民间文艺汇演创作奖、表演奖。

1984 年 9 月，贵州省举办首届少数民族戏曲研究暨汇报演出，文化部门派专人指导、编排《罗细杏》《金竹情》两个布依戏剧目。之后，黔西南布依族苗族自治州选送的布依戏剧目《罗细杏》《金竹情》参加贵州省首届少数民族戏曲研究暨汇报演出，引起了较大的社会反响。优秀剧本《金竹情》全文在《贵州日报》登载。时任中共贵州省委宣传部、贵州省文化出版厅等部门领导和曲六艺等文化艺术界的专家、学者就两场布依戏的优点、缺点、艺术特色及其思想性等方面开展了探讨，为剧目的进一步完善创造了条件。

1984 年 11 月 15 日至 11 月 24 日，布依戏剧目《罗细杏》被选调参加在云南省昆明市举行的全国少数民族戏剧观摩录像演出。这是"文革"结束、粉碎"四人帮"之后举行的第一次全国性的少数民族戏曲汇演活动，也是中华人民共和国成立 35 年来规模最大的一次少数民族戏曲盛会。布依戏《罗细杏》能参加这样的戏曲盛会，体现了党和政府对民族文化工作的重视，对少数民族戏曲的关心，对布依戏传承发展的关怀。布依戏《罗细杏》为全国少数民族剧种观摩演出暨座谈会、云南省文化艺术界和云南省民委系统各演出了一场，获得国家文化部颁发的"优秀剧目演出奖"，被授予"孔雀杯"奖杯。《罗细杏》主要演员黄成珍、黄保达、黄小度分别获得表演一、二等奖。这是布依戏第一次登上全国性的戏剧舞台，在全国少数民族戏曲舞台上展露其清新面孔，获得了较高荣誉，为布依戏这一民族艺术瑰宝的传承发展打下了坚实基础，为中国特色社会主义文化事业的繁荣与发展做出了贡献。通过文化艺术界、电视报纸等媒体的宣传推介，国内外开始将戏剧欣赏的目光聚焦到布依戏上来，使外界对布依戏有了一定了解，从而为布依戏的编演和研究活动的开展创造了有利条件，增强了布依族人民的文化自信。1988 年 5 月，中国艺术研究院编录"中国民族戏曲录像史"，《胡喜和南祥》《一女嫁多夫》《武显王闹花灯》等布依戏剧目被收录其中。

1994 年 3 月，贵州省文化厅命名册亨县乃言乡为"布依戏艺术之乡"。1995 年，文化部命名乃言乡为"中国民间艺术之乡""中国布依戏之乡"。2006 年，经国务院批准，布依戏被列入首批国家级非物质文化遗产代表性项目名录。2009 年，册亨县推出大型布依族歌舞剧《利悠热谐谐》，先后在四川大学艺术学院、贵阳大剧院、黔西南布依族苗族自治州多次公演，产生了良好的社会影响，将其打造成了一张引人瞩目的布依族特色文化名片。2009 年，册亨县成立幸福亨通艺术团，对布依族戏曲、歌舞等开展有组织、有目的的保护与传承发展工作。该艺术团于 2009 年成立之初就编排了大型布依族现代原生态舞剧《利悠热谐谐》，在黔西南布依族苗族自治州、省会贵阳市以及四川省成都市等地多次公演，获得成功。2010 年开始，册亨县几乎年年举办布依文化艺术节，有力地保护与传承了包括布依戏在内的布依族传统文化。2011 年，册亨县被贵州省布依学会命名为"中华布依第一县"，同时成立布依文化传承保护研究基地，为布依戏的保护与传承发展创造了条件。

"布依族戏剧艺术是布依族艺术文化发展的最高形态。……布依戏的基础是八音坐唱、布依族民间文学中的故事、汉族的剧目等，即布依族的说唱艺术、音乐艺术、民间文学，以及对于汉族民间戏剧，主要是剧目故事的借用和移植（这样的剧目是借用与教化思想的结合）。"[1] 布依戏的形成与发展与"八音坐唱"等布依族传统艺术文化具有密不可分的关系。南、北盘江流域诸多布依族村寨中至今存在的"八音坐唱"被誉为民族音乐文化瑰宝。因"八音坐唱"这一民族民间艺术形式在广大布依族地区的普遍流传，2019 年 2 月，贵州省兴义市南盘江镇被国家文化和旅游部公布为"中国民间文化艺术之乡"。在"八音坐唱"等布依族艺术文化形式的共存发展境遇下，布依戏的保护与传承发展工作将会越来越好。

如今，布依戏展演活动仅存在于黔西南布依族苗族自治州册亨县一地。册亨布依戏的表演活动主要在民间社会开展，由业余布依戏队以春节及家庭重大活动为依托而开展。近年有 20 多支布依戏队活跃在册亨城乡之间，给广大人民带来了浓郁的民族文化气息。2012 年 11 月 20 日，册亨县"布依文化年活动·布依戏大赛"在该县布依文化广场举行，来自

---

[1]　吴晓梅等：《册亨布依戏人类学研究》，中央民族大学出版社 2017 年版，第 83—84 页。

全县的 12 支布依戏队为观众奉上了一场场精彩的民族戏剧盛宴。者楼镇纳阳布依戏队表演的《罗细杏》荣获一等奖，弼佑乡弼佑戏队、巧马镇板坝保合班戏队获得二等奖，八渡镇乃言戏队、丫他镇板万戏队、百口乡路雄戏队获得三等奖。

2013 年 10 月 13 日，由黔西南布依族苗族自治州文化和广播电影电视局、黔西南布依族苗族自治州民族和宗教事务委员会、中共册亨县委、册亨县人民政府联合打造的大型现代布依戏《谷艺神袍》在黔西南州人民会场首演，获得好评。同年 10 月 23 日，《谷艺神袍》参加在贵阳市举行的第五届贵州省少数民族文艺汇演，获得金奖。《谷艺神袍》编剧、总导演张华获得最佳编剧奖，演员韦启军、王俊获得最佳演员奖。《谷艺神袍》是黔西南布依族苗族自治州和册亨县精心打造的一台以保护、坚守少数民族文化为主题的传奇戏剧，是布依戏的舞台表演新形式。演员都是布依族，其中大都是从民间社会抽调而来，既有布依戏非物质文化遗产项目代表性传承人，又有专门的文艺工作者，还有教师、学生和农民。《谷艺神袍》演出的成功，为我们探讨布依戏的保护与传承发展提供了新的思路。

"布依戏的存在和发展任重道远、布依戏在当今社会条件下如何充分发挥它的艺术功用和社会功用，是一个值得探究的课题。"① 在现代化语境下，布依戏的保护、传承与发展问题值得我们思考，以更好地弘扬这一少数民族优秀传统艺术文化。"正确处理传统与现代的关系，让传统与现代进行有效的对接，是布依戏能够在现代化场域下继续散发它独特艺术魅力，发展赓续的不二法门。"② 在党政机关、社会组织、民间团体等各方努力下，布依戏获得了重新焕发光彩的机遇与平台。目前，贵州省黔西南布依族苗族自治州册亨县仍然存在二三十支布依戏队，其表演活动相当活跃，从而使布依戏这一少数民族传统艺术在新时代背景下呈现出了可喜的复兴趋势。

二　摩文化对布依戏的影响

文化是民族的血脉，是人民的精神家园。民族文化是宝贵的精神财富，是实现国家富强和中华民族伟大复兴的强大动力。党的十七届六中全

---

① 桂梅、一丁：《布依戏研究文集》，贵州民族出版社 1993 年版，第 187 页。
② 龚德全：《贵州布依戏》，重庆出版社 2013 年版，第 135 页。

会通过了《中共中央关于深化文化体制改革推动社会主义文化大发展大繁荣若干重大问题的决定》，把促进多民族文化大发展大繁荣作为文化建设的战略目标。中共贵州省委和贵州省人民政府、中共黔西南州委、黔西南州人民政府认真贯彻落实党的十八大、十九大精神，深刻认识到打造地方特色文化品牌的重要性，重视文化软实力作用的发挥，努力加强民族文化建设，服务精准脱贫、同步全面小康社会建设，积极实施乡村振兴战略，推动区域经济社会跨越式发展。

布依族作为贵州省的世居民族之一，具有鲜明的民族文化特色，可以说是贵州的一块民族旅游文化招牌。加强对布依族传统文化的保护与传承发展，对于"多彩贵州""水墨金州"旅游文化品牌形象的提升具有重要意义。打造布依戏旅游文化名片是黔西南布依族苗族自治州旅游文化品牌建设的重点目标之一，是黔西南州建成滇黔桂三省（区）文化旅游经济圈中的重要一环。现代生态布依舞剧《利悠热谐谐》和贵州省第六届旅游产业发展大会演出的大型布依族音画剧《利悠利》已经获得了很好的民族认同和市场认可。随着现代化进程的不断推进，当前关于布依戏的理论研究仍将深入下去。

（一）摩文化中的跳神祭祀仪式是布依戏的早期形式

摩文化属于布依族原始宗教信仰文化范畴，与人们的精神世界具有一定联系，至今对部分布依族具有一定影响。布依戏与摩文化之间是否存在一定的联系呢？回答是肯定的。摩文化对布依戏的兴起与发展产生了较重要的影响。

清代乾隆时期，布依戏在今贵州省西南部南、北盘江流域册亨县、安龙县、兴义市、贞丰县等布依族地区逐渐形成。① 布依戏根源于布摩②的

---

① 参见《布依族简史》编写组编《布依族简史》，贵州人民出版社 1984 年版，第 135 页；毛鹰《布依戏史话》，贵州人民出版社 1985 年版，第 11—15 页；黄理中《布依戏初探》，载《中国戏曲志·广西卷》编辑部、《中国戏曲志·贵州卷》编辑部、《中国戏曲志·云南卷》编辑部编印《滇桂黔壮剧、布依戏历史讨论会文集》，1988 年，第 276—278 页；桂梅、一丁《布依戏研究文集》，贵州民族出版社 1993 年版，第 28—30 页；冯景林《天籁之音——布依族曲艺戏剧文集》，内蒙古人民出版社 2010 年版，第 168—169 页；黄正书《浅谈册亨布依戏》，载黔西南州布依学研究会、黔西南州民族宗教事务委员会编《黔西南布依学研究》（第 5 集），2019 年，第 216 页。

② 布摩：布依族民间祭司，也称为"报摩""摩公""老摩""老摩公"等，在摩经中有时被称为"经师"，在世俗生活中有时被称为"先生"。

民间祭祀活动，传统的布依戏剧包括了"打老摩"活动的经咒、古歌、傩仪故事等情节叙述。"布依戏最先从摩师祭祀仪式的跳神活动中孕育。……摩师的跳神祭祀仪式，有化装表演，有简单的舞蹈动作，有一定的音乐伴奏，表达比较完整的故事内容。"① 摩师的跳神祭祀仪式，就是布依戏的早期形式。"宗教活动孕育了布依戏。"② 这表明布依族原始宗教文化是布依族戏曲母体之一的历史事实。因此，一些摩经成为了布依戏文本，如《安王与祖王》就演变为布依戏《安王》。布依戏无论是在表现方面，还是在音乐方面，都与摩文化有着密不可分的关系。布摩所诵摩经，主要为丧葬礼仪用，也用于驱邪、祈福、禳灾等仪式活动。摩文化中的驱邪、祈福、禳灾仪式具有傩文化的意义。过去，表演布依戏的角色在演出时戴面具，这与贵州省思南县、德江县傩堂戏及江西省宁都县、安徽省池州市等地傩戏在表演形式上有一定相似之处。只不过，上述地区的傩戏一直以来都有戴面具演出的习俗，而如今布依戏已不一定戴面具表演了。随着时代的进步和社会的发展，布依戏已逐步由主要娱神驱邪的宗教仪式转变到自娱娱人的艺术表现形式。在发展过程中，尽管布依戏中的摩文化因素已在逐步减少甚至消失，但布依戏源于摩文化中的跳神祭祀仪式是历史的事实。

（二）摩文化中的神灵观念是布依戏形成的思想基础

稳定的民族文化心理是民族存在与发展的前提条件之一。在历史发展进程中，布依族原始信仰文化心理具有一定稳定性。至今，传统布依族村寨中的部分布依族群众仍然承袭代代相传的信仰传统，保持山神、树神、摩文化等原始信仰，对山神等神灵恭敬有加。有专家认为，布依族今日所有的文化现象，都与民族宗教信仰有关，带有原始宗教的烙印。③ 此说具有一定道理。在布依族古歌、叙事歌、神话传说、民间故事、舞蹈艺术、民间戏曲等资料中，我们可以看到布依族原始宗教信仰的痕迹。布依族多神观念同样蕴含在摩经当中。在布依族的信仰意识中，神灵、鬼怪无时不

---

① 毛鹰：《布依戏考略》，载《中国戏曲志·广西卷》编辑部等编印《滇桂黔壮剧、布依戏历史讨论会文集》，1988 年，第 248 页。

② 参见王鸣明《布依戏的历史文化背景初探》，《贵州民族研究》2003 年第 2 期。

③ 参见黄义仁《布依族宗教信仰文化》，中央民族大学出版社 2002 年版，第 47 页。

有、无处不在。摩文化中的神灵、鬼怪很多，分为人鬼系统和自然神灵系统。人鬼系统包括报陆陀、摩陆呷、安王、祖王等；自然神灵系统包括天神、山神、牛王、寨神等。① 原始社会时期，人类对正常的自然现象无法解释与理解，因而把自然现象神秘化；把生老病死与鬼神的作用和现实生活中的人们的命运联系在一起，因此对鬼神采取敬畏的态度。布依族摩经《牛经》记载，"关门随鬼去跳，开门随鬼进来。鬼随便来随便吃，鬼随便进随便传染。鬼进入鸭圈，鬼进入鸡圈，鬼来追这全家人"② 。此处的"鬼"泛指布依族信仰的一切鬼神。该经还提及土地菩萨、雷公等神灵。人去世后，布依族一般要请布摩超度亡灵。逝者获得了超度，就可以免受亡后之苦，同时也有利于生者。这反映了布依族积极肯定人生、一切为了生者的生死观内涵。摩经中的报陆陀是布依族的始祖。报摩在开展祭祀活动中，总要提及报陆陀。布依人去世后，在丧葬仪式中，总要砍一根高而直的金竹做魂竿，据说竹子是布依人死后能升入天堂的一个依靠。《古谢经》中还提到了雷神、龙神、路神等神灵。布摩念诵经文，"我上天去唤我的雷神的威风来，我下海去唤我的龙神的威风来，我去坝子唤我的路神的威风来，我去高岩唤我的山神的威风来"③ 。摩经中的众多神灵是布摩举行法事活动时需要借助的一种神秘力量，以营造祭祀仪式的神秘性，实现一定的宗教目的。布依戏独特的表演习俗带有较明显的摩文化原始宗教观念烙印。如"敬老郎""打加官""开台"等具有驱鬼避邪、消灾祈福的功利性。

（三）布摩是早期的布依戏戏师

布依戏的早期形式是驱邪避鬼或者超度亡灵的傩戏，而布摩是布依族的宗教祭司，因此，布摩成为布依戏最早的戏师实属情理之中。"随着经济的逐步发展，布依族人民对文化娱乐活动的需求也逐步提高。他们对变化不多、简单死板的'跳神'表演活动，看多而发腻了。于是，一些摩师和民间歌手，就在'跳神'的基础上尝试进行改革，使之成为近乎于

① 参见周国茂《摩教与摩文化》，贵州人民出版社1995年版，第56—64页。
② 中国民间文艺研究会贵州分会编：《民间文学资料》（第65集 下），1984年，第8页。
③ 贵州省安顺地区民族事务委员会、镇宁布依族苗族自治县民族事务委员会编：《古谢经》，贵州民族出版社1992年版，第96页。

戏剧。"① 在布依戏历史发展过程中，尽管跳神仪式演化成为布依戏需要一定的历史时间，但布摩确实为布依戏的兴起与发展做出了历史贡献。这是应该肯定的。在布依戏萌芽阶段，演员多为布摩。在布依戏早期历史发展过程中，布依戏演员中的相当一部分原来当过布摩的情况仍然存在。册亨县弼佑布依戏戏师罗国龙原来就当过布摩。② 布摩在布依戏形成与发展中之所以能发挥很大作用，与其在古代时期布依人心目中的崇高地位有着密切关系。在相当长的历史时期内，由于他们掌握了比一般布依人更多的科学文化知识，又有所谓驱邪赶鬼的本领，所以布依族对之敬畏有加。布依族对布摩的崇拜心理是相当强的。据有关地方志记载，古代时期，布依族人生病后，不去看医生，而是请布摩或迷纳③来施法，以驱邪祟。从前，布依人为病痛所困时，要请布摩驱邪；去世之后，其亲属要请布摩主持丧葬仪式，以超度亡灵。在布依族传统的精神世界中，认为人无法与神灵沟通，只有通过布摩的中介作用来实现驱邪除病的愿望。布摩是沟通人神的使者。其功能与巫师的作用有相似之处，但也有区别。"布摩的职能主要是超度亡灵，也主持消灾、祈福、驱邪等仪式，但布摩是以诵读相应的经文为主，主持仪式时举止庄重，态度严肃，使仪式笼罩着神秘而庄严的气氛。"④ 布摩作为布依族早期社会掌握一定文化知识的人物，在布依戏的兴起及传承发展历史进程中发挥了重要作用。

布依族对布摩非常崇敬。布摩具有沟通人神的神通，主持的原始宗教仪式具有一定神秘性。这对于常人来讲，是无法实现的。布依族把布摩当作神的代表、神的使者、人神间的联系人予以崇拜。布依族对布依戏戏师非常恭敬，视之为"有才能、有礼教的上等人"，待之甚厚。每年正月一到，没有戏班的布依族村寨，就请先生写着大红请帖，邀请布依戏班到自己村寨演出。当一场戏演完，往往有几位美丽的姑娘，把自己熬夜做成的布鞋、手帕，送给演员；有的姑娘小伙看完戏后，乘兴摘下自己的心爱物品赠送给自己最喜爱的演员，并帮其戴上。布依戏班不论在哪个寨子演

---

① 毛鹰：《布依戏史话》，贵州人民出版社1985年版，第10页。
② 参见黔西南州文化局编《贵州布依戏》，1993年，第253页。
③ 迷纳：布依族民间社会中主持驱邪仪式的女性巫师。
④ 周国茂：《一种特殊的文化典籍——布依族摩经研究》，贵州人民出版社2006年版，第3页。

出，人们都争着拉演员去自己家里做客，把家中最好的米酒、腊肉、香肠、血豆腐、粽粑等拿出来盛情款待。晚上演出之后，会有三五家自发地结合为一组，轮流为戏班演员宵夜。富有的人家，还要杀鸡宰鸭，请戏班的全体演员美餐一顿。① 有时候会出现布依族姑娘钟情于布依戏戏师而嫁给他们的爱情轶闻。据说，某年正月初五，贞丰县者相坡使寨的两个布依族姑娘，到必克寨看布依戏着了迷。后来，她们都嫁给了布依戏班的演员。② 布依戏戏师的地位之所以崇高，布依族之所以优待戏师，一方面是布依族热情好客的民族品性所致，另一方面是受长期以来布摩崇拜的影响。由于布摩是早期的布依戏戏师，布依族关于布摩崇拜的内涵就被部分移植到对戏师崇敬的层面了。布摩在布依族中享有崇高的社会地位。这种对本民族祭司的崇拜之情是布依族较为稳定的文化心理状态。现在，虽然布依戏已不再表现一定的具有神秘色彩的原始宗教祭祀仪式，戏师也不一定是"布摩"，但是布依族民众对布依戏戏师的崇拜情怀仍然无法割舍。这是长期以来信仰文化心理的必然表现，同时说明布依戏及其戏师在布依族民众心目中地位的重要性。

（四）布摩的"摩公腔"是布依戏曲调的来源之一

布摩是布依族的原始宗教祭司，在主持禳灾祈福、驱鬼扫寨、求神占卜等宗教祭祀活动时，用"摩公腔"吟唱摩经，伴以简单的模拟表演和舞蹈动作。由于布摩是早期的布依戏师，其吟唱摩经的方式自然成为布依戏的一种唱腔。举行丧葬仪式时，布摩带领逝者的亲属转场，并唱念《转场歌》。布摩在念诵摩经时，有伴奏、伴唱。布摩的摩经吟唱方式声音低沉，带有哀伤意味。但其与一般的念经文又不同，音调平稳，基本没有高低音的大起大落。布摩在念诵悼念亡者的叙事诗《事登》时采用的唱腔形式就是说唱结合的形式。这是布摩在演绎摩经时采用的一般说唱风格"小调"。"小调"的音域只有五度，多运用于叙事歌、敬酒歌、祝颂歌等形式，曲调很少作四度以上的大跳，稳重而沉静，在贵州省罗甸县、望谟县、贞丰县等地流行。布摩在演唱摩经《采天花》时，采用的唱法是"大调"。"大调"唱法在摩经吟唱时不太普遍。在押韵方式上，摩经

---

① 毛鹰：《布依戏史话》，贵州人民出版社1985年版，第17页。
② 参见黔西南州文化局编《贵州布依戏》，1993年，第243页。

吟唱押韵自由，整篇歌可换韵多次，而不是一韵到底。文句中常有重复、对仗、排比，这是摩经吟唱的一个规律。在吟唱摩经时，常有对白形式存在。这种自然、流畅而又不失活泼的说唱风格颇具民族特色。布依戏音乐有一种唱腔"起落调"，至今在一些传统剧目中还保持"摩公腔"原有的形态。[①] 关于"摩公调"，谱例详见黔西南州文化局编《贵州布依戏》之《音乐》一节。另一腔调"苦调"是布依戏旦角的唱腔，至今有些戏队也用于生行。它源于办丧事时哭灵的唱腔。另有一种腔调"喊板"（又称"大王调"），为净行专用唱腔，源于摩公腔中的"咒"，是布依戏中较有戏剧特征的唱腔。这充分说明，布摩的摩经演唱风格对布依戏的影响较大。

（五）摩文化中的步法是布依戏步法形成的源泉之一

摩文化中的步法对布依戏产生了一定影响，演变为布依戏的步法。"转场"，又称为"走场""砍嘎""转嘎"等，是布依族传统丧葬文化"古谢"仪式中最隆重的礼仪。它是布摩"施法"的一种步法，可以绕着棺材、魂竿、祭祀用的牛等转圈，以表达对亡者魂魄升天的良好祝愿，同时希望转场的人们在祖先的佑护下除灾避祸、平安幸福。转场时，在肩扛神刀的布摩带领下，孝男们披麻戴孝，孝女们身着古朴庄重的民族服装，提着饭笼，戴着孝帕，围着固定的场地转圈，围着魂竿转，也围着牛转。布摩一边转场，一边念诵摩经。在今黔西南布依族苗族自治州一带，"古谢"仪式一般在出殡日上午举行。在"转场"专用场地，孝男、孝女及孝媳、孝婿身穿孝服，在布摩的导引下到达场地，以牛为中心逆时针转三圈，暂停片刻后，仍按逆时针方向转三圈，再反转三圈。[②] 这是南、北盘江流域布依族"转场"的基本步法。布依族摩经《古谢经》卷五"穆近"描述了布摩带领亡者亲属"转场"的基本情况。布摩念诵摩经，"我眼看什么，我就念什么，我脚挨棺木，我就咒棺木，我脚踩神刀，我就念神刀，我肩扛神刀，我就咒神刀"[③]。《转场歌》是布摩带领亡者亲属转场

---

① 参见黔西南州文化局编《贵州布依戏》，1993 年，第 85 页。

② 参见周国茂《摩教与摩文化》，贵州人民出版社 1995 年版，第 96 页。

③ 参见贵州省安顺地区民族事务委员会、镇宁布依族苗族自治县民族事务委员会编《古谢经》，贵州民族出版社 1992 年版，第 192 页。

时所唱之歌。《古谢经》中《构正》（转场歌）中说，"铜鼓绕鼓棒棒转，背竹笼装米绕牛桩转，像牛那样绕着牛桩转，我看见它转，提醒孝子带孝棍，提醒你们带孝棍的孝子们，告诉家族人扛神刀，告诉你们扛神的家族们，哪个随我转，哪个随我来转场，哪个未成家，让他去成家，如他成家了，让他成寨主"①。布依族认为，"转场"之人可以获得现实利益。虽然这种利益是虚无缥缈的，但是表达了人们的心理诉求。"转场"后来演化成"转场舞"，其步法对布依戏具有直接影响。

布摩是早期的布依戏戏师，其步法对布依戏的影响是可以肯定的。"布依戏的步法特点，是以民族'老摩公'的'踩八卦'为基础，吸收傩舞'得龙'（丧葬舞蹈类）动作及本民族舞狮的动作，逐渐形成略具雏形的戏曲表演程式动作。"② 傩仪的"绕坛"演变成布依戏的舞台基本调度和身段；老摩公的"踩八卦"成为布依戏的基本步法；摩公的"三元华盖"被运用为生行的指法。"这些'傩仪'活动的特征性动作，为布依戏虚拟的表演艺术奠定了基础。"③ 布依戏各个角色的步法，基本上是"八字步"。"八字步"分为大、中、小三种，另有碎步。小丑出场，走路时抬起脚跳跃，三步一个转身。角色在舞台上一般走的是三角线路。布依戏三角步渊源于布摩的"踩八卦"。在布依戏中，根据角色的不同，步法分为大三角步、小三角步和跑跳三角步。可见，摩文化对布依戏步法的影响深远。

此外，布依族摩文化中的乐器演奏形式也对布依戏产生了影响。布依戏的锣鼓牌子就是沿袭"打老摩"部分鼓点发展而来。在布依戏中有"开台锣鼓""打加官锣鼓"等环节，带有较浓厚的摩文化色彩。

综上所述，布依族摩文化的原始宗教思想文化内涵、表现形式等对布依戏的形成与发展产生了较为深远的影响，这是布依戏之所以具有浓厚的民族特色和鲜明的地域特色的一个重要原因。

---

① 参见贵州省安顺地区民族事务委员会、镇宁布依族苗族自治县民族事务委员会编《古谢经》，贵州民族出版社 1992 年版，第 259—260 页。

② 参见黔西南州文化局编《贵州布依戏》，1993 年，第 134 页。

③ 参见黔西南州文化局编《贵州布依戏》，1993 年，第 132 页。

三　布依戏演出团体及成员

（一）历史时期布依戏演出团体

历史上，布依戏演出团体曾先后出现"布依戏班""布依戏队"。布依戏自产生之日起至 20 世纪初，演出团体一直称为"布依戏班"，近年则称新成立的布依戏演出团体为"布依戏队"。"布依戏班"与"布依戏队"皆为布依族群众自发组织的民间艺术团体，是开展布依戏演出活动的组织机构，具有民族性、民间性、群众性等特点。

布依戏班或者戏队一般由"交艺"（即班头）、"抱筛"（即戏师）、"卜拴艺"（即导演）及演员等组成，一般人数为 32 人至 36 人不等，人数最少的也有 12 人。各戏班有一套自己的管理办法。"各布依戏班均订有班规，大家共同遵守，违者，将视情节轻重予以处罚。"① 布依戏演出团体的组织机构健全及其有关规章制度保证了布依戏演出活动的正常开展。

布依戏产生于贵州省西南部南、北盘江流域。纵观布依戏班分布的历史情况，虽然布依戏有向贵州省内黔南布依族苗族自治州、安顺市、贵阳市等地区传播的历史现象，但戏班始终多集中分布于今黔西南布依族苗族自治州境内。清朝乾隆年间（1736—1795 年）布依戏形成至今，其展演活动多集中于该地区。历史时期，布依戏班多达二三十支，均活跃在今黔西南布依族苗族自治州境内。具体如下：巴结布依戏班、南笼布依戏班、者磨布依戏班、大寨布依戏班、马鞍营布依戏班、岜皓布依戏班、秧坝布依戏班、八达布依戏班、乃言布依戏班、板万布依戏班、路雄布依戏班、板坝布依戏班、弼佑布依戏班、洒宜布依戏班、者术布依戏班、崩杠布依戏班、者告布依戏班、洛艾布依戏班、沙艾布依戏班、下甘河布依戏班、秧候布依戏班、者龙布依戏班、团丰布依戏班、荣丁布依戏班、小场坝布依戏班以及马永布依戏班。② 由于布依戏在传承发展方面存在一定困难，伴随着政治、历史、社会等多方面的原因，到 2009 年左右，除册亨县存在板万班、乃言班、保和班和者述班 4 个戏班外，其他地方的戏班已不存在

---

① 黔西南州文化局编：《贵州布依戏》，1993 年，第 154 页。

② 参见刘玲玲《贵州布依戏研究》，光明日报出版社 2013 年版，第 58—59 页。

了，剧本、戏服、道具及乐器等多被焚毁，消失殆尽。安龙县岜皓班、兴义市巴结班虽然还存在八音坐唱表演，但是已经没有布依戏展演活动了。

根据黔西南州《布依戏志》编写组编《黔西南布依族苗族自治州布依戏志初审稿》、刘玲玲《贵州布依戏研究》等研究成果，将部分布依戏班有关情况辑录如下。

戏班名称	性质	成立年代	创始人	活动时间
板万班	群众班	乾隆六年（1741 年）	黄锦辉	1741 年至今
秧坝班	群众班	乾隆十年（1745 年）	不详	1745—1954 年
巴结班	家班	乾隆十二年（1747 年）	不详	1747—1958 年
者龙班	群众班	乾隆十五年（1750 年）	不详	1750—1951 年
者术班	群众班	乾隆二十六年（1761 年）	潘永吉	1761—1947 年
路雄班	群众班	乾隆二十六年（1761 年）	何抱勉	1761—1965 年
必克班	家班	乾隆三十二年（1767 年）	危卜西	1767—1941 年
八达班	群众班	乾隆四十六年（1781 年）	不详	1781—1956 年
保和班	群众班	道光九年（1829 年）	韦保书	1829—1950 年
乃言班	群众班	同治二年（1863 年）	黄世英、蒙进元	1863—1956 年
大寨班	群众班	光绪七年（1881 年）	贺德荣	1881—1960 年
南笼班	群众班	1921 年	罗林书	1921—1966 年
马鞍营班	群众班	1936 年	贺新义	1936—1966 年
岜皓班	群众班	1947 年	王如宽	1947—1966 年
弼佑班	群众班	1948 年	罗国宗、罗建生	1948—1966 年
洒宜班	群众班	1949 年	罗国龙	1949—1966 年
岜怀班	群众班	1979 年	罗保英	1979—1982 年

由上表可知，贵州省黔西南州布依族苗族自治州册亨县板万布依戏班是最早的布依戏班。乾隆年间成立的戏班有 8 个，其中今册亨县 6 个，兴义市 1 个，贞丰县 1 个，均存在 200 年左右，其中板万班为最久。

以上布依戏班在中华人民共和国成立前后均开展过布依戏表演活动。由于多方面原因，20 世纪 50、60 年代，布依戏班逐渐走向衰落。"文革"开始后，由于受破"四旧"等错误思想的影响，布依戏班不敢公开活动，布依戏演职人员不得从事演出活动，许多剧本、戏服、道具、乐器等布依戏表演器具被焚毁，布依戏的存在与发展遭受严重挫折。党的十一届三中全会之后，党和政府重视社会主义文化建设，在"百花齐放、百家争鸣"方针指导下，社会主义精神文明建设获得诸多发展成果。对于布依族传统文化的抢救、挖掘、整理和研究，表现了党和政府、社会各界对布依族文化的珍惜。国家文化部和贵州省文化厅、黔西南州文化局以及有关县市文化部门积极组织力量深入布依族村寨，对布依戏开展采风调查、剧目整理和创作等工作，对布依戏的保护与传承发展起到了很好的推动作用。在上述戏班中，邕怀班就是在党的十一届三中全会之后成立的新戏班。当前，布依戏班虽然还是难以达到从前的繁荣状态，但是在一定程度上为布依戏的复兴准备了条件。这要归功于国家及各级地方政府和热爱布依戏这一民族艺术的团体及专家、学者的积极推动，更得益于广大布依族群众对布依戏的热爱。册亨县在新中国成立后举办多次布依戏大赛，对传承与保护布依戏起到了良好的促进作用。针对布依戏班存在困难、布依戏传承与发展难以为继的危机情况，贵州省、黔西南布依族苗族自治州和册亨县采取积极措施，想方设法推动布依戏的保护与传承发展。党的十七届六中全会、十八大、十九大之后，在中国特色社会主义文化大发展大繁荣思想的指导下，弘扬少数民族优秀传统文化成为民族地区打造文化精品的旗帜。近年推出的大型布依族戏剧《利悠热谐谐》《谷艺神袍》即是中共黔西南州委、黔西南州人民政府及有关部门和中共册亨县委、册亨县人民政府及文广局、民宗委和各级布依学会等对之积极推动的结果，产生了良好的社会效应。

党和政府积极扶植布依戏班的存在与发展，对于现存的乃言、者述、保和三个戏班重点支持，同时鼓励成立新的戏班。在良好的政策支持之下，布依戏班在民间社会自发恢复、组织起来。2010 年 3 月，布依戏传承人黄成珍（《罗细杏》《谷艺神袍》主演，现为布依戏国家级传承人）创建册亨县纳阳布依文艺演出队，2012 年 5 月正式将其更名为"册亨县纳阳布依艺术团"，目前已申报成为贵州省文化厅扶持的优秀文艺团体。该团体利用农闲和晚上休息时间进行排练，自编、自导、自演，主要演出节目有传统的布依戏、八音坐唱、布依族民间歌舞等。每逢农闲或布依族节庆、当地群众红白喜事等场合，他们就开展表演活动，大力宣传党的好

政策，歌颂改革开放所带来的农村发展新气象。目前册亨县布依戏队已经
增加到 20 余支，其中册阳布依文艺演出队、乃言布依戏队、弼佑布依戏
队、保和班戏队、丫他布依戏队、百口乡路雄戏队等，基本上是在老戏班
的基础上建立起来的。

　　根据 1987 年 3 月至 1988 年 11 月有关部门对黔西南布依族苗族自治
州布依戏的田野调查，可知 20 世纪 80 年代末期该地布依戏班大致情况。
从黔西南布依族苗族自治州文化局编《贵州布依戏》一书所附图表"黔
西南布依族苗族自治州布依戏班分布示意图"① 分析，册亨县曾存在者
王、者告、崩杠、洛艾、板坝、平安、板万、者术、者龙、乃言、团丰、
八达、秧坝、秧后（候）、弼佑、洒宜、沙艾、坡荣、路雄 19 个戏班，
其中中华人民共和国成立前后都有演出活动的有板坝、者王、崩杠、者
术、平安、板万、乃言、秧后（候）、弼佑、洒宜、沙艾、路雄、八达等
83 个戏班，新中国成立后无活动的有者告、洛艾 2 个戏班，停办或者自
然消亡的是团丰、坡荣 2 个戏班。

　　安龙县曾存在马鞍营、岜皓、小场坝、大寨、坝盘、下甘河 6 个戏
班，其中中华人民共和国成立前后都有演出活动的有马鞍营、岜皓、小场
坝、大寨 4 个戏班，中华人民共和国成立后无活动的有坝盘、下甘河 2 个
戏班。兴义市曾存在南龙、巴结、者磨 3 个戏班，其中新中国成立前后都
有演出活动的有南龙、巴结 2 个戏班，新中国成立后无活动的是者磨戏
班。贞丰县曾存在必克、岩鱼、挽兰 3 个戏班。这 3 个戏班在新中国成立
前后都有演出活动，是没有停止或者自然消亡的戏班。望谟县曾存在蔗
香、昂武 2 个戏班。这两个戏班在新中国成立后都没有了演出活动，处于
自然消亡的状态。

　　在黔西南布依族苗族自治州历史上曾存在的 33 个戏班中，有 19 个分
布在册亨县，是布依戏班数量最多的地区。其次为安龙县，有 6 个布依戏
班，再次为兴义市、贞丰县，各有 3 个戏班，望谟县有 2 个戏班。从同处
于南、北盘江流域这个地理环境看，黔西南布依族苗族自治州有册亨县、
安龙县、兴义市、贞丰县、望谟县 5 个县在历史上均存在布依戏班，而普
安县、晴隆县、兴仁县则没有布依戏班存在的情况记载。册亨县、安龙

---

　　① 　参见黔西南州文化局编《贵州布依戏》，1993 年，第 26 页后附图。

县、兴义市、望谟县 4 个县市的布依戏班均位于南盘江流域，北盘江流域仅有贞丰县 3 个戏班，这说明南盘江流域是布依戏的重心所在。这里集中了众多的布依戏班，对布依戏的发展产生了重要作用。从布依戏班所处文化生态环境看，册亨县、安龙县、兴义市、望谟县均居住着大量布依族人民，存在众多布依族聚落，为布依戏的产生与发展创造了文化生态条件。尤其是册亨县，到目前为止还是布依族人口比例最高的地区，曾被冠名为"册亨布依族自治县"，2010 年 11 月，册亨县被贵州省布依学会授予"中华布依第一县"称号。截至目前，只有该县存在一二十支布依戏队，而原来出现过布依戏演出团体的黔西南布依族苗族自治州其他县市已经不存在布依戏演出团体了。

（二）历史时期布依戏演职人员

布依戏演职人员由"交艺"（班头）、"抱筛"（戏师）、"卜拴艺"（导演）和"卜谷艺"（演员）等组成。"交艺"是布依戏班的核心人物，统揽全班，负责组织排戏、联络布依戏的演出，并与外界沟通、协调。"抱筛"即布依戏师，实际上是布依戏教师，负责戏班所演出的剧目唱腔、台词、身段的传授，同时充当演员，承担演出任务。"卜拴艺"即导演，负责布依戏剧目的排练、演出，除向演员提词，暗示乐队演奏外，还进行舞台调度，有的还兼做编剧。演员有生、旦、净、丑的角色区别，是布依戏演出的载体。

新中国成立前，布依戏戏班"交艺"由各戏班推举德高望重的艺人担任。"'交艺'（班头）的产生，多由戏队民主选举，或由乡村一级组织提名通过任命。"① "文革"期间，由于诸多因素，大多数戏队领队和戏师、演员受到迫害，从而使布依戏队处于自生自灭的境地。布摩是早期的布依戏戏师。② 当然，布依戏戏师不全是由布摩演化而来，这是应该指出的。布依戏戏师既是布依戏的教者，又是演员，至少在早期具有演员经历的，才能当戏师。在田野调查中，人们对于布依戏班的布依戏师和演员的概念分得不是很清楚，一般而言，两者之间是可以画等号的。清朝乾隆时

---

① 黔西南州文化局编：《贵州布依戏》，1993 年，第 154—155 页。
② 参见彭建兵、王耀富《论摩教对布依戏的影响》，《兴义民族师范学院学报》2012 年第 5 期。

期创立的八达戏班，第三代戏师陆卜连花是武功教师，又是演员，兼演"大王"（净）行。清朝道光年间，保和班教师梁卜福，教授各行当身段，亦参加演出，是男旦。①"卜拴艺"即导演，负责布依戏剧目的排演工作。一般由具有丰富演出经验的老戏师或者演员担任。"八达戏班培养出较有影响的演员有杨永禄，工旦行至四十岁，改行从事'掌券'（即说戏和幕后提词）。"②像杨永禄这样由演员而变换角色为导演的现象，在布依戏班中是比较普遍而正常的。"卜谷艺"即演员，负责布依戏剧目的演出工作。其演出技艺一般由布依戏师或者专业人士传授。"卜谷艺"有时兼任编剧工作。

布依戏演职人员是保护与传承发展布依戏的关键人物，随着时代的发展和时间的推移，其人数在逐步减少。离开了演职人物的展演活动，布依戏就如无本之木、无源之水。这是需要注意的问题。可喜的是，近年来，册亨县在党政机关及民间社会的双向推动下，布依戏演职人员在人员结构等方面出现了新的气象。这对于布依戏的传承发展极为有利。

布依戏是独具特色的布依族民间戏曲形态，其存在的前提在于具有原生态的布依族文化这一片肥沃的土壤，其存在的合理性在于一直以来受到当地布依族及其他民族群众的喜爱，成了当地百姓喜闻乐见的民族民间艺术形式。布依戏演出团体是开展布依戏展演活动的组织机构，是传承发展布依戏的中枢力量。布依戏演职人员是展演布依戏的艺术个体，是传承发展布依戏的核心。对当前布依戏队及其演职人员的鼓励与关心、支持，是传承发展布依戏这一民族艺术奇葩的最好行动。

第二节　布依戏传承与发展困境

一　布依戏现状整体分析

布依戏是一种原生态的布依族艺术文化形态，具有民族性、地域性等特点。尽管曾经出现过较为繁盛的局面，但长期以来处于民间性的自生自灭发展状况，加上外来压力的沉重打击，因此其发展可谓是几经波折。这

---

① 黔西南州文化局编：《贵州布依戏》，1993 年，第 157—158 页。
② 黔西南州文化局编：《贵州布依戏》，1993 年，第 157 页。

朵美丽的花儿，在今天出现了枯萎的迹象。如果不采取积极的措施，那么这种迹象就有渐渐加强的态势。作为热爱布依族传统文化的人们，真不愿意布依戏如昙花一般，只是瞬间绽放美丽与光彩。

社会主义市场经济大潮的迅猛发展，带来了深刻的生产技术变革和社会生活方式的剧烈变化。现代社会科学技术、文化教育和经济的发展，对原生态的民族文化不可避免地产生了较为严重的冲击。这不但表现在感观的层面，带来民族语言、传统服饰等的变化，而且在理性的层面，对民族习俗、民间艺术等存在于少数民族精神文化内核方面的成分产生潜移默化、无法估量的影响。因此，民族文化艺术面临保护与传承发展危机。

当前，布依戏就面临着这样的危机。"由于布依戏一直处于自生自灭状态，新中国成立前就已成立的荣丁、马永、沙爱等 10 个戏队，现已自然消失。……一些戏队中的老艺人、老戏师已相继去世，一些剧目、曲谱也随之流失，布依戏中很有特点的棍棒开打的武戏套路的'绝技'也消失殆尽。布依戏后继乏人，一些年轻人对自己民族的戏剧无甚兴趣。这些因素的出现，使本来就非常脆弱的布依戏犹如雪上加霜，岌岌可危。"①作为对布依戏有着长期调查与研究的专家，姚桂梅对当今布依戏传承发展的窘况非常了解，她在充分的田野调查基础上表达出的对布依戏现状的担忧是十分理性而正确的。

布依戏剧目的大量流失，演职人员的严重缺乏，戏队资金的严重不足，戏队设施的简单陈旧，使布依戏深陷传承与发展的困境。党的十一届三中全会之后，尽管党和政府实行了正确的民族政策和文艺政策，积极鼓励和支持布依戏等少数民族戏剧的发展，但布依戏的发展仍然缓慢。早在 20 世纪 80 年代，时任贵州省剧协主席武光瑞就指出，贵州没有一个职业的布依戏剧团，也几乎没有专业的戏剧工作者，布依戏的演出几乎都是业余的。因此他们的创作水平和演出质量的提高就受到了限制。面对困难和问题，布依戏面临改革的任务，不改革就不能提

---

① 姚桂梅:《布依戏及文化生态调查——以册亨县布依族地区为例的调查分析报告》，载谢彬如等著《文化艺术生态保护 民族地区社会发展——关于贵州民族文化保护与发展的研究》，贵州民族出版社 2004 年版，第 118—119 页。

高，不提高就不能发展。^① 对布依戏发展的忧虑与思考是许多专家、学者和有识之士共同的态度。

尽管布依戏在 2006 年就被认定为第一批国家非物质文化遗产代表性项目，但即使同为南、北盘江流域布依戏发源地，兴义市、贞丰县、安龙县和望谟县的布依戏已经销声匿迹，目前只有册亨县存在一二十支布依戏队。册亨县的布依戏队，大多还是像历史上传统的布依戏班一样，是业余的团体，演职人员也多为业余型的。这就决定了布依戏及布依戏班（戏队）仍然存在着生存的危机。"布依戏自起源以来，其班社均为业余团体，没有专业化团体。布依戏班仅是当地群众的民间性组织，布依戏演出也是地方群众性的自娱自乐，从未有意识将该戏曲形式朝更专业、更系统方向发展、变化。直至今天，布依戏虽然已纳入国家级保护的非物质文化遗产目录，在布依戏流传地，其主要班社仍处于自生自灭的无序、散乱状态，距离建设专业性布依戏团体还有很大差距。"^② 这是当前布依戏及布依戏队存在与发展的现状。

布依戏之所以得以形成与发展，是得到了布依族人民的普遍认可的，与其民族审美心理存在着密切的联系。布依戏是历史上的布依族人民按照自身审美观，积淀在心理层次的精神文化构成。过去，由于布依戏能以布依族所喜闻乐见的艺术形式，反映其熟悉的神话传说和历史故事以及社会生活，具有浓郁的民族风情和鲜明的民族特色，符合布依族的审美情趣和欣赏习惯，因此大受布依族的喜爱，具有深厚的群众基础。"黔西南自治州的册亨、望谟，每年春节演出布依戏，连演十来天，观众人山人海。有的观众来自外省、外州、外县。布依族群众于农闲之中和逢年过节，都要求本地农民业余布依戏队为他们演出布依戏。没有布依戏队的村寨，也早就同一些布依戏队立约，希望新春佳节时赴寨上演出。布依戏已成了布依人民不可缺少的生活需要。"^③ 1984 年 3 月，贵州省文化出版厅派出孙仲

---

① 参见武光瑞《祝贵州省首届少数民族戏曲研究汇报演出开幕》，载贵州省文化出版厅、贵州省民族事务委员会编《贵州省少数民族戏剧资料汇编》，1985 年，第 21 页。

② 刘玲玲：《贵州布依戏研究》，光明日报出版社 2013 年版，第 189 页。

③ 王文科：《布依戏——我国少数民族戏曲的又一瑰宝》，载《中国戏曲志·广西卷》编辑部、《中国戏曲志·贵州卷》编辑部、《中国戏曲志·云南卷》编辑部编《滇桂黔壮剧、布依戏历史研讨会文集》，1988 年，第 271—272 页。

等人深入黔西南布依族苗族自治州调研布依戏。在其调研报告中提及布依戏曾经的繁荣。"册亨全县十五万人口、布依族占百分之七十三点五，有者术、弼佑、乃原①等二十一个业余布依戏演出队。……'文革'前，逢年过节或喜庆吉日均有演出活动，很受布依族人民欢迎。……若逢赶场天演出，人山人海挤得水泄不通，连做生意的都停下，看完戏再说了。在寨子里演出，更是十室九空，风雨无阻。"② 布依族人民对布依戏的热爱表现了对本民族文化的高度认同。数十年前，册亨县的农民布依戏队，逢年过节、吉庆时节，常常演出布依戏，往往通宵达旦，观看者很多。这充分说明了布依戏的民间性，是真正来自布依族民间、受布依族人民喜欢的戏曲，是布依族地区人民喜闻乐见的精神文化生活方式。

宝贵的民族文化传统，反映了民族文化精神。审美心理作为人的一种内在品质，外化为艺术形式，就表现为一定民族特征。布依族对于布依戏审美心理的变化，是影响布依戏发展的重要因素。人们对布依戏发展的忧虑与思考，表明布依戏确实存在着生存和发展的危机。这与布依族人民的审美文化心理密切相关。当前布依戏所面临的保护与传承发展困境，从民间方面来讲，主要受布依族人民对本民族文化和布依戏的心理接受态度的影响，受布依族审美文化心理变迁的影响。

二　文化生态脱离之困境

文化生态是每一种文化形态赖以产生与发展的物质条件、社会个体精神因素及社会环境等一切社会关系的总和。物质条件、社会个体精神因素和社会环境之间互相依存、共同发展，促使文化形态正常发展。一旦其中之一出现断裂状况，则整个文化形态链条就会崩断，对文化形态带来严重的影响和致命的打击。民族民间艺术的产生与发展，与相应生态环境具有密切关系。"生态环境是民族民间艺术赖以生长和存活的土壤。这里说的生态环境，涵盖了自然地理环境和社会文化环境。自然地理环境指的是民族所居住的地域，包括地形、气候、地产、土壤等非生物环境和生物环

---

① 原：应为"言"。乃言，布依族村寨名，今属册亨县八渡镇。
② 孙仲等：《关于布依戏情况汇报》，载贵州省文化出版厅、贵州省民族事务委员会编《贵州省少数民族戏剧资料汇编》，1985 年，第 145 页。

境；社会文化环境则包括了社会的政治、经济、科学、教育、心理、风俗、宗教、语言等环境。生态环境特别是其中的社会文化环境对民族民间艺术的产生、发展有着决定性的作用。"① 由于生态文化环境的变化，民族民间艺术文化亦随之发生变化，尽管它保留了艺术文化形态的主体特征，但部分特征则需要改变，以便找到适合其生存、发展的土壤。

　　布依戏的形成、传承与发展，是与布依族传统文化密切联系的，深受其影响。"布依戏作为民族艺术中的戏剧形态，是布依族文化中唯一集其音乐、文学、舞蹈、说唱等诸多艺术门类为一体的综合性艺术，因而，其蕴含的文化信息极为丰富。"② 可以说，布依族传统文化是布依戏孕育的母体，是布依戏传承发展的基础。随着文化科学技术的不断进步和现代化进程的持续推进，民族文化发生一定变迁，民族文化的个性特征难以很好维持。从整体来看，这是与当前经济社会发展的目标相一致的，反过来看，对于保持民族自身具有特色的文化则是不利的。党和政府有关部门已经意识到这个问题的严重性，在采取措施挖掘、保护好民族文化，在保护、传承与发展好汉族文化和少数民族文化的同时，从世界民族的角度出发，则是保护、维持中华传统文化在世界文化圈中的应有地位。党的十八大提出了推动社会主义文化大发展大繁荣，提高国家文化软实力，扎实推进社会主义文化强国建设的目标。党的十九大提出了坚持中国特色社会主义文化发展道路，坚持文化自信，激发全民族文化创新创造活力，建设社会主义文化强国的战略目标。作为中华优秀传统文化的一分子，布依族文化历史以来均具有自身特色。西南地区贵州省、云南省、四川省等地至今保存大量的布依族传统文化遗存，其中大多活态存在于布依族社会生活之中。布依族传统社会中存在的神话传说、民间故事、民间音乐、舞蹈等丰富的民族民间文化资源，是布依戏得以产生、存在与发展的基础，是其依赖的文化生态条件。

　　作为布依戏重要发源地和主要流传区以及当今唯一的布依戏活态传承

---

　　① 何积全等：《社会转型期民族民间艺术演变发展调查研究》，民族出版社 2012 年版，第10—11 页。

　　② 谢彬如等：《文化艺术生态保护与民族地区社会发展——关于贵州民族文化保护与发展的研究》，贵州民族出版社 2004 年版，第 30 页。

地区的册亨县，布依族人口在该县总人口中占 75% 左右，2010 年被贵州省布依学会授予"中华布依第一县"荣誉称号。据调查，该县原生态的布依族传统文化为布依戏的存在与发展提供了平台，人民对布依戏的热爱是自然流露出来的民族情感。"册亨县布依族人民的民间文学、民间说唱、民间工艺、民族节日及习俗等文化生态给布依戏以极大影响。当我们对 20 多个戏队和 34 个村寨进行调查后深深地感悟到：地处边远的布依族人民由于对文化的极度渴求，以及劳动之余自娱心理的宣泄和满足，他们会年复一年地重复着自己。"① 虽然各布依戏队每年演出的布依戏剧目没有多大改变，但是人们热爱和欣赏布依戏的情感并没有多少变化。这种情况在 2000 年前后是存在的。当时，在册亨县存在 20 多支布依戏队，这与 1983 年、1984 年省州有关专家对布依戏队数量的调查大致相同。现在，除乃言、弼佑、保和和板万等戏班勉强维持外，原来的 10 多支戏队基本上处于解散状态，因为没有人愿意从事编演活动，没有人愿意学艺。生计问题是困扰个人及其家庭的首要问题。布依戏逐渐消逝的过失不能完全归咎于民间社会。2012 年册亨县举办布依戏大赛，此时又出现了 12 支布依戏代表队。这是可喜的现象，说明布依戏有重获传承发展的可能。可以说，改革开放后至 2000 年前后，布依族地区和布依族人民走向改革开放的前沿，融入社会主义市场经济大潮之后，与布依族传统文化整体上的消逝趋势相适应，布依戏处于低迷发展阶段。新时代背景下，在繁荣和发展中国特色社会主义文化，实现文化大发展大繁荣的旗帜指引下，布依戏的发展迎来了又一个灿烂的春天。但布依戏正在消失的事实，还是必须承认。布依族传统文化在慢慢消失，很多民族文化只是存在于中老年人的记忆中，年轻人对民族文化方面的东西知之甚少。我们在田野调查中，经常碰到这种情况。在与布依族干部群众的交谈中，我们感觉到他们中的多数人对布依族文化不太熟悉和较为淡漠的态度。这是比较危险的信号。除在一些布依村寨里，我们还可以感受到布依族语言、服饰、信仰、音乐、舞蹈等较为原生态的民族文化外，处于城镇中的布依族绝大多数已慢慢丧失

---

① 姚桂梅：《布依戏及文化生态调查——以册亨县布依族地区为例的调查分析报告》，载谢彬如等著《文化艺术生态保护与民族地区社会发展——关于贵州民族文化保护与发展的研究》，贵州民族出版社 2004 年版，第 108 页。

对布依族传统文化的表述和记忆。这首先表现在他们对布依族服饰的基本放弃以及不懂得、不会说、不去学布依话。民族文化是一个民族赖以生存和发展的基本条件，是保持自身独立特色的根本因素。布依族传统文化处于消逝的困境，难以维系布依族的共同心理。随着布依族传统文化的渐趋消逝，这在很大程度上会影响到布依族人民对布依戏的认可、热爱程度。政府机关和一些专家、学者、有识之士早就注意到了这个问题，也在逐步采取措施，力图保住民族文化的根基。册亨县、兴义市、兴仁市、贞丰县、安龙县等地开展的"民族文化进校园"等活动，对于保护、发展布依族传统文化发挥了积极作用。

文化的形成与发展，受环境的影响比较大。这里所说的环境，既包括地理、气候等自然环境，又包括社会文化观念、宗教信仰、文学艺术、国家政策、政治斗争等社会环境。文化环境属于社会环境的范畴。在文化环境的作用下，民族艺术得以产生与发展，随着环境的变迁而变化。"少数民族曲艺传递了广大劳动人民的心声，更为重要的是曲艺已成为无通用文字民族的'历史记载'和'史记百科'。"[1] 处于一定民族文化生境中的少数民族曲艺，反映了人民群众的真实生活。布依戏是在布依族传统文化的基础上形成的，布依戏文化环境就是孕育和推动布依戏发展的"阳光"和"温度"。当布依族音乐、舞蹈、民间故事、民间传说等传统文化离布依族人民渐行渐远的时候，人们就难以看到"浪哨"[2] 等布依族传统文化活动了，作为布依族文化艺术之一的布依戏也将逐渐消逝。

作为中国少数民族之一的布依族，具有自身民族文化认同，在中华民族大家庭中的基本地位没有改变。中华人民共和国成立以后，布依族和其他民族一样，在获得经济社会共性发展的同时，保存了自身的民族个性，其民族特质基本上没有改变。但随着现代社会的发展，工业化、城镇化等进程的推进，布依族传统文化保护与传承发展在现代化语境下遭遇到了危机。布依族语言的逐渐消逝、价值观念的变化、服饰文化的淡化、民俗风情的改变等，冲击了布依戏赖以存在与发展的文化基因。有识之士对此表

---

① 柯琳：《中国少数民族曲艺研究》，中国文联出版社 2016 年版，第 106 页。

② 浪哨：布依语，也称为"赶表""玩表"，是布依族青年男女谈情说爱、对唱民歌的社交活动。

示担忧。曾从事数十年布依戏创作与研究工作的冯景林在接受采访时说，"时间长了，这个民族没有文字，玩一个口传心授，这样一来老一辈子死了以后就没有办法挖，那么越搞越落后，基本上布依戏到现在都处于自生自灭的状态。所以说到现在要是不抢救的话，麻烦了，真的麻烦了，相当麻烦！一个剧种，一个民族的剧种，你没有特点，什么都说不出来，咋能成为一个剧种。"① 冯老先生对地方民族文化有着极浓厚的兴趣，尤其对布依戏情有独钟，此番言辞表达了他对布依戏保护与传承问题的极大关注。由他任编剧、导演的现代布依戏《罗细杏》曾获得文化部优秀剧目奖。此外，他还执导、改编《请客喝酒调》等多出布依戏剧目，其中多出戏剧获得各级各类奖励。2010 年 12 月，他将数十年来关于布依戏调查和研究的成果进行系统整理，公开出版《天籁之音——布依族曲艺戏剧文集》一书。这本书是他一生的心血，是一个普通文艺工作者对文艺事业挚爱的表现，是对布依族传统文化保护与传承发展的重大贡献。

布依戏存在与发展的文化生态困境，不单纯由布依族文化生态困境引起，一些布依族民众对布依戏队采取不支持甚至中伤的态度，使戏班成员难以接受，从而在社会舆论方面对戏班成员无形中施加了压力，打击了戏班成员编演布依戏的激情和兴趣。保和班班主黄东开说，"每次开台演出时，很多人还不理解，认为我们戏班的这些人得到了很多好处，不仅不支持我们布依戏的发展，还向我们泼冷水。最后已经没有人愿意看，我们也没有心思演了"②。这是布依戏面对的来自民间力量的压力。这说明关于布依戏的传承与发展问题，在民间社会存在矛盾对立的双方。这种漠视民族文化的尴尬状况的克服，可以靠政府有力的措施去消除人们在民间对布依戏的曲解和误会。册亨县是"中国布依戏艺术之乡"，要精心打造好这张名片，需要全县上下统一思想，干部群众一起，齐心协力做好布依戏的传承发展工作。面对布依戏文化生态脱离之困境，可以将布依戏的编演活动作为地方政府对乡镇的年度考核目标内容，把乡（镇）长或者书记作为传承发展布依戏的第一责任人，乡镇与有关布依戏村寨（社区）的村民（居民）委员会主任签订关于布依戏表演与传承发展的责任状，定期

① 参见刘玲玲《贵州布依戏研究》，光明日报出版社 2013 年版，第 45 页。
② 参见刘玲玲《贵州布依戏研究》，光明日报出版社 2013 年版，第 55 页。

考核，对于达不到责任目标要求的予以通报甚至进行处理，以激发布依戏传承发展的强大的民间社会的文化自觉和文化自信，促进布依戏良性发展，从而形成县抓乡镇，乡镇抓村组的布依戏传承发展良好局面。

当前，册亨县已经启动了布依戏原生态文化生态保护区建设工作，已经建立了布依族文化博物馆、民族文化活动中心、乃言布依戏原生态文化生态保护区和岩架布依族风情园、民族文化广场等布依族文化生态保护机构，但还可继续加大建设力度，在现有基础上增加和加强布依族文化生态保护区数量和质量建设，从政策上、经济上多方面加强对布依戏文化生态保护区和布依族文化生态保护区的支持。

三　传承人员断层之困境

艺术生命的短暂是布依戏传承与发展的一个问题。尽管历史上曾出现数以百计的布依戏演职人员，但这只是过去的历史。人的生命是短暂的，布依戏演职人员的艺术生命也是短暂的。随着岁月的流逝，年轻的演员在变老，年老的演员更甚。可能，一个布依戏老演员逝世之后，一些布依戏的剧目等传统戏剧文化就永远消失了。除了生老病死的自然因素，还有政治、经济等多方面的因素。"文革"十年，不少布依戏演职人员不得从事演出活动，受到了迫害，使其中部分人在心理上放弃了对布依戏的热爱。但是由于布依族戏的艺术魅力，相当一部分布依戏演职人员仍然坚持对布依戏的热爱，所以我们在实地调研中可以看到一些布依戏老演员的表演。布依戏"演员均系布依村寨的农民业余演员，尽管有些演员表现出了好的才华和素质，由于换代快，艺术生命是很短暂的"[①]。在民间社会中，布依戏演员是业余的，全凭个人兴趣，其对布依戏的传承与发展处于一种自由、松散的境况。

后继无人是布依戏传承与发展的又一个问题。由于布依族文化生态处于危机状态，布依族民众对布依族文化的民族认同态度存在淡化趋势。要学、演、编布依戏，必须懂布依语，会说布依话。而目前，懂得布依话的布依人在减少，会说布依话的布依人也在减少。布依语的逐渐消逝具有区域性特点。黔西南布依族苗族自治州的兴义市、安龙县、兴仁市等县市大

---

① 黔西南州文化局编：《贵州布依戏》，1993年，第10—11页。

部分布依族已不懂布依话，只有少部分中老年人能听懂、会说布依话。这部分布依族人民，其语言特征仅仅在口音上与汉族和其他民族的有所区别。少部分偏僻布依族村寨中的布依族能说布依话。册亨县、望谟县的布依族绝大部分会说布依话，而靠近城镇的布依族在布依语的使用频率上明显低于偏远村寨的人们。一些边远村寨年龄较大、文化程度低的布依族只会说布依话，而不会说普通话或者地方话。值得注意的是，在以上地区，居住于城镇的夫妻双方都是布依族，且都会说布依话，但其子女不一定会说布依话、懂布依语。造成这种状况的原因主要是受他们所处的生活环境和学校语言环境的影响。部分懂得布依话的学生或外出打工者在人际交往时习惯用汉语交流。布依语的消逝现象不容忽视，这直接影响到了布依戏的保护与传承发展。部分布依族对民族服饰的热爱程度较之前有所下降，影响到布依戏传承人的发展问题。布依服饰以传统的自制布料和靛染、蜡染和独特的手工技艺制作而成。布依族传统服饰的多样化，体现了布依族人民不同的审美追求。在市场经济背景下，各种时尚流行、琳琅满目的现代服装更易使年轻一代布依族接受。因此，相对来说，经济较为发达的布依族地区，穿布依服装的人们要明显少于较为封闭的布依族村寨。即使是布依族聚居的州市县，布依族在日常生活中身着民族服装的情况也少见。布依族服饰逐渐淡出本民族主体服饰范畴的倾向，其原因在于现代化语境下布依族审美观念的变化。

目前，布依戏传承人很少。老一辈传承人罗国宗、黄朝宾等人已经去世。现在，布依戏国家级传承人只有册亨县黄成珍，另有数名省级、州级传承人，整体上人数很少。布依戏传承人年龄老化，且演员人数较少且不稳定，仅能维持有限的演出活动。布依族青年大多不愿意学习布依戏，加上外出求学、务工等因素的影响，现在的大部分布依戏演员像过去一样来自民间，是业余的演员。布依戏演职人员奇缺。

据20世纪90年代末期的调查，在册亨县当时存在的几个布依戏班中，普遍存在戏师、演员年龄偏大，文化程度偏低的情况。在册亨县乃言戏队，18名演职人员中，80岁以上的1人（现已逝世），50—59岁8人，40—49岁5人，30—39岁2人，20—29岁2人；高中文化1人，初中文化10人，小学文化7人。演职人员平均年龄为47岁，其中乐器组成员的平均年龄则更大，为53岁。其他戏队也存在同样的情况。"者术班已经

没有了完整的建制，班社传承、演出同样存在断层现象。以骆朝仁（48
岁）、岑通华（56 岁）、黄金星（55 岁）三位戏师为代表，班社成员年纪
都在 40 岁以上，文化程度相对低下。"① 布依戏队演职人员年龄偏大和文
化程度不高，直接影响到布依戏的创编、排演等活动，对于布依戏的传承
发展不利。从事布依族戏文艺工作的人士表达了对布依戏传承的忧虑。册
亨县板坝村布依族黄宾说，"但是戏班成员要么都老了、走了，要么就是
没有传承人。这个问题很难办哪"②。册亨县巧马镇文化站干部罗继祥说，
"现在布依戏的传承是一个很大的问题，全村这么多人，就只有我们这十
几个人可以表演。我从六七岁开始就跟着祖父学习布依戏，每次演出都跟
着去，从小耳濡目染学会了，但是现在的孩子和年轻人认为布依戏太土，
不愿意看，更别说学了。小旦唱腔难度很大，现在我还能勉强哼哼，再不
物色合适的人选，就真的再也没有人可以唱了"③。绝大多数布依戏班成
员主要在家务农或者外出打工、经商，维持基本生活、养家糊口是他们最
重要的事情，经济的压力让他们难以有闲暇时间关注布依戏。这是目前布
依戏传承与发展面临的来自布依戏队内部的不利因素。创班历史悠久，拥
有古代流传下来的戏服、道具及剧目的册亨县保和班，尽管戏班成员相对
固定，但是"旦角没有专门的演员，处于缺失状态。传统条件下班社经
常演出的很多武戏，现在亦不再演出"④。由于旦角、武生等演职人员的
严重缺乏，许多布依戏队难以开展正常的演出活动。

　　现在，一些布依戏队，如保和班等，一些中小学生加入了学习布依戏
的行列，但并没有对布依戏产生较为深刻的民族文化认知。这是布依戏传
承发展过程中遇到的一个新问题。虽然他们现在学习布依戏，但并不能保
证他们以后还会学习布依戏，目前只是因为兴趣等多方面原因而学习布依
戏，"为了图热闹和好玩才登台学习的，其意识中并没有想学习布依戏的
真实想法"⑤。这是作为部分布依戏准继承人对于布依戏的态度，也许描
述上不太完全，但有一定道理。在崇文重教的今天，追求学业上的进步，

① 刘玲玲：《贵州布依戏研究》，光明日报出版社 2013 年版，第 61 页。
② 刘玲玲：《贵州布依戏研究》，光明日报出版社 2013 年版，第 55 页。
③ 刘玲玲：《贵州布依戏研究》，光明日报出版社 2013 年版，第 55 页。
④ 刘玲玲：《贵州布依戏研究》，光明日报出版社 2013 年版，第 62 页。
⑤ 刘玲玲：《贵州布依戏研究》，光明日报出版社 2013 年版，第 64 页。

考上理想的大学是莘莘学子追求的目标，是实现其人生价值的重要途径，而与之相关的其他学习领域，则被视为业余爱好，并不是他们以及家长所期望的。对布依戏暂时的爱好，并不能代表他们永远执着于布依戏，因为他们缺乏一种对布依戏深深迷恋的民族情感。他们对于布依戏的热爱远远比不上他们的长辈对于布依戏的钟爱。也许，他们之中许多人的学戏是被逼无奈的临时选择。他们一旦离开布依戏赖以存在与发展的生态文化环境，对布依戏的兴趣可能就会慢慢消逝。这是可以理解的。在当前文化生境下，与"土文化"相对的是更多的、外部世界的现代文化，人们一般认为现代文化的先进性明显，因而造成一些地区的少数民族对本土、本民族文化表现出淡漠的态度，从而导致诸多乡土的、草根的、民间的、民族的优秀传统文化处于自然消失的境地。

四 活动资金短缺之困境

演出活动的开展，需要资金。购置戏班用具服装、道具等也需要资金。资金是保证布依戏队开展正常演出活动的充分条件。布依戏队大多由民间社会自发组织，没有稳定的资金来源。这是其生存与发展面临的困境。戏队资金的缺乏是其发展的一个短板。戏服、乐器等设备的购置，都是戏班成员自己掏腰包。有的戏队因为资金缺乏，无法购置和制作新的戏服，所以其戏服就很陈旧。如乃言班，因为缺乏资金，戏服破旧不堪，很多道具是用纸壳糊成的。可以想见，民间布依戏队存在与发展是何其艰难。

册亨县现有布依戏队无一例外都在资金上存在严重困难，尽管有的戏队获得了上级政府的一定资金支持，但杯水车薪。资金的短缺是制约布依戏传承与发展的不利因素。册亨县巧马镇文化站站长罗继祥一席话道出了戏队的生存尴尬，"每次演出，戏班成员都自己掏腰包，还要搭戏台、吃饭，没有任何补贴，大家生活都很困难。这次演出，是我向镇政府申请才拿到两千块钱，作为这几天戏班演出的报酬"①。对于戏队资金的短缺，保和班班主黄东升表达了无奈，说出了生活困难的问题。"保和班的戏服、道具这些物件历史很长久，大概从清朝时期就传下来的，还有我们演出时

---

① 刘玲玲：《贵州布依戏研究》，光明日报出版社 2013 年版，第 55 页。

所用的剧本，至少也有百年的历史了。这些东西不好好保存，就没有了。"① 戏队添置、更新戏服和乐器需要一定资金。戏队人才培训需要一定资金。布依戏保护所需资金的严重不足，束缚了布依戏的传承发展。

五　演出市场认可之困境

布依族文化生态困境引发人民对本民族文化消逝状态的冷漠态度，影响了布依戏获得应有的市场认可。现代传媒的冲击，人民文化生活的多样化，使布依族对布依戏的认知观念和欣赏态度发生了一定变化。一方面，更加先进的文化充实了人民的精神文化生活；另一方面，由此带来人们对旧的民族传统文化的冷淡，坐视其自生自灭。如果说，布依戏从前的发展得益于在人们的赞美声中进步，现在，少了美丽鲜花和热烈掌声的布依戏则是在孤独中踽踽前行。

20 世纪 80 年代前后，中国农村经济相对落后的状况决定了农村文化的相对滞后。那时候，老百姓的文化娱乐活动很少，难得看几场电影，也很少欣赏电视剧。在人们的记忆中，电影、电视等如今流行的娱乐方式在 20 世纪 80 年代中后期还是一种农村文化生活的奢侈品。为了看一场露天电影，人们会早早赶到十里之外的放映场所，电影看完之后回到家中已是深夜，虽然辛苦，但非常兴奋、开心。为了观看当年流行的电视连续剧《霍元甲》，同村许多人会齐聚于当时村中唯一的电视人家，挤满了他家的地坪。那些年代的人们，在节日里自娱自乐，想方设法开展一些娱乐节目，于是本地的、民族的文化就被挖掘出来了。记得当年过春节时，我们经常可以看到高台舞狮、元宵龙灯等精彩表演，也可以亲自感受"送财神""玩草龙"等民俗文化。为了看正月十五闹元宵时的花灯，那时还是小孩子的我们竟可以跟着大人们玩一个通宵。而如今，这些民俗文化只是存在于我们记忆中的文化符号了。那些年代，农村文化生活有限，尽管党和政府采取了积极措施推动农村文化建设，但主要受到经济方面制约，农村文化生活基本上处于自娱自乐状况。这正好为本地的、民间的、民族的文化的生存与发展创造了良好的文化生态环境和必要的条件。当时贵州省农村文化生活的状况应该与湖南省等周边地区差不多。那时候，布依族村

① 刘玲玲：《贵州布依戏研究》，光明日报出版社 2013 年版，第 55 页。

寨演出布依戏，是布依族人民热爱民族文化的表现，也是一种民族文化坚守的体现，更是一种老百姓自编自演、自娱自乐的农村文化娱乐方式。新中国成立前后，到"文革"之前，单册亨县就活跃着 20 余支布依戏队，可见当时民众对布依戏是很认可的，布依戏是有市场的。群众的认可，是民族民间文化赖以生存与发展的根基。这个根基，使布依戏这朵戏曲奇葩在肥沃的土壤上汲取充分的营养而生长得鲜艳夺目、光彩照人、与众不同。

特殊历史时期，布依戏曾被视为要破除的"四旧"之一，受到了强烈的冲击。"'文革'十年，各地布依戏班遭受冲击，戏师被打成'牛鬼蛇神'受到批斗。剧本和演出用具被作为'四旧'查抄焚毁，120 余出剧目幸存无几。"① 册亨县曾经编演的《谷艺神袍》根据真实故事而改编，讲述了布依戏泰和班"戏神"韦一凤在"破四旧"运动中，为了保护皇帝御赐的"谷艺神袍"，带着戏袍藏身山洞十年的故事。编剧楚生先生说，这出戏剧的核心在于表现普通的布依族百姓对文化、爱情、良心的坚守。虽然这只是一出现代布依戏剧，但视觉冲击力很大，真实表现了当时布依戏的生存困境。"文革"之后，对布依戏错误的、不公正的态度持续了一段时间，直到党的十一届三中全会的春风吹来，布依戏才重获发展的机遇。现在，党和政府对于布依戏的传承与发展非常重视。这从有关部门近年采取的措施方面，就可以看得出来。目前，对于布依戏的保护与传承发展，已经获得了官方的认可，但还需要进一步加大政策支持力度，加大资金投入，加大传承人保护和人才培训力度。

布依戏的传承发展，除了官方的因素外，还需要强有力的草根力量即民间力量的支持与推动。经历"文革"十年，布依戏班和演职人员遭受了打击，布依戏编演活动难以开展。在错误思想的指导下，一些群众对布依戏冷嘲热讽。因为多方面的原因，部分演职人员看不到布依戏的发展前途和自己的前进方向，因而对布依戏慢慢失去了兴趣。布依戏遇到了来自演职人员自身不认可的新问题。之后的一段时间，布依戏演员本来就是业余的，在社会主义市场经济大潮中，努力去寻求个人及家庭的发展，因此在一定程度上忽视了布依戏的保护与传承发展。这是历史原因造成的，也

---

① 黔西南州文化局编：《贵州布依戏》，1993 年，第 28 页。

与现实社会发展有关。现在，之所以很多布依族中年、青年对布依戏不是
很感兴趣，主要是因为来自经济和文化等多方面因素的影响。

现代社会，是信息社会时代，电视、电影、互联网、手机等各种现代
化水平较高的文化手段带来人们文化生活的多元化。同样，布依族人民共
享着新时代中国特色社会主义发展带来的成果。由于现代化文化及其表现
手段的多元化，给布依族带来很大的吸引力，其文化生活注意的主要方向
就自然转移到了现代社会的电视、电影、互联网、手机等方面去了。另
外，由于布依戏剧目的单一性、表现手段的落后、内容的老套等原因，人
们对于布依戏慢慢失去了欣赏的兴趣。"以前布依戏一演出就是七八天，
翻来覆去都是那些剧目，到后来大家觉得没有什么新意，都不来看戏
了。"① 只有少数布依族中老年人，对于布依戏依然怀抱一种怀旧情结，
而对之产生兴趣。民间社会对于布依戏的不太肯定，是布依戏保护与传承
发展面临的一个困境。

第三节 布依戏传承与发展策略

一 传承与发展布依戏的意义

我国是一个多民族国家，各民族在政治、经济和文化上的地位是平等
的。实现各民族共同发展、共同繁荣是中国特色社会主义民族政策的重要
目标。党和政府在社会主义改革开放的伟大实践中明确提出，在搞好社会
主义物质文明建设的同时，必须加强社会主义精神文明建设，"两手"都
要抓、"两手"都要硬。作为社会主义精神文明建设重要内容的少数民族
文化建设，是切实关系到少数民族在政治、经济地位提高的同时，社会文
化水平是否得到相应提高的关键。党和国家历来重视社会主义文化建设，
以实现社会主义文化大发展大繁荣。在民族地区，实现社会主义文化大发
展大繁荣，重点就是要加强民族文化建设。少数民族文化是保持其自身民
族特色的根基。随着时代的进步和社会的发展，少数民族艺术要在传承传
统文化的基础上，结合少数民族生活实际，大胆改革，锐意创新。布依戏
的传承与发展问题，实质上是民族化和时代感有机统一的问题。民族化是

---

① 刘玲玲：《贵州布依戏研究》，光明日报出版社 2013 年版，第 55 页。

要保持布依戏的民族特色，要个性鲜明。时代感是永葆艺术创造力，要与时俱进。继承是发展的基础，发展是不脱离基础的提高。布依戏的传承发展是在布依族的文化生活土壤和本民族戏曲特点基础上的继承与发展。

当代布依戏的传承发展，要进一步贯彻落实文艺为人民服务、为社会主义服务的方向，努力弘扬优秀的民族传统艺术文化，加强社会主义文化建设，丰富布依族地区人民的精神文化生活，以进一步增进民族认同感、民族自豪感和民族自信心，促进民族地区文化艺术事业和经济社会又好又快、更好更快发展。

布依戏发展过程中面临紧迫的改革问题。著名戏曲理论家曲六艺在贵州省首届少数民族戏曲研究汇报演出座谈会上的学术报告指出，"我认为任何剧种都要经过一个从业余到专业的发展过程。如果不成立专业剧团，艺术上的提高很难有质的飞跃，就不可能培养出本民族的剧作家、演员、导演、演奏员。业余的有季节性，过年过节才演出，农忙时从事农业生产，长期只能处于自流状态，没有时间来磨炼自己的表演艺术，想改革就更不可能了"①。随后，他对布依戏的发展提出了自己的观点，领导的重视和地方对布依戏发展的态度是布依戏生存与发展的基础。"布依戏有些行当，侗戏有丑角，可以在这些行当上作些发展。有的戏有武打有的就没有，布依戏把自己的武打搞好就很好，不一定要学汉族京剧那种武打。总之，我的意见是应该继承借鉴，吸收发展。"② 要使布依戏能持续传承发展下去，只有通过改革去落实。采取有力的措施实施改革，才能保证布依戏传承发展拥有永不衰竭的动力。

二 加强布依戏专业剧团建设

（一）建立布依戏专业剧团

一个剧种的发展，只有建立了专业的剧团，才能有目的、有计划、有

---

① 曲六艺：《中国戏剧出版社副总编曲六艺在贵州省首届少数民族戏曲研究汇报演出座谈会上的学术报告》，载贵州省文化出版厅、贵州省民族事务委员会编《贵州省少数民族戏剧资料汇编》，1985年，第31页。

② 曲六艺：《中国戏剧出版社副总编曲六艺在贵州省首届少数民族戏曲研究汇报演出座谈会上的学术报告》，载贵州省文化出版厅、贵州省民族事务委员会编《贵州省少数民族戏剧资料汇编》，1985年，第34页。

组织地开展创作、演出和学术研究活动。布依戏是一种少数民族戏剧，具有民间性、自发性和民族性特点。布依戏从形成至今，已有 200 多年历史。它作为一种民族民间戏剧形式，之所以能存在这么长时间，说明它具有很强的艺术生命力，得到了布依族人民长期以来的认可。中华人民共和国成立前，统治阶级不太关心民众的文化娱乐活动，布依戏无法登上艺术的大雅之堂，只能以民间文化形式存在于布依族人民的生活中。因此，布依戏始终处于自生自灭的状态，甚至受到不公正的对待。中华人民共和国建立之后，尤其是党的十一届三中全会以来，党和政府非常重视少数民族政治地位的提高和经济、文化生活的改善，执行正确的民族政策和文艺政策，采取有效措施扶持布依戏的发展，挖掘、整理、创作、展演、宣传、研究布依戏，给布依戏的保护与传承发展带来了新的气象，布依戏终于登上了神圣的艺术殿堂，《罗细杏》《金竹情》和《谷艺神袍》等布依戏的演出获得了较大的社会反响，得到了社会的广泛认可。

布依戏要传承发展，首先要建立专业剧团。以专业剧团为中心，才能聚拢布依戏创作、演出、研究各方面人才，才能正常开展布依戏创作、演出和研究活动，才能实现布依戏的创新式发展，才能使布依戏永葆民族艺术生命力。布依戏专业剧团是布依戏保护与传承发展的基地，是布依戏实现从自发性发展到自觉性发展的前提。

关于布依戏专业剧团建立的问题，政府部门、文化艺术界中有识之士早在 30 多年前的 1984 年，甚至更早的时间，就在正式的场合提出来了。

在 1984 年 9 月贵州省首届少数民族戏曲研究汇报演出活动中，武光瑞、曲六艺和潘廷映等文化艺术界和政府部门人士提出了建立布依戏专业剧团的想法，但没有引起有关部门的重视，使布依戏错失了一次发展的机会。

1984 年 9 月 16 日，在贵州省首届少数民族戏曲研究汇报演出开幕式上，原贵州省剧协主席武光瑞指出，我省至今没有一个职业的布依戏剧团，也几乎没有专业的戏剧工作者，布依戏的演出几乎都是业余的。因此创作水平和演出质量的提高就受到了限制。这种状况与时代发展不相适应，与党的十二大提出的建设物质文明的同时大力建设精神文明的战略方针的要求不相适应，也不能满足广大少数民族人民日益提高的欣赏戏剧的需要。① 这是对布依戏因没有专业剧团而制约了发展的忧虑。武光瑞关于建立布依戏专业剧团的想法，在同日由贵州省首届少数民族戏曲研究汇报演出资料组编写的《贵州省首届少数民族戏曲研究汇报演出》第二期简报中得到了阐述。

同年 9 月 18 日，原黔西南布依族苗族自治州文化局局长王文科在座谈会上对布依戏作了全面介绍。关于布依戏改革，他谈到今后的打算，"准备建立文工队，以演布依戏为主，州文工团以后将改为州民族歌舞团，也要搞几个布依戏的保留剧目；州委很重视布依戏的发展，准备明年拨款二万元，抓一个大戏和一台民族歌剧"②。在 9 月 22 日上午的讨论活动中，他再次提出建立一支布依戏演出队的想法。这表明了黔西南布依族苗族自治州地方政府文化部门领导对布依戏发展的思考，是勇于承担历史责任，热爱本职工作和布依族文化工作的表现。之后，州文工团得到了更名，但专业的布依戏队并没有建立起来。这其中应该有多方面的原因，今天已经没有必要去讨论了。

同年 9 月 21 日晚，在关于汇演中的民族音乐问题探讨活动中，贵州省黔剧团李启明认为，"应建立州一级的专业剧团，才能使侗戏、布依戏的发展得以保证，这是二个剧种兴衰的关键"③。他对布依戏专业剧团建立在什么样的层面进行了说明，应该建立在州一级。同年 9 月 22 日上午，在关于少数民族戏曲队伍建设、人才培养问题的讨论活动中，贵州省歌舞团郑寒风认为，要组织小型专业演出队。④

1984 年 9 月 22 日下午，在贵州省首届少数民族戏曲研究汇报演出行

---

① 武光瑞：《祝贵州省首届少数民族戏曲研究汇报演出开幕》，载贵州省文化出版厅、贵州省民族事务委员会编《贵州省少数民族戏剧资料汇编》，1985 年，第 21 页。

② 贵州省首届少数民族戏曲研究汇报演出资料组：《〈贵州省首届少数民族戏曲研究汇报演出〉第三期简报》，载贵州省文化出版厅、贵州省民族事务委员会编《贵州省少数民族戏剧资料汇编》，1985 年，第 132 页。

③ 贵州省首届少数民族戏曲研究汇报演出资料组：《〈贵州省首届少数民族戏曲研究汇报演出〉第五期简报》，载贵州省文化出版厅、贵州省民族事务委员会编《贵州省少数民族戏剧资料汇编》，1985 年，第 137 页。

④ 贵州省首届少数民族戏曲研究汇报演出资料组：《〈贵州省首届少数民族戏曲研究汇报演出〉第五期简报》，载贵州省文化出版厅、贵州省民族事务委员会编《贵州省少数民族戏剧资料汇编》，1985 年，第 138 页。

政工作小结会上，原贵州省文化出版厅群众文化处处长邓正良对建立布依戏专业剧团作了说明，认为在有条件的县可以先成立专门的民族戏剧的实验剧队，从而为州、省成立专业民族戏曲团体做好准备。"在民族戏剧的发展上，要两条腿走路，一条是抓好业余戏队、班的普及；一条是根据本地区的情况，选择有条件的县先办1至2个专搞民族戏剧的实验剧队，积累经验为将来州、省建立专业民族戏曲团体作准备。"① 原贵州省文化出版厅副厅长潘廷映在讲话中强调，同意邓正良先生的发言，对建立专业的布依戏队表示支持，"搞好民族文化工作另一个重点是，大力办好县文化工作队，它既可丰富本县人民群众的文化生活、丰富民族文化，又可推动民族戏剧艺术的发展繁荣"②。潘廷映的讲话对如何建立专业的布依戏队提出了看法，可操作性很强。尤其是他关于将文化站建在布依族村寨的看法，很具有前瞻性，到现在仍然具有较强的现实指导意义，闪烁着睿智的光芒。

1984年9月24日，著名戏剧理论家曲六艺在贵州省首届少数民族戏曲研究汇报演出座谈会上的学术报告中指出，专业剧团的建立，标志着一个民族戏剧有了质的飞跃与发展。虽然有了专业剧团，不一定都能得到发展，但是专业剧团的建设对于作家、演员、导演、演职人员等戏剧人才的培养是非常重要的。③ 这是曲六艺在观摩完布依戏《罗细杏》《金竹情》等剧目之后，对建立少数民族戏剧专业剧团提出的建设性意见。

1984年11月15日至11月24日，在全国少数民族剧种录像、演出观摩暨座谈会和中国戏曲志少数民族戏曲志编纂工作会议期间，又有政府部门和文艺界人士提出建立布依戏专业剧团的问题。会后，在贵州省侗戏布依戏观摩演出团在同年12月5日赴昆明演出情况的汇报中，对建立布依戏专业剧团问题也提出了建议。但同样没有引起有关部门的充分重视，使

---

① 贵州省首届少数民族戏曲研究汇报演出资料组：《〈贵州省首届少数民族戏曲研究汇报演出〉第六期简报》，载贵州省文化出版厅、贵州省民族事务委员会编《贵州省少数民族戏剧资料汇编》，1985年，第141页。

② 贵州省首届少数民族戏曲研究汇报演出资料组：《〈贵州省首届少数民族戏曲研究汇报演出〉第六期简报》，载贵州省文化出版厅、贵州省民族事务委员会编《贵州省少数民族戏剧资料汇编》，1985年，第142页。

③ 曲六艺：《中国戏剧出版社副总编曲六艺在贵州省首届少数民族戏曲研究汇报演出座谈会上的学术报告》，载贵州省文化出版厅、贵州省民族事务委员会编《贵州省少数民族戏剧资料汇编》，1985年，第33页。

布依戏再次错失发展机会。

　　1984 年 11 月 22 日，在全国少数民族戏剧学会召开的侗戏《丁郎龙女》、布依戏《罗细杏》座谈会上，原国家民族事务委员会民族文化司副司长殷海山指出，贵州可以积极创造条件建立布依戏的班子，结合贵州的情况，可以考虑建立布依戏队。①虽然他没有明确指出建立布依戏专业剧团，但这番话是对"贵州的同志""文化厅和民委的同志"说的，他当然知道那时候布依戏队的业余性质。其意思是希望贵州方面建立专业的布依戏队或者剧团。原文化部民族文化司研究室副主任陈琪琳同意殷海山的建议，认为专业团体的建立有助于布依戏的发展，"布依戏、侗戏可以考虑建立专业剧团，我在贵州时有一个感觉，贵州民委和文化厅合作很好，与其它省比较，在人力、物力上配合协调，贵州文化厅是否在省民委的支持之下，考虑建立专业戏队"②。原文化部艺术局副局长俞琳指出，"民族民间戏剧，是人民的艺术，如果不走专业剧团的道路，要演好一个剧目是很难的，专业剧团的建立有助于剧种的发展，但在建立专业剧团时，又要避免搞成'大罗汉'，吃大锅饭"③。在这次座谈会上，曲六艺在听完大家的发言后，再次提出了建立布依戏专业剧团的问题，"一个剧种的突破没有专业剧团是不行的"④。只有建立了专业剧团，才能加强布依戏人才队伍建设，才能提高布依戏编演的专业水平，才能传承与发展布依戏。曲六艺等人的建议语重心长，是对贵州布依戏的关心与支持，是对中华民族戏剧事业挚爱的表现。他的 30 余年前关于贵州布依戏的发声令人深思。

---

　　①　参见司修琼《全国少数民族戏剧学会召开侗戏〈丁郎龙女〉、布依戏〈罗细杏〉座谈会》，载贵州省文化出版厅、贵州省民族事务委员会编《贵州省少数民族戏剧资料汇编》，1985 年，第 47 页。

　　②　参见司修琼《全国少数民族戏剧学会召开侗戏〈丁郎龙女〉、布依戏〈罗细杏〉座谈会》，载贵州省文化出版厅、贵州省民族事务委员会编《贵州省少数民族戏剧资料汇编》，1985 年，第 49—50 页。

　　③　参见司修琼《全国少数民族戏剧学会召开侗戏〈丁郎龙女〉、布依戏〈罗细杏〉座谈会》，载贵州省文化出版厅、贵州省民族事务委员会编《贵州省少数民族戏剧资料汇编》，1985 年，第 50 页。

　　④　司修琼：《全国少数民族戏剧学会召开侗戏〈丁郎龙女〉、布依戏〈罗细杏〉座谈会》，载贵州省文化出版厅、贵州省民族事务委员会编《贵州省少数民族戏剧资料汇编》，1985 年，第 52—53 页。

1984 年 11 月 22 日，在全国少数民族剧种录像、演出观摩暨座谈会和中国戏曲志少数民族戏曲志编纂工作会议上，原文化部民族文化司司长关鹤童提出，"还没有建立专业剧团的剧种，应当创造条件，建立一二个专业或半专业的剧团，或乌兰牧骑式的演出队，或自负盈亏的小型剧团"①。布依戏当时还没有建立专业的剧团，关鹤童的讲话对建立布依戏专业剧团具有指导性意义。

1984 年 12 月 5 日，贵州省侗戏布依戏观摩演出团在向省级有关部门汇报赴昆明演出的情况时，提出了建立专业剧团的想法。"急需在有条件的县建立民族剧种的专业（或半专业）团体，这是我省民族戏剧在短时期内产生质的飞跃的关键所在。……在黔西南州有条件的县建一个布依戏实验队，采取民办公助或县办为主，上级（省、州）支援的原则。"② 观摩演出团就布依戏专业剧团的建设提出了比较明确的建议。

当下布依戏的发展仍然处于民间自发状态，目前为止，还没有一个专业的布依戏剧团。尽管黔西南布依族苗族自治州民族歌舞团和册亨县幸福亨通艺术团等艺术团体编演了一些布依戏剧目，但在演出时，仍然需要布依戏民间艺人和民间布依戏队的大力支持。布依戏的发展前途令人堪忧。布依戏专业人才的缺乏是布依戏传承发展的短板。目前布依戏队的演职人员绝大多数是业余的。所以每一位布依戏民间老艺人的辞世，都是布依戏不可估量的损失。

组建布依戏剧团的工作，是一件关系布依戏保护与传承发展的大事。这不但是布依族的分内之事，而且是中华民族共同的文化事业；不但是某一个县的工作，而且是黔西南布依族苗族自治州、贵州省的工作；不但是政府职能部门的工作，而且是有关民间团体、社会组织和社会个体的责任。当然，布依族人民和省级有关部门、黔西南布依族苗族自治州及下属各县市在建立布依戏专业剧团方面应当主动讲大局，主动担责任，主动谋发展。有关部门、机构和个人如果勇于担当、同心同德、乐于奉献、积极工作、

---

① 关鹤童：《在全国少数民族剧种、演出观摩暨座谈会上的讲话》，载贵州省文化出版厅、贵州省民族事务委员会编《贵州省少数民族戏剧资料汇编》，1985 年，第 16 页。

② 贵州省侗戏布依戏观摩演出团：《侗戏布依戏观摩演出团赴昆明演出情况汇报》，载贵州省文化出版厅、贵州省民族事务委员会编《贵州省少数民族戏剧资料汇编》，1985 年，第 151 页。

坚持不懈，布依戏的传承与发展就不成问题。当前，在组建专门的布依戏剧团方面如果条件还不成熟，可以先由政府机关出面组织专业的布依戏演出队，作为向专门剧团过渡的形式。专业的布依戏演出队在融资模式上可以多元化，但要开展市场化经营，走向文化市场，依靠文化市场，在文化市场中努力拼搏，才能赢得发展的一席之地。否则，就会缺乏生机与活力，最终被文化市场所淘汰，也就不能传承与发展好布依戏和布依族传统文化。

（二）关心和扶持业余布依戏队

作为少数民族民间戏曲形式，布依戏之所以具有旺盛的艺术生命力，在于它是由民间社会的老百姓自编自演的戏曲，是适合布依族人民审美需求的文化娱乐方式。布依族人民对布依戏业余戏队从心理上是认可的。既然它能为广大布依族人民接受，因此，民间布依戏队就始终存在于布依族的生活空间里。这里，对业余布依戏队的表述，并不是说不要建立专业剧团。这是不相矛盾的。无论是专业的还是业余的布依戏队，都与布依戏的传承发展密切相关，两者都要抓，不可偏废。

业余的布依戏队为布依戏的形成与发展做出了贡献。这是必须肯定的。关心和扶持业余布依戏队是理所当然的。这既是对业余布依戏队历史贡献的认可，也是对布依戏传承与发展负责任的表现。

关心和扶持业余布依戏队的问题，有识之士在提出建立专业剧团的时候，就已经提出扶植业余戏队的观点。既然布依戏来自民间，那么它存在和发展的根基必须依赖民间社会。否则，布依戏的民间性就不存在了，就会失去自身民族特色，甚至走向消亡。

1984 年 9 月 22 日上午，在讨论少数民族戏曲队伍建设、人才培养问题时，原贵州省文化出版厅群众文化处处长邓正良认为，大力呼吁推进业余团队的活动，当前还不够重视。戏队虽然多，但大部分没有开展活动。因此他建议，把复苏的业余民族戏曲演出队当作文化站主要支柱和活动内容来抓。同时建议，专业与业余相结合，专业老师去帮助辅导业余的布依戏队。[①] 他对如何指导业余布依戏队的发展指明了具体的办法。在当天下

---

① 参见贵州省首届少数民族戏曲研究汇报演出资料组《〈贵州省首届少数民族戏曲研究汇报演出〉第五期简报》，载贵州省文化出版厅、贵州省民族事务委员会编《贵州省少数民族戏剧资料汇编》，1985 年，第 139—140 页。

午召开的少数民族戏曲研究汇报演出行政工作小结会上，邓正良再次表达了扶持业余布依戏队的想法。原贵州省文化出版厅副厅长潘廷映在随后的讲话中表示，完全同意邓正良同志的小结发言。专业剧队要同本县的业余戏班、队相结合，既从他们那里吸入养分，又辅导他们提高演出质量。①

1984 年 9 月 24 日，原贵州省文化出版厅副厅长潘廷映在贵州省首届少数民族戏曲研究汇报演出闭幕式上的讲话中提出几点希望，其中之一是：要大力鼓励扶持演布依戏的业余班、队，并同文化站结成一体，通过专业、半专业等各种途径，共同促进民族戏曲的发展。② 潘廷映讲话之后，原贵州省委统战部副部长、贵州省民族事务委员会主任熊天贵在讲话中表示，完全同意潘副厅长对布依戏等少数民族戏曲提出的希望。③ 熊天贵讲话后，原贵州省委宣传部副部长徐用度表示，布依戏是贵州戏剧艺术不可忽视的重要组成部分，是一项宝贵的财富，任何轻视它的态度都是不对的。他从宏观的角度表达了对布依戏队扶持的态度，同时阐述了扶持包括布依戏在内的少数民族文化艺术的重要意义。④ 潘廷映、熊天贵、徐用度、邓正良等人的发言表明，对业余布依戏队扶持的看法得到了与会有关领导的充分重视和一致赞同。

1984 年 11 月 22 日，原文化部民族文化司司长关鹤童在全国少数民族剧种录像、演出观摩暨座谈会上的讲话中指出，业余演出队数量很多，创作演出活动非常活跃。目前，民族剧种的创作演出活动主要是业余的（而且是大量的）。因此，要关心和扶持业余剧团，发展和壮大业余剧团的队伍，这样才能活跃创作和演出，满足群众的文化生活要求。广泛的、大量的业余剧团活动，不仅能造就一支宏大的戏剧队伍，还可以培养出优秀的

---

① 参见贵州省首届少数民族戏曲研究汇报演出资料组《〈贵州省首届少数民族戏曲汇报演出〉第六期简报》，载贵州省文化出版厅、贵州省民族事务委员会编《贵州省少数民族戏剧资料汇编》，1985 年，第 142 页。

② 参见潘廷映《在贵州省首届少数民族戏曲研究汇报演出闭幕式上的讲话》，载贵州省文化出版厅、贵州省民族事务委员会编《贵州省少数民族戏剧资料汇编》，1985 年，第 24 页。

③ 参见熊天贵《在贵州省首届少数民族戏曲研究汇报演出闭幕式上的讲话》，载贵州省文化出版厅、贵州省民族事务委员会编《贵州省少数民族戏剧资料汇编》，1985 年，第 25 页。

④ 参见徐用度《在贵州省首届少数民族戏曲研究汇报演出闭幕式上的讲话》，贵州省文化出版厅、贵州省民族事务委员会编《贵州省少数民族戏剧资料汇编》，1985 年，第 26—29 页。

戏剧人才，为民族剧种的进一步发展创造条件。① 由此可以看出国家文化部门及有关领导对包括布依戏队在内的业余戏剧队伍建设工作的肯定，对扶持业余布依戏队的想法进行了充分表达。这些思想和观点在今后的实践中，随着党和政府对民族文化工作的不断重视而在一定程度上得到了落实。国家有关部门对业余布依戏队的保护与传承发展给予了一定关心与支持。

1984 年，为了帮助业余布依戏队提高编演质量，同时为了办好贵州省首届少数民族戏曲研究汇报演出活动和全国少数民族戏曲剧种优秀剧目录像观摩演出活动，贵州省文化出版厅派出了经验丰富的孙仲、皇甫重庆、郑寒风等多名编、导、演专业人员对黔西南布依族苗族自治州布依戏进行调研、指导。之后，他们向省文化出版厅汇报了布依戏的情况：册亨县现有 21 支业余布依戏队。布依族人民痴迷布依戏。扶持布依戏，不论从发展少数民族戏剧艺术的角度，还是从加强民族地区建设精神文明的角度，都非常迫切，很有必要。② 黔西南布依族苗族自治州派出冯景林等人到册亨县、贞丰县等地调研，辅导布依戏剧目《罗细杏》《金竹情》编演工作。册亨县、贞丰县分别派出黄福建、黄理中等人到有关乡镇调研，指导布依戏的演出工作。

1984 年 12 月 5 日，贵州省侗戏布依戏观摩演出团在给省有关部门的书面汇报中，提及了扶持业余布依戏队、戏班的问题。"大力扶持业余戏班（队）的活动，民族地区的农村文化站，文化中心应把已有的戏班（队）加以组织、安排，使业余民族戏剧活动成为文化站的一项重要内容，使业余剧队成为文化站的一支骨干力量。"③ 1984 年底，中共黔西南州委宣传部、黔西南州民委和黔西南州文化局联合召开黔西南布依族苗族自治州 1984 年戏剧庆功会，对获得文化部优秀剧目演出奖的布依戏《罗

---

① 关鹤童：《在全国少数民族剧种、演出观摩暨座谈会上的讲话》，载贵州省文化出版厅、贵州省民族事务委员会编《贵州省少数民族戏剧资料汇编》，1985 年，第 9—17 页。

② 参见孙仲、皇甫重庆、郑寒风《关于布依戏情况汇报》，载贵州省文化出版厅、贵州省民族事务委员会编《贵州省少数民族戏剧资料汇编》，1985 年，第 145 页。

③ 贵州省侗戏布依戏观摩演出团：《侗戏布依戏观摩演出赴昆明演出情况汇报》，载贵州省文化出版厅、贵州省民族事务委员会编《贵州省少数民族戏剧资料汇编》，1985 年，第 151—152 页。

细杏》和获得贵州省演出奖的布依戏《金竹情》等剧目进行了嘉奖，对相关剧组编导和演职人员发给奖状和奖金。这都是对布依戏的褒扬、鼓励、关怀与支持，为布依戏的保护与传承发展增添了活力。

1994 年 3 月至今，册亨县先后获得"布依戏艺术之乡""中国民间艺术之乡""中国布依戏之乡"等荣誉。各级党组织和政府部门对布依戏的保护与传承发展十分重视，多次组织布依戏参加全国性民族文化演出活动。近年，册亨县等单位组织编演《谷艺神袍》等布依戏剧目，开展大型布依戏调演活动，在实践中支持布依戏队建设，注重布依戏演艺人员素质提升。

无论是过去的布依戏班，还是现在的布依戏队，都是业余剧团，是一种组织较为松散的民间艺术文化团体。业余剧团深深扎根在广大布依族人民的生活当中，其剧目符合布依族人民生活实际，其演出受到了布依族的欢迎和喜爱，具有较强的艺术生命力。从历史时期看，现在可以开展布依戏演出活动的布依戏队在数量上没有超过"文革"前，也没有超出中华人民共和国成立之前。演职人员的数量自然也与从前无法相比。

尽管目前关于布依戏发展的政策性条件已经具备，但戏队的存在形式还是与以前一样，全为民间自发性的文艺团体。因为一些热爱布依族文化和布依戏的人民对布依戏的痴迷，才有布依戏队的存在，才有人乐意从事布依戏表演活动，才有人愿意观赏布依戏。这是布依戏业余剧团存在的基础。党和政府及社会各界要对业余的布依戏队多加关心、扶植，在政治上、经济上给予其应有的地位和待遇。这样，业余布依戏队的演职人员才能用心、专心做好布依戏的编演工作，从而满足布依族地区人民群众的文化生活需要，同时可以培养出许多优秀的布依戏戏剧人才，为布依戏的进一步发展创造条件。各级党组织和政府部门、社会各界要对黔西南州民族歌舞团、册亨县幸福亨通艺术团及各民间布依戏队等文化艺术团体编演布依戏给予充分的支持、帮助，把业余戏队的建设与文化馆、文化站的建设有机结合在一起，加强指导，提供帮助，共同出力，争取创造出更多、更优秀的布依戏作品，为繁荣和发展布依族传统文化做出应有的贡献。

三 加强布依戏人才队伍建设

（一）保护好现有布依戏传承人

1984 年，有识之士就呼吁，要从老艺人那里抢救、挖掘民族戏曲资料。① 现在的布依戏传承人，尤其是布依戏老戏师已经很少了。如果不采取必要的措施，随着岁月的流逝，老戏师不断减少的趋势还会加强。可以由政府部门牵头，加强布依戏老年、中年、青年演职人员后备人才队伍建设，评选出不同年龄段的各级布依戏传承人，由各级政府颁发证书，每年给予一定的人才津贴，以提高其政治、经济地位，落实其有关待遇。这项工作，国家、省、州都已经启动了，先后评选册亨县罗国宗、黄朝宾、黄成珍为布依戏国家级非物质文化遗产项目代表性传承人，黄东开、黄光英等人为布依戏省级、州级非物质文化遗产项目代表性传承人。同时有关部门还对涉及布依戏的音乐、舞蹈等非物质文化遗产项目代表性传承人开展评选工作，加强指导，落实待遇，营造良好的布依族传统文化生态环境，从而整体上推动布依戏的保护与传承发展工作。

（二）引进一批布依戏创作、演出和研究型人才

引进一批专门的戏剧创作和表演人才以及戏剧戏曲研究型人才。引进方式可以多元化，在运作上可以灵活，以吸引专门人才。通过公开招聘方式引进编制型人才，也可以柔性引进候鸟型人才，"两条腿"走路，以最大发挥专门人才的工作潜力。对于引进人才，政府部门和用人单位要多主动关心他们的工作、生活，在职称评定、岗位设置、工作条件、福利待遇等方面实施优惠政策，同时妥善解决好他们在住房、配偶工作调动及子女入学等方面的实际困难。总之，要引得进人才，更要留得住人才，避免出现没引进时把人才当作"金元宝"，引进来之后将他们视为"冷馒头"的做法，要尊重引进人才，关心引进人才，为人才的发展提供良好的发展平台，真正做到"事业留人、感情留人、待遇留人"。

（三）培养一批布依戏创作、演出和研究型人才

在结束全国少数民族剧种优秀节目录像观摩演出暨座谈会等活动后，

---

① 参见贵州省首届少数民族戏曲研究汇报演出资料组《〈贵州省首届少数民族戏曲研究汇报演出〉第六期简报》，载贵州省文化出版厅、贵州省民族事务委员会编《贵州省少数民族戏剧资料汇编》，1985 年，第 140 页。

1984 年 12 月 5 日，贵州省侗戏布依戏观摩演出团在给省有关部门的书面汇报中，提到了加强民族戏剧人才培养的问题。"大力培养民族戏剧的艺术骨干力量，特别是编、导人员。省里应在八五年继续开办一些培训班，培养民族戏剧的编剧、导演、作曲。州、县采取请进来、派出去的办法，培养本民族的戏剧专业人材。"① 培养与引进工作同步开展。对现有布依戏创作、表演和管理人才进行培养，尤其注重对中青年人才的培养；培养主要是专业培养，也有经营管理方面知识培训；引进一批专门的戏剧人才，充实布依戏保护与传承发展人才队伍；加强布依族语言文字、歌舞、诗文创作等方面的培训，开展布依戏传统文化生态保护工作。

1. 以乡村布依戏台为基地，培养布依戏青年演员

可以在乃言、秧坝等村寨建立固定的乡村布依戏台。以乡村戏台为基地，培养布依族青年演员，主要是发挥布依戏老年传承人的传、帮、带作用。通过"以老带新"，创作和表演经验丰富的老年传承人将优秀的布依戏传统剧目传授给年轻的传承人，从而促进布依戏的传承发展。

2. 以本地文化部门和教育为基础，加强专业培训，培养布依戏人才

以省、州、县和乡镇文化管理部门的文化教育资源和人力资源为基础，通过定期或不定期开办专门的布依戏培训班或者布依族语言文字、音乐舞蹈等民族艺术辅导班；继续深入开展"民族文化进校园"活动，让传承与发展布依文化的观念更加深入人心。在册亨民族中学、冗渡中学、丫他中学等学校继续实施"民族文化进校园"活动，进一步推进布依文化进校园、进课堂。可以持续努力地抓好这项工作，从布依族娃娃和中小学生抓起，以青少年群体为民族文化教育重点，把保护与传承发展布依戏的工作落到实处，发挥作用，取得实效。

3. 加强基地图书资料建设

加强图书资料建设，可以使戏队中有知识、有文化的布依族中青年进一步了解布依戏，以提高其专业知识素养。他们把握了戏剧戏曲和布依戏等方面的知识后，可以讲给那些文化水平不高的老人们听，从另外一个方面促进老年人的民族文化保护意识。这样，不但可以使戏队中的演职人员

---

① 贵州省侗戏布依戏观摩演出团：《侗戏布依戏观摩演出团赴昆明演出情况汇报》，载贵州省文化出版厅、贵州省民族事务委员会编《贵州省少数民族戏剧资料汇编》，1985 年，第 152 页。

在书籍中吸收传承与发展布依戏的知识营养，而且可使当地更多的布依族以及其他民族人民了解布依戏，从而激发他们对布依戏的表演、学习与研究的兴趣，达到立体推进布依戏保护与传承发展的目标。

布依戏基地的图书资料建设，可以由政府出资或采取捐赠、社会投资等多种方式获得有关布依族历史文化和戏剧戏曲等方面的书籍，提供给布依戏演职人员和对布依戏感兴趣的人们阅读，以加强本地干部群众对布依戏的了解，提高布依戏队演职人员的专业素养。从调研情况来看，乃言布依寨的布依戏基地没有图书资料，其他布依戏展演基地也没有或者很少有相关书籍。这是一个较为严重的缺陷。可以建设"美丽乡村"为目标，以建立"乡村图书馆"为项目依托，加强布依戏基地的图书资料建设。省、州及有关县图书馆关于戏剧戏曲方面的图书资料建设要同步加强。

4. 以国内外戏剧院和高校、研究机构为依托，培养本地布依戏人才

艺术的诞生与发展，需要艺术家的才能作为支撑。专业培训是提高布依戏演职人员才能的基本手段，是实现布依戏传承与发展的法宝之一。要使布依戏能传承下去，就必须注重对青年演员的培养，培养出一代代能传承发展布依戏的演职人员梯队。把布依戏中青年创作和表演的骨干送出去培训，"借鸡生蛋"，以提高其传承发展布依戏的能力。培训内容以戏剧专业培养为主，兼及戏剧戏曲经营管理等方面知识的培养。培训要结合培训对象的自身特点及发展方向，认真筹划，针对性要强，保证培训质量和效果。培训对象要把所学知识在实践中创造性应用。农村戏队成员文化程度较低，又没有受过专业的训练，表演艺术素质需要提高。"由于文化程度相对低下，对剧本的理解、剧目的编排等方面会相对欠缺，加上布依戏传统剧目的口传心授式，无任何剧本，从而造成了剧目尤其是传统剧的失传。"[1] 这种现象不是某一个戏队存在的个别情况，而是所有布依戏队面临的一个传承与发展的瓶颈问题。可以让布依戏演职人员多"走出去"，加强学习，加强交流，增长见识，努力提升其表演与创作才干。

可以与中央戏剧学院、上海戏剧学院、贵州大学、贵州师范大学、贵州民族大学、兴义民族师范学院和中国艺术研究院、中国戏剧家协会、中国少数民族戏剧学会等省内外教育机构和学术研究机构联系，由省、州与

---

① 刘玲玲：《贵州布依戏研究》，光明日报出版社 2013 年版，第 60 页。

县级人民政府共同出资，定向培养布依戏专门人才。也可以与上述高校和研究机构合作，与他们签订关于布依戏人才培养方面的战略合作协议，建立创作、研究与演出基地，为其开展研究、社会实践和专业学习、教育实习等活动的开展提供必要的支持，请专家、学者多来册亨县，不定期开展戏剧、戏曲等方面的学术讲座，以达到高校科研院所的学术实践、教育实习与布依戏的传承发展密切结合，从而实现校地合作共赢。

5. 建立专门的中等职业戏曲学校，培养布依戏人才

当前，党和政府对职业教育非常重视。可以借这股东风，在现有教育资源基础上，对之进行师资等资源整合，在册亨县建立一所布依戏曲中等职业学校。学校可以在册亨县现有职业学校的基础上组建，但不可只在某一个学校里面单设戏曲表演相关专业，而是要建立一所专门的布依戏曲中等职业技术学校，以培养布依戏创作、表演和管理人才。同时，树立地方戏曲文化品牌，繁荣与发展布依戏曲文化和中国民族戏剧文化。当然，学校涉及的专业不只是布依戏的艺术表演等，还涉及民族音乐、舞蹈、乐器演奏、动漫设计和工艺美术等方面。这样培养出来的人才，不但能演布依戏，还能成为其他戏曲、戏剧、音乐、美术和舞蹈等专业艺术人才。这所中等职业戏曲学校可以由政府出资公办，也可以民办；可以由本地资金主办，也可以引进外资主办，在融资方式和主办方式等方面可以实现多元化。

四 加大布依戏作品创作力度

现在的布依戏剧目较为单调，没有以前那么丰富。我们在对乡村布依戏队开展调研时，发现每一个布依戏队表演的剧目是固定的几个，有的只有三四个，多的不过五六个。布依戏传统剧目内容、形式等方面的陈旧，不能满足现有观众的欣赏需求。可以将布依戏的发展定在文化市场上，以文化市场的评价好坏作为布依戏是否具有传承发展价值的基础。为此，要求有关部门及工作人员锐意改革，在布依戏创新发展的思想指导下，加大布依戏作品的创作力度。

册亨县获得了"中华布依第一县""中国民间艺术之乡""中国布依戏之乡"等称号。这些称号是响亮的牌子。有关地方及部门可以充分利用这些牌子，以布依文化年活动为依托，以布依戏作品建设为重点，加强

布依戏文化品牌建设。册亨布依文化年活动从 2010 年开始，每年农历十月初八举办，至今已开办数届，产生了良好的效果。2012 年布依文化年的主题为"弘扬民族文化　构筑精神高地"，布依戏比赛是活动中的一项重点。2013 年 11—12 月，布依戏《谷艺神袍》在贵州省、黔西南布依族苗族自治州和册亨县等地参加演出活动，获得到了广泛的社会反响。人们又一次将目光聚焦到了布依戏。布依戏比赛和文艺汇演活动，使人们加强了对布依戏的认识、理解，从而获得了较好的经济社会效益，对民族文化的保护与传承发展非常有利。

在确保《罗细杏》《金竹情》《谷艺神袍》等现代经典剧目的前提下，可以结合社会主义新农村文化建设的需要，对原有的一些传统剧目和移植剧目进行适当挖掘，加大布依戏作品建设力度，实现其数量和质量的同步增加和提高。为此，可以组建专门的戏剧作品创作班子，在充分调研的基础上开展布依戏剧本创作，以传承发展民族文化为目标，体现布依族的民族特色和布依戏的艺术特色。可以对《罗细杏》《冯边月》《薛丁山征东》《薛丁山征西》《况山伯·娘英台》《五显王闹花灯》等布依戏传统剧目进行开发；可以开展《我还要读书》《转路洞》等现代剧目的整理、编演；注重对富含爱国、孝道等思想内涵的布依戏优秀剧目的开发。

根据布依戏观众审美心理变化情况，加强布依戏在新的立意和新的娱乐方式等方面的创造。艺术戏曲作品是戏曲传承与发展的源泉。没有新意的作品，戏曲的发展就会停滞不前，甚至会走向消亡。布依戏的动力最终来自民间，来自艺术欣赏者，尤其是广大的布依族人民对新式布依戏的认可程度。当前，经济的发展和科技文化教育水平的变化，给人民的审美心理、娱乐方式和艺术需要等方面带来很大变化。人们的审美变迁是自然的。任何事物的发展都处于变迁之中。观众审美心理的变化等因素是布依戏传承发展要注意的问题。"文化因为人们的需要而生成，文化也因人们需要的变化而变化。"① 事物总是在变化中求生存与发展。适者生存的规则，不仅是生物生存法则，而且是社会文化生存与发展的规则。要想在历史发展的潮流中永远保持昂扬向上的活力，只有顺应时势的变化而随机应

---

① 索晓霞：《无形的链结——贵州少数民族文化的传承与现代化》，贵州民族出版社 2000 年版，第 89 页。

变，在生存中求发展，在发展中求生存。为此，布依戏的创作要与时俱进，结合现代元素，从布依族受众，主要是布依戏欣赏者的审美心理角度出发，推出具有现代气息的、受布依族广大人民认可和欢迎的布依戏新作品，以吸引他们的眼球，满足地方精神文明建设、社会主义民族文化建设、新农村文化建设的迫切需要。

五　加强布依戏演出基地建设

演出基地，即开展演出活动的舞台，是布依戏保证传承与发展生命力的核心演出场所，是固定而长期的，能产生深远的历史影响。演出基地建设主要由官方制定强有力的政策，以切实的措施去推进，民间的力量可以参与进来，起到辅助性的作用。在基地建设中，政府的力量与作用是主导的。虽然布依戏的编演主要在民间，但基本的设施条件必需要政府去创造，否则民间的布依戏表演就会失去传承与发展的舞台，而不再有艺术魅力绽放的绚丽光彩。

政府可以选定符合编演条件的一二所中小学校作为布依戏演出基地。学校演出基地的选定要有标准，重点是对学校的教学条件、师资队伍和表演场地进行考察。不但将布依戏作为乡土课程设置，以开展平时的课堂授课，而且可利用假期时间对布依戏学生演员重点培养，也可以采取年度汇报演出的方式开展布依戏表演活动，以进一步深化和提高布依戏编演基地的教学效果。

可以在城镇建立戏剧院，在乡村搭建戏台。可以在"中华布依第一县""中国布依戏艺术之乡"册亨县建立布依戏大剧院或者民族戏剧院，也可以在黔西南布依族苗族自治州首府兴义市建立民族戏剧院。戏剧院的创建，可以由政府投资，由政府主管，也可以吸引外来投资。布依戏来自布依族民间社会，具有浓郁的草根性。要传承与发展布依戏，可以千方百计激发民间社会的积极性、创造性。有关部门在对现有册亨县八渡镇乃言布依戏戏台继续支持的基础上，扩大乡村布依戏台建设覆盖范围，保证每一个戏队都有专门的演出场地。

布依戏演出基地的建设既保护与传承了布依戏，又加强了民族文化教育，还可加强社会主义文化建设，进一步丰富人民的文化生活，满足其精神需要，同时增强布依族的民族认同感。

六　加大布依戏学术研究力度

学术研究对于民族文化发展可以起到挖掘文化内涵，提高文化品位，提供智力支持的作用。对布依戏的研究，可以提升布依戏的文化底蕴和"天籁之音"旅游文化品位。为使布依戏成为一张光彩、响亮的旅游名片，贵州省、黔西南布依族苗族自治州、册亨县可以充分利用"中国布依戏艺术之乡""中华布依第一县"这两块牌子，依托"布依文化保护与传承研究基地"这个基地，发挥基地的研究引领作用。

近年，贵州省黔西南布依族苗族自治州册亨县布依戏表演活动、布依文化年活动等布依族民族文化系列活动的开展，彰显了册亨县丰富的布依族文化资源。可以进一步发挥布依族文化资源优势，加强民族文化建设，传承好、开发好布依戏这一中华优秀传统戏曲文化，塑造地方戏曲知名文化品牌，丰富布依族人民群众精神文化生活，提升文化自觉和文化自信，努力推动地域文化、乡村文化建设，为建设社会主义文化强国，实现中华民族伟大复兴中国梦做出应有的贡献。

（一）多举办布依戏专题学术研讨会

在册亨举办数次国际性的关于布依戏的专题学术研讨会，邀请一批国内外知名的专家学者、表演艺术家、剧作家等参会，为布依戏的传承与发展把脉。在近年册亨县布依文化年活动中，一些专家学者对布依戏的传承与发展问题进行了一定探讨。以后还可以继续举办这样的研讨活动，不断深挖布依戏的文化内涵、学术价值和社会价值。可以与文化部等有关政府部门，与中国少数民族戏剧学会、中国戏剧文学学会等有关学术研究机构合作举办数次中国戏剧戏曲方面的学术研讨会。通过努力，可以使中国少数民族戏剧学会、中国戏剧文学学会、中国民俗学会、中国民间文艺家协会、中国民族学学会、中国少数民族音乐学会等学术研究机构的学术会议在册亨县召开，使更多的领导和专家学者了解布依戏，使他们更加关注布依戏。

（二）多举行"布依戏采风活动"或者举办"布依戏剧本创作大赛""布依戏美术摄影大赛"

邀请一批知名作家、美术家、摄影家等来册亨县开展布依戏方面的采风活动，体验布依戏和布依族传统文化，激发其创作热情。通过他们创作的作品，达到宣传布依族传统文化的目标。这样的活动，省、州、县都已经开展过，但还可以继续深化、持续加强。

七　加大布依戏宣传工作力度

宣传工作很重要。古人云，兵马未动，粮草先行。宣传就是"粮草"，是一切事物发展的后勤保障力量。加强对布依戏的宣传，有利于打造布依族"天籁之音"的良好旅游文化形象。

演出活动是实实在在的宣传载体，是好是坏，社会评价自有公论。布依戏的演出大大宣传了传统文化，勾起了许多人的旧时记忆和民族情怀，也能使外地旅游者增加对布依戏的感性或者理性认识，对布依族文化表现出较大兴趣，从而有利于布依戏"天籁之音"旅游文化品牌的树立及其影响的进一步扩大。

在布依族地区加大布依戏演出力度，政府出资，补贴布依戏的演出，对演出剧团和雇请单位、个人均予以一定政府补贴。在黔西南布依族苗族自治州首府，周末或者节假日可让各布依戏剧团轮流在民族风情街或桔山广场等相对固定的场所演出布依戏。

布依戏不能"藏在深闺人未识"，要大胆表现自己，要抓住机会展现艺术魅力。布依戏剧团、戏队等演出机构可以到州内外、省内外、国内外巡演，要像侗族大歌等民族艺术一样，走出贵州，走出中国，登上世界艺术大舞台，加强与其他文化的交流、合作。在演出的收费问题上，可以采取免费方式，也可以采取适当收费的方式。

每年由册亨县主办一次布依戏表演大赛，以激发各乡镇、村寨的布依戏表演激情。布依戏展演活动的定时举行，不但传承了民族文化，而且能成为一种旅游文化资源，吸引专家、学者深入研究，吸引旅游者前来参观、旅游，从而促进地方旅游经济发展。

可以举办中国戏剧汇演活动，定期或者不定期邀请全国不同剧种来册亨布依族戏剧院表演，每场演出均有布依戏的参与。这样既弘扬了中华民族戏剧文化，又可以更好地传承与发展布依戏，提升布依戏的知名度；既可以收到良好的社会和经济效益，又丰富了布依族及其他民族人民群众的文化生活，也符合中国特色社会主义文化大发展大繁荣的战略目标。

无论采取何种方式开展布依戏演出活动，目的都是弘扬布依族优秀传统文化，传承与发展布依戏，提高布依戏知名度，保护布依族人民的精神家园，这有利于发展民族文化，体现民族特色，提升黔西南布依族苗族自治州旅游文化品位。

加强布依戏文化出版工作，虽然看起来是文化教育方面的工作，但却是布依戏宣传工作的重头戏。布依戏有关作品的出版工作，要体现民族文化创意设计，要站在加强布依族文化产业建设的高度来做这项工作。这是一项造福布依族的永久工程。它可以使人们跨越国界、文化差异等空间、时间等限制，亲密接触布依戏，有利于增进人们对布依戏的了解。

具体而言，可以往这几个方面去努力：一是加强布依戏剧目和有关调查报告、研究成果等的出版工作，积极鼓励和支持布依戏有关著作的出版。二是加强布依戏数字化建设工作。可以制作布依戏音像电子产品，如光碟等。三是可以拍摄反映布依戏题材的电影或者电视剧。四是创作关于布依戏的小说、绘画、摄影作品等。五是制作布依戏视频在有影响的网站进行宣传。六是可以建立专门的布依戏网站，深化册亨"中国布依戏之乡"文化品牌和"天籁之音"布依戏旅游文化品牌的树立。

邀请国内外媒体加强布依戏宣传报道工作。在每年的布依文化年活动、布依戏大赛及其他布依族文化活动期间，邀请一批国内外媒体记者到册亨县采访，开展布依戏方面的专门宣传报道。以前对于国内媒体邀请得多一些，今后可以多邀请境外、国外的媒体朋友参与新闻报道活动，从而把布依戏介绍到境外、国外，让世界上更多的人知晓布依戏，从而扩大布依戏的社会影响，提高其知名度和美誉度。

八 加强布依戏文创产业发展

"山水册页，幸福亨通"的城市名片反映了布依族儿女的传统文化心理，表达了布依族儿女的爱情观、生命观、人与自然的和谐观和幸福亨通的发展观。这是册亨县民族文化的一张独特名片。

布依戏是册亨县具有民族特色的民族民间文艺，是在"山水册页，幸福亨通"城市名片下，布依族人民幸福美好生活的写照。它反映了布依族人民对布依戏等民族文化的关注和热爱的心理态度。20 世纪 80 年代，册亨县乃言村被文化部授予"中国布依戏艺术之乡"。2006 年，册亨布依戏被列入首批国家级非物质文化遗产代表性项目名录，其中包括

《罗细杏》《转路洞》《一女嫁多夫》等剧目。板万布依族仪式性傩戏——"哑面"被誉为古代喜剧的"活化石"。《利悠热谐谐》《谷艺神袍》等布依族戏剧、歌舞剧的表演活动，彰显了册亨布依族文化的独特魅力。许多布依族人民对布依戏非常珍视，不但反映了中老年人的民族文化怀旧情怀，而且反映了年轻一代布依族对传承发展民族文化的使命感。布依戏的传承发展，可在"山水册页，幸福亨通"这张名片精深打造的前提下，挖掘和保护好册亨县布依戏文化，在传统的基础上挖掘其所蕴藏的民族文化发展潜力。

可以加强布依戏文化创意设计，以改革创新精神锐意推进布依戏及其相关产业协同发展。继续加强乃言布依戏生态文化保护区建设，同时建设板坝、弼佑、者楼等布依戏生态文化保护区，为布依戏的传承与发展打下坚实的物质文化、精神文化和生态文化基础；建立布依戏文化产业园，政策鼓励与支持从事布依族工艺品设计与制造的小微企业，广泛开展布依戏有关文化艺术产品的设计。加强布依戏人物、面具、戏服等的设计、制造和销售等业务以及其他文化创意设计工作，以实现册亨县以民族文化为根本，以布依戏为品牌，以经济社会发展为目的，推动布依族艺术文化价值与旅游经济价值融合发展的战略目标。

九　加大布依戏资金投入力度

经济基础是上层建筑。资金短缺的问题是布依戏传承与发展的瓶颈问题、短板问题和根本性的问题、实质性的问题。布依戏要传承与发展下去，单靠民间草根力量的民族文化热情和怀旧情怀是不能解决问题的。所以，可以运用政府财政力量，通过各种方式、方法，必要时设立布依戏专项发展项目资金，以基地项目等形式，加大对布依戏的资金投入力度，保证布依戏创作、表演等相关活动能正常开展。

（一）投入资金，确保民间现有的布依戏队表演活动正常开展

乡村的布依戏队，册亨县目前有 12 支，但有专门表演场地的极少。八渡镇乃言布依寨有一个戏台，是在各级政府和当地民众支持之下建立的，但存在资金短缺的困难。布依戏队是村民自发组织的，大都受到演出活动资金的限制。调研组于 2013 年 3 月到册亨县八渡镇乃言布依寨调研布依戏时，发现布依戏队的表演服装与道具极为简单、陈旧，需要更新。

很多道具，如官帽等，是用废弃的纸板做成的。该村组负责人和布依戏表演队的演员表示，戏队的发展存在许多困难，其中资金的困难是主要的。戏队资金的缺乏是布依戏传承发展的短板。戏服、乐器等设备的购置，都是由戏班成员自己掏腰包。有的戏队资金缺乏，其戏服、道具、乐器等陈旧不堪或极为简陋，给布依戏的保护与传承发展带来困难。册亨县现有戏班无一例外都在演出活动资金方面存在困难，尽管有的戏班获得了有关部门一定的支持，但只是杯水车薪。资金的短缺是制约布依戏传承发展的不利因素。

政府设立专项资金，继续实施各级布依戏传承人特殊津贴制度。传承人的评选要制度化、常态化、公开化、透明化，既要对老年传承人重点保护，又要对评选出来的年轻传承人执行特殊的生活补贴制度。

（二）继续实施布依戏"民族文化进校园"项目资金补助政策

对实施布依戏"民族文化进校园"项目的学校和教师、学生实施一定的生活补助。布依戏在校园的传承发展方面，可以对开展"民族文化进校园"活动的学校，以"民族文化进校园""民族文化下乡"等活动专项资金的形式予以支持；对于从事布依戏授课的教师予以课时津贴，其讲授布依戏、布依族音乐与舞蹈等艺术课程的课时津贴要比其他课程的高，以激发其教学积极性、创造性；对于愿意专门学习布依戏、布依族音乐与舞蹈等艺术课程的学生，尤其是好的苗子，要予以一定的生活补助。

（三）对布依戏演出活动予以实际资金支持

关于布依戏演出活动，可以在本地、本县进行，也可以到贵阳市、兴义市、贞丰县、罗甸县等省内开展，还可以到省外巡演，甚至到境外、国外演出。这些演出活动的开展，都需要强有力的经济支持，否则，传承与发展布依戏只是一句冠冕堂皇的空话。鼓励布依戏队深入布依族人家表演。一是政府出资，支持布依戏队在农闲时节到布依族村寨演出。二是在提倡节俭的前提下，鼓励布依族在办红白喜事时请布依戏队去表演。政府对于布依戏队和请唱戏的布依族人家实行双向支持政策。对于表演前申请演出而获得批准的布依戏队和布依族人家在演出资金上给予双向支持。而实行布依戏支持政策的前提是首先必须建立布依戏演出审批制度，由乡镇文化站对布依戏演出执行具体的审批权，同时在演出时给予充分的配合，协调做好有关工作，以加强对布依戏队的管理，保证其演出活动的正常开展。通过平时的布依戏演出，为布依戏演职人员提供展示布依戏艺术魅力的平台，历练演职人员，提高其表演水平，同时将扩大布依戏的影响力，丰富布依族村寨人民的文化生活，加强布依族村寨乡村文化建设，从而为布依戏的传承发展营造良好的氛围与文化生态环境。

十　加大布依戏旅游开发力度

民族文化是一种可以开发的旅游文化资源，通过设计、开发等技术手段的运用，能使之产生较好的社会效益和经济效益。

布依戏是一种可以开发的民族文化旅游资源。一方面，对布依戏的开发，可以使其避免陷于自然消亡的境况，为优秀民族文化的传承与发展创造条件；另一方面，对其开发，可以丰富布依族和当地人民的文化生活，同时可以使旅游者欣赏特色的布依族民族艺术，扩大布依族旅游文化影响。从旅游文化的角度，如何加大布依戏旅游文化资源开发力度，是值得思考的问题。从文化与旅游的关系考虑，可以采取"以演出促旅游，以旅游促发展"的方式设计布依戏的传承与发展路径，既可传承与发展具有独特艺术光彩的布依戏，又可推动当地旅游事业的发展，为布依族人民增加经济收入，为与全国人民实现全面同步小康战略目标创造条件。

（一）建立布依戏剧院，是布依戏产生旅游文化品牌效益的前提

当前布依戏的演出，主要在民间，是非正式的民间文化艺术活动。有的戏队演出场地相对固定，但条件较差，有的戏队甚至连固定的舞台都没有。这对于布依戏的编演活动无疑是非常不利的。

由政府或者民间投资，在黔西南布依族苗族自治州首府兴义市建立布依戏剧院，也可以在现有的黔西南州民族文化中心等机构的基础上设计剧院。在剧院中，要有常驻的布依戏剧团，在布依族重大节日或者地方重大活动时开展表演，也可以在每个周末请册亨县民间的布依戏队来演出。在这个剧院中，可以进行"高台狮灯""八音坐唱""板凳龙""舞龙"等布依族艺术文化活动展演，让布依族文化艺术在这里大放光彩。如此，就能产生较强的布依族艺术文化品牌效益，打造布依族文化艺术旅游目的地，从而推动地方经济社会发展。

结合少数民族生态旅游开发，可以对册亨县民间的布依戏队给予一定的资金资助，促使他们把戏台搭建起来，能在固定的演出场地开展正常的

演出活动，也能使之成为较为固定的旅游文化演出基地，为广大游客开展布依戏演出活动，从而产生广泛的社会影响，同时产生经济效益。

（二）加强布依戏旅游表演，是传承与发展布依戏的基础

黔西南布依族苗族自治州册亨县是"中华布依第一县"，是目前布依戏演出活动比较活跃的地区。通过旅游文化宣传和布依族文化艺术节的举办等活动，册亨县作为布依族原生态文化区域的地位与影响在不断提升扩大。各界人士对册亨县给予了充分关注。从历届布依文化艺术节的举办等文化艺术活动中，可以看到，政界、商界、文艺界及教育界中许多人士对册亨布依戏以及与之相关的布依族经济、文化持浓厚的兴趣。是什么吸引人们关注布依戏及布依族文化呢？因为布依戏是具有民族特色的地方戏曲，具有独特的艺术魅力，因为布依族文化具有原生态性质，是可开发的旅游文化资源。

在旅游活动中，旅游者除关注美好而独特的自然风光外，还关注着历史人文、文化艺术等多方面的民俗风情。来黔西南布依族苗族自治州或者册亨县旅游的游客，出于对布依戏的兴趣，就会产生观赏布依戏的旅游动机。从多方面满足游客对布依戏的旅游文化兴趣出发，有关部门可以采取多种方式表演布依戏，以增强游客对布依戏的认识。可以即时表演的方式在固定的场地表演布依戏，也可以流动演出；可以运用现代多媒体技术，对布依戏进行打造；可以制作以布依戏为背景的电影、电视剧、话剧、歌剧光碟等，将布依戏搬上银幕，扩大布依戏及布依族文化的影响。可以借鉴电影《刘三姐》与广西桂林旅游开发、广西民歌文化开发的成功经验，力争拍出具有国际性、全国性影响的以布依戏为背景的电影、电视剧等，使更多的人了解布依戏以及布依族文化；可以制作布依戏历史文化及演出活动的画册等；支持专家、学者对布依戏开展研究，出版一批具有较大影响力的学术著作，为布依戏作为旅游文化资源的开发奠定文化基础；可以建立专门的布依戏网站，由政府进行管理或者开发公司进行市场化运作。

附　　录

一　中坛布依古寨田野调查

2019 年 8 月初的一天，我到安龙县开展布依族文化调研活动。在县史志办公室有关领导的建议下，我决定去布依族传统文化浓郁的普坪镇鲁沟居委会中坛布依古寨开展田野调查工作。我们驱车二三十公里，于上午十点半到达目的地。普坪镇鲁沟塘居委会是一个布依族、苗族、回族、汉族等多民族聚居的村寨，以布依族为主，2020 年 10 月被评为贵州省第五批少数民族特色村寨。其中中坛古寨是一个典型的布依族村寨，目前正在进行乡村旅游开发。该村寨距原戈塘乡政府驻地不远，邻近兴仁市屯脚镇，距安龙县城 30 公里，位于安龙、兴仁两个县市连接的 313 省道边上，公路穿寨而过，交通较为方便。这里是典型的喀斯特地貌，植被良好，四面环山，生态良好。

我们与安龙县中坛古寨乡村旅游开发公司的负责人李长记、李长学及韦永坤等人见面。他们向我提供了与古寨相关的旅游文化资料，主要内容有：安龙县中坛古寨乡村旅游开发有限公司简介、中坛古寨遗址景点平面图、中坛古寨"岑官庙"的历史背景、鲁沟陆元帅起义史实、王宪章将军的祖居地——鲁沟、中坛古寨红军桥的来历、古驿站简介、文昌阁、情人树赞、疑兵洞题词、七仙台题赞、兵工厂赋、为岑将军阁题、神马槽赞、布依染缸赞、悼武工队题、石抱树、石生树、鲁沟十二塘、女娲石、九十九步梯、犟牛回头、豺狼谷、巫山堡、象鼻饮水、同心湖简介、祭山并不是迷信活动、中坛古寨的祭山活动、正月里来打香（糠）包、骑竹马、七月半打路香包、扎玛酒、拥军洞、昂绞灌的传说、刘家屋基水井出酒、蟒蛇洞、蝴蝶湾、中坛古寨接官厅之岑彭公简介、中坛简介、陆王松、红军桥简介等。这些资料大多由韦永坤老先生收集、整理。他当过民办教师，具有一定文化程度，又熟悉本地风土人情，由他来承担文化方面的工作是胜任的。

随后，他们带我们去中坛老寨、凌云山、七仙台等地考察，介绍相关民俗风情。没想到，这个小小古寨的民族生态文化保存如此之好，旅游文化资源丰富多样，既有内涵丰富的布依族原生态文化，又有红色文化（包括红军桥、武昌首义副总指挥王宪章将军故居、清末白旗军农民起义陆元帅府遗址等）。好风景，是乡愁。自然生态文化与人文风土民情交相辉映，与乡村旅游开发、脱贫攻坚、乡村振兴战略等结合起来研究，具有较高旅游开发价值。

祭祀民俗。农历二月戌日祭官厅，同时祭山。"六月六"祭山。节日里开展隆重的祭祀活动，宰牛、猪、鸡。"三月三"，不祭山，但祭祖，吃花糯米饭。据介绍，这里农历二月、六月祭山时，土炮响了之后，周边布依寨才可开展祭祀活动。当地布依族节日还有农历十月初一"牛王节"。布依族节日由寨老、会首等村民自发组织。参加人数一般几百上千人。2019年这里开展了鲁沟布依族"六月六"风情节活动，省内外媒体进行了相关报道。其附近有香车河村，是中国少数民族特色村寨，旅游开发状态较此处好一些。

中坛古寨景区于2017年7月开始打造，2017年10月由当地人民自发成立旅游开发公司。公司向同心湖投了一万多尾鱼苗，并在周边几十亩田中栽种了莲藕。正是荷花盛开的季节，十分漂亮。在种植荷花的水田与同心湖之间的水沟中架起了两个小水车，以当作景点。公司资金运转十分困难，目前当地干部群众已投入资金一百多万元，投工投劳五千多个，现主要依靠同心湖养鱼等少数项目来维持公司运营。村民按公司股份分红。古寨旅游效益还没有得到充分体现。

据介绍，这里有王宪章故居、红军桥、古驿站等历史文化古迹及布依族"六月六"等风土人情。公司负责人引导我们参观，介绍古寨相关历史人文。文昌阁遗址尚存。同心湖，40多亩，现栽种荷花、养鱼。目前有农家乐数家，生意尚可，但没有民宿。鲁沟塘居委会距原戈塘乡街上很近，距兴仁市屯脚镇10公里，安龙县至兴仁市的313省道从村寨中通过，交通方便。这里的旅游开发可与普坪王公桥、鲁沟河、筏子河、香车河民族村寨等地区集中连片开发，也可与兴仁市屯脚镇鲤鱼村、铜鼓村等民族村寨连成一片，以形成乡村旅游市场影响力。

我们沿寨中水泥路而行。李氏兄弟说，这下面就是古代的石板路，只是现在被覆盖了。这里有几座青瓦石墙结构的老房子，但为数已经很少了。几方古窗花镶嵌在农户外墙中，见证着岁月变迁。他们说，许多老房子在脱贫攻坚中被拆掉了，可惜！李长学指着一座老屋说，这是他们家原来的老房子，因他的坚持而没有拆。由此看出，以他为代表的年轻人十分热爱家乡，有眼光，有魄力，勇于担当，敢想敢闯敢干，具有开拓进取精神，是新时代优秀农民的代表。

古代时期，寨中有赶场的地方叫"江街"。可见，这里以前设有集市，贸易经济较为繁盛。

中坛老寨位于寨中山上。古驿道，现存 1.86 公里，保留较好。这里有两处古代驿站遗址。2019 年 7 月中央电视台 10 套《中国影像方志·安龙篇》在此处取景。村寨中存留国家级非物质文化遗产代表性项目"八音坐唱"，有传承人。居委会成立了文艺队，开展民族文化表演活动。这里有织布舞、民歌、民间故事、民间传说、敬酒歌、铜鼓、摩文化等布依族传统文化。韦老师介绍了当地布依族婚丧习俗活动。他说，如果以后开展这些民族习俗活动，他们会通知我们去考察。丧葬仪式，有杀牛、转场舞等环节。丧葬习俗浓郁，程序为树幡、祭翁、祭介、祭伞、转场、开路、堂祭、出殡。仪式过程中敲击铜鼓。铜鼓是布依族民俗文化生活中的重器。现在，古寨婚姻习俗发生了一定变迁，主要程序为浪哨、提亲、定亲、交换生庚八字、办酒等。

我们来到布依文化广场，这里位于凌云山下。据介绍，上、中坛原来就在山上，且有分界之处。中坛古寨至今存留诸多民间祭祀习俗。农历二月第一个戌日祭"接官厅"（亦名"官厅"）、祭山。官厅中奉岑彭神位。祭品有狗等。祭祀时，要宰黑狗、鸡、鸭，制作龙船，同时"扫寨"。"六月六"祭山。村寨中有布摩多人，会念摩经。凌云山、巫山堡、烽火台等景点分布在老寨周围山上。景点都处于原始状态，没有很好开发出来，古朴而又生动。该寨还有九十九步梯、十二塘、石抱树、十二个土地庙等旅游景点。这里属于古代西南茶马古道一部分，可以上达贵州省安顺市，下达广西壮族自治区百色市。山上有金丝榔等各类古树上百棵，其中金丝榔三十多棵，主要集中在七仙台等处。"石生树"，是一棵古金丝榔，生长在高高的岩壁上，树高 20 多米。岩壁上有古营盘，据说是明代城墙，以前有驻兵，至今存在石墙、石门等历史遗迹。"观音老母"，属于当地民间信仰，有圣像，位于石洞中，原供于上洞，现位于下洞。当地群众偶尔来祭拜，以求子嗣。天然一石洞，名"玉女露羞"景点，生动形象。古代官方驿站遗址，有大门，正房三间，两厢有马厩，房子呈倾颓状态。山上有萝漆树两棵，当地布依族名之为"情人树"，有民间传说。蓝靛木，一种古树，有几十棵。山间多古藤。这里属于喀斯特地貌，岩石多，有溶洞。溶洞有藏粮洞、迷魂洞、弃械洞、无底洞、蟒蛇洞、狐狸洞 6 处，均流传相关民间故事。这里还有兵工厂遗址、陆元帅故居。陆元帅真名陆王松（陆飞鸿），布依族，今兴仁市交乐竹林寨人（采访中，有人又说他是兴仁市鹧鸪园人），是清末张凌翔、马河图白旗军起义将领。元帅府是陆元帅当时议事之处，有前、后门，现仅存屋基。"救生塘"，是鲁沟十二塘之一。山上有四口水塘，原来终年有水，现基本干涸。此外，古寨还有面壁岩、刑场、火药库、古炮台、古寨门遗址等历史遗迹。"九十九步梯"，是由中坛老寨到红军桥，两公里左右的石阶路。古石槽，有水，古代喂马之用，当地人称之为"神马槽"。又一处古驿站遗址，也仅存屋基。古岩井，位于岩壁之中，深两米多，始终不盈不亏，名为"长寿泉"，真神奇。其旁边有"天眼"。奇石、古树遍布。古泉井，实则是一处水潭。石壁，名"犀牛回首"。据说小孩不听话，大人带他来摸几下，小孩就听话了。"象鼻饮水"景点，生动形象。上、中坛老寨，原来在山上，有 300 多户，现在全部搬走了。岑官庙在"玉女露羞"山头上。中坛学堂，即民国时期安龙县北区第二国民学校，民国二年（1913 年），由安龙县知事聂树楷设立，清乾隆《南笼续志》中有记载。古迹还有杀牛台、疑兵洞、避匪崖等。这里有辛亥革命武昌起义苗族将军王宪章的故居，其母坟墓至今仍在寨中。县史志办领导建议，中坛古寨可以王宪章将军故里为招牌，重点打造乡村旅游，突出地方特色。这里有布依族制香文化，现在还有十几个人会制香。9 个香车在卡子河上游的鲁沟河边。碾房有 7 个，位于鲁沟河边，有遗址，可开发为景点。碾米，明代就有了。古桥边有 3 个碾房，古驿道残存一段。

之后，我们考察红军桥、古驿道及碾房遗址、香车遗址。红军桥为石拱桥，始建于明代，三孔。1935 年 2 月，红军长征经过此地。桥两端连接古驿道。下午五点，考察之后，我与县史志办领导返回。因劳累，我于德卧镇集市休息半小时，终恢复精神，平安回家。

据韦老师介绍，他是布摩，手头有许多摩经，汉字抄录的，念经时用布依话。他可以让我们拍照、翻印并研究。摩经有祭山经、砍牛经、解邦经及丧葬文化方面的经文，数量较多，内容丰富。他可以给我们唱念，也可用汉语翻译。寨中一些中老年人懂得八音坐唱、布依民歌、织布舞、转场舞等布依族传统文化。我们可再去开展深入调研。民间故事、民间传说等口述史资料很多，需要我们去挖掘。

目前，该村寨乡村旅游开发存在许多困难或问题：缺乏规划设计；开发思路需理顺（建议以王宪章将军故里为核心打造旅游文化品牌）；开发资金不够，融资渠道单一，抗风险能力弱；基础设施建设需加强；旅游文化资源开发不够，既非少数民族特色村寨，又非传统村落，更非旅游重点开发村寨；民居改造亟待加强；宣传不够，旅游品牌未形成，知名度不高，影响力欠缺；旅游开发效益不明显。

下一步计划：一是我们要重点关注这个古寨，做点学问，也要结合现实需要，做一些民族文化应用与实践开发方面的事情。二是指导学生对这个古寨开展研究，争取一二个大学生科研项目。三是引导校内外同行从不同专业角度关注并研究这个古寨，将经济学、山地旅游、民族学、语言学、历史学等专业人才聚拢起来，一起研究这个古寨的民族文化、乡村文化、农村经济等。四是我们的理论研究成果要助力地方经济社会发展。五是加强调研，与村寨及旅游公司保持密切联系与沟通。六是可以将鲁沟塘居委会作为民族学、历史学等专业的研究基地或者实习基地，以加大古寨文化挖掘力度。

感悟：没想到，一个小小村寨竟蕴藏如此之多的历史文化古迹。没想到，一个小小村寨仍存续着十分精彩的风土人情。没想到，一个小小村寨的旅游文化资源竟丰富多样且非常集中。没想到，一个小小村寨竟然如此令人过目难忘。这就是，安龙县普坪镇鲁沟塘居委会中坛古寨。需要我们，需要我们大家共同去关注。其民族的、历史的、艺术的、文学的、旅游管理、经济学诸多方面的精彩故事需要我们去深入挖掘。脱贫攻坚、山地旅游、乡村振兴的文章需要我们认真地去书写。把我们的论文写在这个以古寨为缩影的大地之上，尽我们所能，促进乡村旅游开发，落实乡村振兴战略。

（执笔：彭建兵）

二 香车河村布依族文化考察

2020年1月初的一天，我们离开贞丰县龙场镇对门山村，经兴仁市区、屯脚镇，走313省道，下午3点到达安龙县香车河村。因为前几天已与王键老先生约好，今日再与之对接，所以，当我们到达村里时，他老人家专门从安龙县城下到香车河村来，接受我们的采访。我们十分感谢他的热情。王老非常关心地方民族文化的保护与传承发展，尤其关心村寨发展及布依族民生问题。他是一位希望发挥余热，助力地方发展的老领导，也是一名关注民生、关注村寨发展的普通布依人。我们一行先与他在其家中见面，了解村寨基本情况。他原来担任过安龙县史志办主任，对地方历史掌故了然于心，对香车河一草一木饱含深情。当中共安龙县委组织部等四个部门根据上级相关规定，准备聘请他担任"名誉书记"时，他毫不犹豫地答应了。

香车河村历史文化底蕴浓厚、布依族文化浓郁、自然环境优美，清澈的香车河水常年流淌，石、洞、山、田坝，田园风光十分优美。香车河村是"贵州省少数民族特色村寨"，布依族制香文化被列入省级非物质文化遗产代表性项目名录。他想利用香车河村宝贵的制香文化等民族文化资源，助力乡村社会发展，落实乡村振兴战略，把香车河村打造为一个乡村旅游特色村寨，建设生态宜居、百业兴旺的美丽乡村。为了带头搞好布依族村寨旅游事业，他斥资改造干栏式建筑老房子，现正紧锣密鼓施工中。村中传统民居以前多干栏式建筑。全木质结构的房屋现已大多不存。后来，平房式的石木结构青瓦房成为历史时期当地布依族传统民居。现在，石木结构青瓦平房也为数不多，更多的是砖混结构的平房以及二至三层的现代化楼房。

这次调研，可以说是我2020年9月与王老在中坛布依古寨首次见面以后，相约而来，考察香车河村。香车河村的名声较大，我早就想来看一看，今天终于有了机会。我先还上他借给我看的几本书，以小说为主，文史资料的价值不是很高，粗略看了一下，感觉到了写作者所付出的辛苦，值得点赞。在王老位于公路边的家中，他侃侃而谈，与我们聊起香车河的故事。

王老已是古稀之年，但精神状态挺好。他说起铜鼓的故事，铜鼓与龙王打架的故事等民间故事。他们这儿至今有一个地名叫"铜鼓坡"，就与铜鼓有关系。他说这儿有一座古代的香祖庙，他想把庙恢复起来，作为一个旅游景点。香祖，是硐广布依族的制香祖师爷。硐广是香车河村一个布依族自然村寨，王老就是这个寨子里面的人。

摆谈半小时后，王老带我们参观香车河村。村寨入口处有牌坊式寨门一座，正中书"香车河"三字，浑厚庄重。王老说，这个题名是他应县里要求写的，字写得不好，练了几个月，还是写出来了。王老回忆起他在1986年所写的寓言故事《飘简与坠子》就在香车河一带流传。他幽默风趣，又谦逊，与之交流，如沐春风。

村寨地理环境为典型喀斯特地貌，小山峰众多，环抱整个村庄。美丽香车河静静流淌在村寨坝子中间，清可见底，经年不息，像是在欢唱一首首动人的歌曲。这河流，由众多小溪汇流而成，是本地布依族的母亲河，既可人畜饮用，又可灌溉良田，还可作为制香的动力。香车河往下游流去，至鲁沟塘，称为"鲁沟河"，至卡子，则称"卡子河"，最后注入北盘江。村中，小河左右，便是一片片农田，作物生长旺盛。稻香季节过去，而此刻油菜花开，金黄色一片片，特别迷人。值得一提的是，美丽的小溪自石头山旮旯里流出来，竟哗哗流过诸多农户房前屋后，亦是一道靓丽的风景线。山环水绕的布依村寨，竟如此美丽动人。

据介绍，香车河村布依族以硐广、巧洞等自然村寨居多，姓氏有王、余、陆、李、周等。王姓布依族主要居住在硐广，陆姓布依族主要居住在巧洞。

香车河村布依族民间信仰文化，有山神信仰、香祖信仰、官厅崇拜等。这里还有很多民间故事、民间传说。

在一块巨石的下方，设供台，存祭祀痕迹。此即石神崇拜。布依族石神崇拜在该村有多处，一处在悬崖巨石之下，二为石保爷，三为香女宫。

官厅崇拜在村寨中具有很久远的历史了。官厅位于寨中公共区域。其一侧建有木质亭子，为当地村民公共活动场所。官厅前有一块半亩左右空地，权作停车场。小汽车到此，不能再往前了。我们停车，考察。我对官厅感兴趣，请王老讲官厅的故事。官厅，当地布依族称之为"然四烧"，汉语的意思是“四柱神”，指分工明确的四位布依族抱赛。官厅形制为亭阁式，水泥砖柱形式，内中无像，但设供台，正面有墙，其他三面是空的。正墙以红纸书“神”字贴之。又有纸书“灵威感应”，同样贴于官厅之中。王老说，官厅是古代官员下村寨的议事之所，为体现公正、透明办事，故而无墙。确实，我们在兴义市、兴仁市、贞丰县等地布依族村寨中所见官厅，均不设墙。在古代，官厅是官方与老百姓交流、沟通的场所。清官不扰民，不进寨子，就在这里现场办公。与香车河村邻近的鲁沟塘中坛布依古寨也有官厅，称为“接官厅”。

祭祀官厅是布依族村寨中一项重要活动，凡有官厅之处，每年必有公共的官厅祭祀活动。香车河村布依族在正月初二祭祀官厅。官厅对联两幅，一为：保一村清洁，佑四季平安，横批为“四季平安”；另一对联为：听则无声叩则灵，视之不见求之应，横批为“灵威感应”。

陆姓布依族，每年大年三十至正月初二，祭拜祖先。他们的祭祖地点为陆氏宗祠。陆氏以咂马酒（亦称“扎玛酒”）祭祖。王老认为这个有一定特点。陆氏与余氏共为一祠，而余氏以前为蒙古族。为什么不同民族、不同姓氏的人共祀祖先呢？王老也心存疑问。但历史事实说明了民族融合、民族团结的友好情况。春节时，该村其他布依族只在大年三十祭祖。“七月半”是中华民族传统节日。而当地布依族祭祖习俗与之稍异，有待考察。

王老带我们到巧洞寨一排平房前，推开其中一扇门，即见陆（余）氏宗祠。以前宗祠大，现宗祠较小，只一间房，数平方米。宗祠在中华人民共和国建立后曾被改为学校。我们从目前规制上可以看出改建学校的历史痕迹。宗祠现在分为八九间独立的教室式样的房子，前有一块两三亩地大的地坪。宗祠正面墙上立一石碑，上书“陆余氏历代宗亲位”，下设供台。对联：枝荣叶茂永千秋，源源流长垂万世，横批“祖德流芳”。据介绍，陆氏、余氏两个家族不通婚，但共用宗祠。现在，当地的余姓布依族，一部分认为自己本身就是布依族，另一部分认为自己是蒙古族，姓氏由“铁”改“余”。

“三月三”祭山之事至今在香车河村存在，有待考察。

我们考察制香作坊。数户人家在自家设作坊制香。在一户人家，女主人为我们示范制香流程，我们也体验了一把制香工艺。制香成为当地布依族中老年妇女收入的重要来源，以增加家庭收入，脱贫致富奔小康。

　　我们沿河边走一走，王老不断介绍村情。后来，我们去碉广寨，那里有古人类文化遗址及香祖庙等历史文化遗迹。寨中房屋多为现代砖混结构两层楼房。在一上坡处，有土地庙一座。在山坡之上，村寨高处，有一块十余亩的空地，这里是王家老屋。在这儿，人们可俯瞰全寨，香车河、田坝风光、峰林奇观，尽收眼底，地理位置极好，说这儿是宝地，一点也不为过。王家老屋是典型的干栏式建筑，分上、下两层，共九间。王老说，乡村振兴，他要带个头，先把这个老屋打造出来，带动全村乡村旅游发展。几名工人正在搬运石头，砌墙。现在村里的道路修得比较好，基础设施建设的加强，必将推动农村社会快速发展。但路还是很窄，只能一个车过去，如遇来车，则需退车，以让行。我们从巧洞过石桥后，就碰到了与来车相遇之情形。我们倒车，礼貌让行。王家老屋旁边有王键老先生弟弟的房子。这是一座三间的平房，石木结构青瓦房。目前，这座房子闲置。王老准备以之筹建博物馆。三个房间的墙上及地上堆满了各式书画作品、老照片以及王氏宗亲材料、书籍等。堂屋门楣上由韦永龙书匾"智渊洁圭　含薮比璋"。右侧屋中悬中华民族各民族的服饰相片，另有兴仁市屯脚镇布依族王国佩写的许多书法作品。王老说，王国佩的字写得好，是老摩，会说布依话，懂摩经。我们明天将去采访他，了解铜鼓等布依族文化。堂屋，设家神。其正面墙上悬一匾，"椿萱并茂"。这应该算得上是历史文物，是1936年安龙县县长李重中送给王键爷爷的寿匾。王老说，"椿"指"男老人"，"萱"指"女老人"。这匾原来被藏了起来，要不，今天早就不在了。屋中之物甚为杂乱，另有农耕文化遗存等，如何提炼主题很重要。在村寨文化打造方面，王老说得最多的是"创新"，民族文化的创新。他一直在思考这个问题，也在努力寻求解决的办法。"碉广"，布依语意思为"宽宽的坝子"。"巧洞"，布依语意思为"田坝的那一头"。王老想以香车河、制香文化为重点打造布依族乡村旅游村寨。流经田坝的香车河，自然形成"阴阳太极图"。这个地方是可以萌生创意的。可以布依族香文化为核心，有香祖庙、香郎洞、香女宫，人文与自然，交相辉映，当然有发展空间。香祖庙距王家老屋不远，在其后侧山坳间。香祖庙中供制香始祖。去那儿考察不方便，我们只能远观。庙由砖砌，不大，中有石像。庙有对联。王老说，祭祀香祖只能在其对面山坡遥祭，点香，燃烛，叩头。祭祀活动古已有之，具体年代不详。香祖庙前方不远处有清泉两眼，名曰"同心泉"。当地布依族结婚时，要来拜香祖，取同心泉之水，男左、女右持瓢取水，然后手臂相交而饮，是为"交杯水"。这个故事可以深挖。王老指着对面的羊肠小道说，以前，人们就从那边走过来，取水。除新婚时取泉水外，正月初一清晨，当地媳妇、姑娘也要来取"新水"。谁挑得第一担水，谁就最幸运。所以，正月初一之时，有人很早就来这儿取水，形成传统了。香祖庙附近有神树。据介绍，神树是枫树，5人才可合抱，树龄在一百年以上。今不得见，待以后再看吧。

天色渐晚。返回途中，考察香郎洞。据说，香郎是香祖之子。香郎洞位于硐广寨中三岔路口，一个天然溶洞，位于狮子山头部的下方。我们入洞，但看不清，也不知其深广，遂退出来。王老说，这个香郎洞是第三次全国文物普查时发现的，是有着上万年历史的古人类遗址。香郎洞除了主洞外，还有一个耳洞，两洞相连通，可观天象，看地理。

我们经石桥、坝子，再去考察香女宫。据说，香女是香祖之女。香女宫位于巧洞寨，与香郎洞隔着田坝，但处于后山位置，正好背对着香郎。香女宫因香女而名。香女实为一天然之石，极像一位体态婀娜美少女，从洞中飘然而出。香女宫这里原来有庙宇，1968年被人破坏。王老说，现在要恢复古庙。香女宫对面一块巨石，系石保爷，是当地布依族求子祭拜之所。巨石下缠红布，设简易供台。为求生儿子、子孙发达，人们拜之。小孩生病了，为求其健康成长，人们也来拜这个石保爷。此两处皆系石神信仰。香女宫附近有天然溶洞，极宽广，山体是空的，下为溶洞，极有价值。村寨正引进浙江投资商前来投资开发，准备将溶洞开发为一个美好的自然景观。

天色渐渐暗了下来。最后，王老带我们去看香车。这里的香车是卧式水轮。水自村中流来，冲下沟渠，转动水轮，加工出制香原料"香粑"。我们用手机照明，考察。考察结束，已近晚上七点，我们与王老一起到安龙县城。我们吃完晚饭，十点多到酒店，整理相片、资料，凌晨一点才睡，很累。

（执笔：彭建兵）

三　花江铁索桥摩崖石刻及布依文化考察

（一）地理环境

花江铁索桥位于北盘江花江大峡谷贞丰县平街乡花江村花江组境内，横亘于北盘江之上，距贞丰县城 45 公里，为贵州省安顺市关岭县与黔西南布依族苗族自治州贞丰县交界之处，上下连接西南茶马古道，乃其中重要节点，目前是省级文物保护单位。旧桥两边今仅剩桥墩部分。

北盘江峡谷，两岸峭壁高耸，一江碧水，奔涌而下，水流湍急，十分壮美。花江布依寨中地名"鹅翅膀"的山头形状极似鹅之翅膀，实为悬崖峭壁，一端临近古桥边，下面即当地人所称"七口碑"之处，此处为国家级文物保护单位茶马古道—贵州—花江摩崖石刻群。茶马古道以石头砌成，"之"字形盘旋，弯弯曲曲，随山而转，马蹄窝深深浅浅一个个，见证了古道历史之悠久，记载了古人跋涉之艰辛。

铁索桥所处地段为北盘江花江段，江水如碧，两岸峭壁，花开时节，五色野花飘落于波涛汹涌的江水中，使得碧绿江面繁花点缀，十分美丽，故名"花江"。花江乃珠江上游北盘江流经贞丰县、关岭县中的一段，典型的喀斯特地貌。花江大峡谷谷深而狭长，原始森林生态优良，溶洞、伏流、绝壁、旋塘，峰林奇石连绵不绝，自然之美秀丽壮观，更兼石刻、古道、古桥、古寨等人文遗迹，可与长江三峡相媲美。古时候，文人骚客经由此地，往往吟诗作赋赞其壮美。今因下游贞丰县者相境内董箐水库之修建，江水没有从前那么波涛澎湃，水面平阔，稳重娴静。偶有游船穿梭其上，则惊扰了这世外桃源般的宁静。今人游览花江铁索桥之后，多由衷赞美。2012 年，有关部门修复铁索桥，在旧桥之上方复原，于旧桥基础上抬高 9 米到 14 米。新桥长 116 米，宽 2 米，距水面 40 余米。此处水位最高可达 500 余米，十分惊险。游客可悠走于桥上，每次限 110 人，睹花江美景，舒浪漫情怀。每日游人如梭，登桥以观峡谷之美景。贞丰县北盘江国家湿地公园壮美无比，江面宽阔百米，两岸绝壁高耸，江水碧绿如蓝，游人流连忘返。

花江铁索桥所在地属黔西南布依族苗族自治州贞丰县平街乡花江布依寨，有 117 户 417 人，全是布依族，几乎全姓梁。这是一个民族特色浓郁的少数民族村寨，获得"中国传统村落""中国少数民族特色村寨""贵州省乡村旅游村""贵州十佳美丽乡村"等称号。花江布依寨至今保存着良好的布依族生态文化，有布依族传统建筑、古法织布、铜鼓舞、小打音乐、祭祀文化等。

（二）摩崖石刻

明洪武十五年（1382 年），于花江古渡设塘，驻兵防守，修筑驿道，乃交通要塞。花江古驿道在平街乡营盘村与小花江村之间。古驿道于嘉庆六年（1801 年）重修，青石铺路。现存古道约 8 公里，宽 1.8 米左右，有修路碑一通。花江布依寨后山名"花江岩"，极其陡峭，高数十丈，绝壑悬岩，羊肠狭径，鸟难以飞。清乾隆时期爱必达《黔南识略》记载花江岩之险峻。"花江岩在城北九十里，两山夹水，陡入不测。行旅经此，无不危心。"①咸丰《兴义府志》记曰，"贞丰州形势，水则红水江亘其南，清水江界其中；山则有九盘、花江、石屯、者党诸山，皆天险也"②。为了解决渡江艰难、行旅困难，清代光绪年间修建花江铁索桥。花江铁索桥始建于光绪二十一年（1895 年），于光绪二十六年（1900 年）竣工，由贵州提督蒋宗汉（字炳堂）牵头，其属下将官及同济盐号等行商捐资修建。古桥飞架南北，天堑变通途。

据调查，花江铁索桥原以 14 根铁链连接于两岸人工凿成的石孔内，每根 362 环，上铺大木枋以便交通。桥距水面 70 多米，长 71 米，宽 2.9 米。古桥连接关岭县与贞丰县边界，属古驿道部分，系国家级文物保护单位茶马古道北盘江花江段古驿道。铁索桥南段，当地人称为"七口碑"的地方至今存在三四十处摩崖石刻，均与花江铁索桥修造有关。其中既有摩崖碑刻文字，又有摩崖石刻造像，还有岩画，以摩崖、碑刻文字居多。

黔西南州文物工作者黄理中等人于 1987 年夏天调研花江铁索桥，略记铁桥及其相关摩崖石刻、蒋炳堂造像、古驿道、福德神祠、观音庙、龙王宫、山神祠等古迹。他们统计，从七口碑到桥头有摩崖石刻、石碑、石窟共计 47 处。③

---

① （清）爱必达：《黔南识略》卷 28，载黄加服、段志洪主编《中国地方志集成·贵州府县志辑》（第 5 册），巴蜀书社 2006 年版，第 518 页。

② （清）张锳修，邹汉勋、朱逢甲纂：《兴义府志》卷 4《地理志》，载黄加服、段志洪主编《中国地方志集成·贵州府县志辑》（第 28 册），巴蜀书社 2006 年版，第 128 页。

③ 黄理中：《黔西南文物古迹》，云南人民出版社 2017 年版，第 159—160 页。

1. 石刻文字

古桥南端高大石壁之上存留石刻数方，有"万缘桥""花江桥""功成不朽""贞丰北界""飞虹""履道坦坦""彩虹双映""屹然大观""贞丰县北界"等三四十处，又有"建修花江铁索桥记""拟筹花江铁索桥岁修规程记""计开章程条列于左""重建铁索桥功德碑记""补修花江路序""重建花江铁索桥记""培修花江铁索桥记"等多方碑刻镌刻于石壁之上。相邻不远处石壁之上集中如此之多摩崖石刻，既有文字又有造像，既有题字又有碑文，实属罕见，当尽力保护。这个地方被当地人称为"七口碑"，意即古碑多也。据载，1983 年，南岸石刻曾遭人破坏，案犯已受到应有的法律制裁。古迹保护工作有待加强。花江铁索桥又名"万缘桥"或"花江桥"。花江铁索桥人文蔚然之景况若此，自可深入研究。

2. 石刻造像

古桥之南端至今存留蒋氏摩崖造像，龛额篆书阴镌字一行，即"炳堂蒋军门行乐图"，其右有碑文"炳堂蒋军门行乐图"。碑右下部残缺。碑文内容：

1 行：蒋公炳堂仁慈忠贞桥头蒲扇▇▅

2 行：轩昆胡须不道负广厦土地独▅

3 行：对乎桥梁矱登斯民恰维席除▅

4 行：风协兮兰蒋公炳堂仁慈忠贞

兴义府训导熊济熙题

蒋炳堂石像凿于洞窟内，就石为龛，中设塑像以纪念其建桥之功德，以表示敬意。然而原造像头部被削，已残缺不全，现已补全。古桥南端驿道边摩崖石刻"万缘桥"，位于蒋炳堂造像下方。"万缘桥"摩崖，长方形，长 226 厘米，宽 100 厘米。其右为：光绪二十六年庚子夏立，其左为：署提督军门安义总镇蒋宗汉创修，三品衔补用道兴义府守石廷栋题。

蒋炳堂造像窟，窟高 150 厘米，宽 116 厘米，进深 103 厘米。蒋炳堂像，石质，高 130 厘米，宽 95 厘米，厚 25 厘米。蒋炳堂造像，正襟危坐于石凳之上，身着厚长袍，头部已残，今用水泥补之，右手持蒲扇上举，似悠闲状，左手腕残缺，现用水泥补之，扪胸，面向江水，神态安详，令人肃然起敬。

蒋氏此举确实值得称颂。今人犹有敬之如神者，香灰等祭祀痕迹仍存，其头部披红布。蒋宗汉（1838—1903 年），字炳堂，云南大理鹤庆人，出生于今鹤庆县新屯乡大福地村，曾镇压清末杜文秀回民起义、黔西苗民起义及参与镇南关战役，抗击法国侵略军，英勇善战，屡立军功，后任千总、守备、越嶲参将、阜和协副将、腾越厅总兵、安义镇总兵、贵州提督等职务，与云贵总督岑毓英等相善。其热心公益，光绪二年（1876年）于金沙江修金龙桥，亦铁索桥，光绪年间又修花江铁索桥，行旅称便。今大理古城玉珥路有蒋公祠，以纪念蒋宗汉。蒋宗汉墓位于今鹤庆县新屯乡大福地村，现已不存。民国《关岭县志访册》卷一记载蒋宗汉修桥之事。光绪二十四年（1898 年），桥因大水而毁，蒋氏矢志再修，终于光绪二十七年（1901 年）竣工。蒋宗汉修建花江铁索桥之故事值得探索。民国三十四年（1945 年），桥被羊群压断，地方政府重修。中华人民共和国建立后，1954 年重修，1986 年贵州省交通厅又重修，并于南岸立"维修花江铁索桥记"碑，以记其事。

3. 岩画

距铁索桥南 3.5 公里古驿道即今小花江村道旁崖壁上有"七马图"岩画，一米见方，绘七匹负鞍之马，向西而行。马分两列，上三、下四形排列前行，每马长 5 厘米，宽 3 厘米，黑线白描，技法古朴。该岩画与对岸的岩画相似，反映了西南地区古代驿道交通历史及经济贸易等情况，具有较高历史文化价值。

此外，这里还有福德祠、山神祠、龙王宫、观音庙遗址。

福德神祠位于古桥南端石壁下部，未被湮没，今仍可见。该祠位于"万缘桥"摩崖石刻之左边，正好位于蒋宗汉龛像之左前方。福德神祠为石窟，就石凿龛，两边围以巨石，上盖一块大石板。龛高 164 厘米，宽152 厘米，进深 148 厘米。龛内原设福德正神塑像一尊，石质，今已不存。现存祭祀遗迹。福德神祠即土地庙。据说，福德正神系古代凡人，名张福德，厚德孝道，为官清廉，体恤百姓，多行善事，102 岁高寿而终，死后 3 天容貌不改。一名贫民以四大石围成石屋祭祀之，不久由贫转富。众人以为神恩佑护，纷纷为张福德建庙，恭敬奉祀，渐成风俗。人们将之与土地公并列，尊称为"福德正神"。记得我们曾于近年在册亨陂䴖、坡桑等布依古寨见到过清代福德神祠，这两寨中的福德神祠中也均无福德正神神像。福德正神，生意人多拜之，祈福及财，利益众生。

因之前贞丰者相境内董箐水库之修造，北盘江水位自然抬高，旧桥部分基本被湮没。古桥边之观音庙、山神祠、龙王宫等古迹没入水下，十分可惜。但有时候水位下降，观音庙、山神祠、龙王宫等古迹时而露出水面，还是可以开展考察工作的。神庙分别以石块垒砌为窟，原位于古驿道边，就崖造窟，三窟独立，而以石隔开，但合一为庙，形成一个整体，上以黄色琉璃瓦盖之。整庙高450厘米，宽550厘米。其中，观音庙高223厘米，宽120厘米，进深175厘米；山神祠高177厘米，宽116厘米，进深114厘米；龙王宫高168厘米，宽120厘米，进深89厘米。观音像上部，即庙之顶部中央额题"普陀真境"。庙之中间石柱原有左右各一石质雕龙，现已被破坏，依附于龙王宫左侧。三窟中原来分别立观音、山神、龙王之石像。观音像居中，左为山神，右为龙王。山神像之龛额阴刻"山神祠"。龙王像之龛额阴刻"龙王宫"。山神祠、龙王宫中已无龛像，仅剩供台，只有中间窟龛尚存观音石像。观音像，石质，高80厘米，宽45厘米，厚11厘米，头部已残，身披叶衣，双手托净瓶于胸前，趺坐于莲台之上。

（三）花江古寨布依族文化

小花江布依族传统民居，石木结构平房，石墙涂以黄色。这个村寨是"中国传统村落"。如今，这种房子大多为两层楼房，统一规划设计，外观以黄土颜色进行了一定程度的复古表现，以展示其特色。村中还存在一些传统的平房建筑，是典型的石木结构青瓦房。

千年古榕，树下有庙。此处为土地庙。农历三月，当地布依族"祭山"时，于此处开展祭祀活动，称为"供饭"。

村中三岔路口竖两块石质挡箭牌，下端插于土坎之上，墨书文字，指示东、西、南、北走向，同时书写生病小孩及其父母姓名，祈求小孩免灾少病、健康成长。

"扫寨"。农历二月，当地布依族开展"扫寨"活动，由布摩择定吉日，在千年古榕下土地庙"供饭"。农历三月间寅日"祭山"，祭祀凉亭（即"官厅"），以前宰牛，现在宰猪。农历五月十一日敬土山包上的土地庙，六月间寅日又于凉亭"祭山"。腊月间，布摩看日子，四个"头人"（即民间社会组织祭祀活动的人员，由四个村民小组每年分别派出一人组成）负责组织祭祀活动，在古榕下土地庙祭神。人们在凉亭里面只能说布依话，不能说汉话等其他语言。祭祀活动所需费用由各户均摊，一般为二三十元。

凉亭是当地布依族祭祀老祖公、寨神的场所。当地布依族称此处神灵为"神主"，每年农历三月间寅日、六月间寅日祭祀之。该处凉亭与兴仁市、兴义市等地布依寨中的官厅，在形制上差不多，木结构平房，屋子不大，上盖青红相间瓦片。凉亭中设供台，内无神像。墨书对联于红纸，张贴于凉亭两木柱上，左联：叩则无声拜则灵，右联：求之有允敬之应，横批：有求必应。凉亭院落中古树数棵，长势旺盛。凉亭大门处墨书对联于红纸之上，张贴门之左右。左联：祭神主求风调雨顺，右联：佑庶民得幸福安康，横批：有求必应。

寨神、山神、土地神是存在于当地布依族心目中的民间信仰性质的神灵。据说，祭祀山神、凉亭（其中有神名"神主"，应为寨神）、土地等活动是老辈子一代一代传下来的规矩。凉亭有围墙，只有在三月、六月间祭祀活动开展时才开门，平时大门紧锁。外人不能进凉亭，女性也不能进，不满十二周岁的男性也不能进。"祭山"时，人们在凉亭里开展祭祀仪式活动。正月初一至初三，家家到凉亭、土地庙"供饭"。祭祀山神、凉亭时，由布摩主持仪式，并诵摩经。

现在，本地布依族丧葬仪式要"砍嘎"，要用被称为"老鸹藤"的古藤捆绑住牛，以开展仪式活动。这承袭了传统习俗。我们考察时，适逢寨中一位梁姓老人去世，堂屋门楣悬白色纸钱，上书"当大事"。其房屋前树立一根带叶子的竹竿，上挂白色纸钱，应为幡。

（四）余论

1. 地方历史文化内涵挖掘。可以深入研究花江铁索桥摩崖石刻及其相关事物的历史文化内涵，同时将其与西南茶马古道、贵州经济史、交通史、军事史等联系起来整体研究。

2. 地方历史文化的现代应用。将历史文化古迹的保护与旅游开发密切结合，尤要注重花江布依寨少数民族生态旅游事业的开发，可与关岭县旅游文化资源进行联合开发。

（执笔：彭建兵）

四　滑石哨布依族传统民居考察

2017 年 8 月中旬的一天中午，我们来到距离黄果树瀑布景区不远的安顺市关岭县白水镇滑石哨民族村开展田野调查。滑石哨民族村是一个历史悠久的传统布依族村寨，是贵州省民族文化重点保护建设村寨，同时是全国第一个布依族文化保护建设村寨。该村布依族人口占全村总人口的百分之九十以上，其中伍姓布依族人口又占全村总人口的大部分。滑石哨村是一个民风淳朴的古老村寨，至今保留着古老的布依族传统建筑以及其他深刻历史人文底蕴的布依族传统文化。这里的布依族传统节日有"三月三""六月六"等。每到节日，全村男女老少都会集中在土地庙附近，对唱民歌，欢声笑语不断。滑石哨民族村可谓是依山傍水，村前清澈的小溪使人有一种心旷神怡的感觉。作为黄果树瀑布景区的一个旅游景点，滑石哨民族村迎来了发展好机遇。

滑石哨民族村的民居建筑基本上为木石结构，整个村庄，无论一层还是多层的传统民居，都由石料和木料建成，钢筋混凝土结构的房子难以看到。我们来到一户姓伍的布依族人家，他家的房屋已建成现代化建筑。我们请他带我们去其他地方看一看。于是，我们来到他叔叔家。他叔叔家的房屋还保留着传统的木石结构形式。房子为三层建筑（含地下室）。据伍先生介绍，建筑所需木料都是在当地采用的，用火熏干后可用于建筑，否则会生长蛀虫。一进大门，便是老人卧室，旁边是厨房。老人卧室的下面是喂养牲畜的地下室。第三层基本上不住人，用于储藏粮食及堆放杂物。我们注意到，民居中有一个很大的烧火的房间。这个房间里没有什么东西，只有一个经常用于烧火的火坑。老人说，这个房间是专门用来烧火的，不作其他用途。屋顶覆盖石片，以为瓦片。这些瓦片都是来自安顺市镇宁县境内的天然石片，基本上不用加工便可直接当作建筑材料。建筑所用的木料是用榫卯方式固定的，而石料的堆砌没有任何介质，就这样一层一层堆起来，防水性能良好。老人介绍，房屋一般根据坐南朝北的朝向来建造。这是房子的方位问题。这种传统建筑有一个特点，就是冬暖夏凉，住起来舒适。

之后，我们起身告辞，来到他们节日里经常聚会的土地庙。只见一棵高大的古榕树上挂满了红色的布条，据说这是当地布依族群众为了祈福而系上去的。土地神信仰是布依族的民间信仰。人们以为，土地神信仰能给他们带来一定心理安慰。这是民间信仰的功利性所在。

最后，我们来到了村寨中从前碾米的地方。石碾借助水的冲力带动石磨，使其循环转动，从而达到碾谷的目的。老人们说，这个碾房现在还在使用，一天能碾上千斤大米，是全村公用的地方。每到传统节日前夕，来此碾米的人很多，热闹非凡。

（执笔：马　旭）

五　惠水好花红布依族酒文化考察

久闻惠水县黑糯米酒盛名，2017 年 10 月初的一天，恰逢国庆长假，我们便准备行囊踏上了惠水考察之路。历经一天时间，一路颠簸，我们终于到达了惠水县好花红镇。

惠水好花红风景区主要以辉岩古寨为中心，向四周辐射，与周边村寨连成一片，形成为具有较高知名度的旅游景区。辉岩古寨内的中华布依第一堂屋、文林郎之家、武林郎之家、染坊之家、歌舞之家、酿造之家、工艺之家、商贾之家、清代古墓等是重要的旅游景点。

我们根据旅游指示牌考察。石木结构房屋是当地布依族的传统民居。"歌舞之家"因为失火，现仅存残垣断壁。"文林郎之家""武林郎之家""商贾之家""工艺之家"与"染坊之家"仅存一些关于布依族清代文武状元、靛染、银饰、商贾传奇等照片。所幸的是，除了"歌舞之家"无法复原之外，其他景点较好地保留了原状，使我们得以窥探其旧时之貌。我们沿着一条青石板，走进小巷子，尽头是一处布依族朝门。此时，我们闻到了酒糟发酵的味道，精神不禁为之一振。果然，待我们走到门牌处，便看到了"酿造之家"。朝门上有对联一副：布依酒情深意长，刺梨酒味醇色美。一进朝门，酒香就扑鼻而来。这座院子是惠水县布依族典型的两层石木结构青瓦房，第一层由石块堆砌而成，第二层为木式砖瓦结构，一、二楼之间依靠青石阶梯连通，二楼走廊有"美人靠"扶手。这小院子，看着就很安逸。我们看了一下房屋布局后，将目光锁定在院子右侧的酿酒大锅上。这个大锅和册亨县一带的酿酒天锅不同，露天放置，砖头垒成灶头，以混凝土加固，上边支一口盛放酒糟的大锅。这部分与册亨县的酿酒大锅一致，不同之处在于，在大锅上边倒扣了一个小锅，上面还穿了一个小洞。在大锅旁边的水平位置，还放置着一个坛子。我们正疑惑为什么放这个坛子时，主人来了，问我们，是不是要买酒。在了解了我们的目的后，主人为我们揭开了这口酿酒大锅。原来这锅的下半部分是用来盛放酿酒原料的。但这上半部分就很有意思了。倒扣的锅必须比下边的锅小一些。这样的结构，是为了在酿酒时，保证蒸汽不散逸。这小锅可以起到密封的作用，同时，两锅相接之处还要铺上沾湿水的布条，也是为了减少酒蒸汽的泄露。那上边打个小洞是为什么呢？据主人介绍，这是放气孔，就是为了将蒸汽接到那造型怪异的坛子里面去。为何那坛子"怪异"呢？这坛子有个专门的名称"气坛"。坛子为锥圆，敞口，上大、下小，分两层，互不相通，坛壁外缘上、下各有大、小两个孔。酿酒时，坛子里装入自来水，充当冷却液的作用。待大火将原料煮开，产生酒蒸汽，便用管子将大锅洞口与坛子上边的大孔连接起来，尽量使其密封。此时，酒蒸汽在坛子内部冷却液化，醇香的美酒便从坛子下方的孔里流出来了。这坛子原来起到了冷却酒蒸汽的作用，使其液化成酒，这个原理与册亨县一带的天锅差不多，但是设计着实巧妙。坛内密闭空间尽量保留酒蒸汽，不会像木桶式冷却法那样，因为木质本身或者长期暴露而滋生细菌等原因影响酒质。据说这坛子现在就这么一个了，弥足珍贵。难怪我们想触摸它的时候，主人叮嘱我们要小心一点。

我们考察的时候，不巧，主人刚把前几天发酵好的刺梨酒酿制完毕。我们只能空叹息。我们看完这神奇的酿酒器具之后，便四处看看，期待有更多发现。我们走进一楼房间，看见好几大盆盖着的酿酒原料。我们凑近闻了闻，有谷物发酵的特殊酸味，也有水果发酵（惠水的果酒也很有名，比如刺梨酒、橘子酒等）的特殊酸甜味。我们问，一般不都是用瓮装的吗？主人说，不一定，只是水果发酵比较快，用盆装，酿造的时候就更方便一些，只需要做好密封就行了。主人真的很热心，我们不停地问，她也没有不耐烦，还给我们介绍了很多布依族酒文化知识。她说，今年刺梨收成不好，果实质量不太好。刺梨的收成关系到产量，果实质量关系到刺梨酒的质量。果实含糖量的多少决定了酒的口感。接着，我们走到了二楼，倚在"美人靠"扶手边照了几张相片。进堂屋时，酒香浓郁，气味虽然纷杂，却不刺鼻。十平方米左右的屋子里摆满了各种酒，有我们仰慕已久的黑糯米酒、刺梨酒、纯米酒等，还有一种未曾见过、闻所未闻的橘子酒。我们想，这橘子酒竟然还是酿制的，不是炮制的，也算是大长见识了。主人取出橘子酒等各种酒，让我们一一品尝。我们认真品尝了，口感很好。

刺梨酒是用刺梨果实酿造的。野生的刺梨果奇酸无比，而人工种植的刺梨果甜度较高。我们品尝的刺梨酒是用人工种植的刺梨生产出来的酒，酒液金黄透亮。酿制的刺梨果酒有一股果实本身的味道以及果糖发酵后而具有的酒味，味道鲜美，独具特色。

酿造黑糯米酒的原料为被称为"黑珍珠"的惠水黑糯米。黑糯米的产量较低，为待客之上品。黑糯米非常珍贵。其酒液晶莹，黑红透亮。我们品尝黑糯米酒，感觉入口酸甜，伴着酒水入喉，热气充盈而上，带有米酒的绵软之感，唇齿生香，果真当得起"回味无穷"这四个字。

（执笔：岑柱志）

参考文献

一　古籍

（清）陈熙晋：《之溪棹歌》。

（民国）窦全曾修，陈矩纂：《都匀县志稿》。

（清）李其昌纂修：《南笼府志》。

（民国）李绍良纂：《榕江县乡土教材》。

（清）梁玉绳：《播州谣和马鲁浦》。

（清）路朝霖：《毕节清明竹枝词》。

（后晋）刘昫等：《旧唐书》。

（清）刘韫良：《牂牁苗族杂咏》写本。

（清）毛贵铭：《黔苗竹枝词百首并引》。

（清）欧阳朝相：《都匀竹枝词》。

（民国）冉崶修，张俊颖纂：《兴仁县志》。

（清）宋庆常：《涵性堂诗钞》。

（民国）王华裔修：《独山县志》。

（北齐）魏收：《魏书》。

（民国）无名氏：《黎峨竹枝词》。

（民国）伍颂圻：《苗风百咏》。

（清）易凤庭：《黔苗竹枝词》。

（清）余上泗：《蛮峒竹枝词》。

（清）张国华：《全黔风俗竹枝词》手抄本。

（晋）张华：《博物志》。

（清）张澍：《养素堂诗集》。

二 著作

安龙县民族事务委员会编:《安龙县民族志》,1989年。

安佑志等:《山地旅游资源空间分布评价——以贵州省为例》,科学出版社2018年版。

《布依族简史》编写组、《布依族简史》修订本编写组编:《布依族简史》,民族出版社2008年版。

《布依族简史》编写组编:《布依族简史》,贵州人民出版社1984年版。

岑家梧:《岑家梧民族研究文集》,民族出版社1992年版。

陈立浩编:《布依族民间文学》(故事集),1982年。

陈茂荣:《传统与现代生活节点上的古村:坝盘》,贵州人民出版社2017年版。

陈志永:《少数民族村寨社区参与旅游发展研究》,中国社会科学出版社2015年版。

戴裔煊:《干兰——西南中国原始住宅的研究》,山西人民出版社2014年版。

范宏贵、刘志强等:《中越跨境民族研究》,社会科学文献出版社2015年版。

冯景林:《天籁之音——布依族曲艺戏剧文集》,内蒙古人民出版社2010年版。

龚德全:《贵州布依戏》,重庆出版社2013年版。

桂梅、一丁:《布依戏研究文集》,贵州民族出版社1993年版。

贵阳市花溪区民族宗教事务局、贵州省贵阳市花溪区布依学会编:《花溪布依族酒礼歌》,2005年。

贵阳市民族宗教事务局、贵阳市布依学研究会编:《贵阳布依族酒歌》,2006年。

贵阳市乌当区民族宗教事务局编:《乌当布依酒歌》,2005年。

贵州省安顺地区民族事务委员会、镇宁布依族苗族自治县民族事务委员会编:《古谢经》,贵州民族出版社1992年版。

贵州省建设厅编著:《图像人类学视野中的贵州乡土建筑》,贵州人民出版社2006年版。

贵州省民族事务委员会等编印：《民间文学资料》（第44集），1980年。

贵州省民族事务委员会等编印：《民间文学资料》（第45集），1980年。

贵州省史学会近现代史专业委员会编：《廉舟文集》，汕头大学出版社 2004年版。

贵州省文管会办公室等编：《贵州节日文化》，中央民族学院1988年版。

贵州省文化出版厅、贵州省民族事务委员会编：《贵州省少数民族戏剧资料汇编》，1985年。

贵州省文史研究馆编：《贵州竹枝词集》，贵州人民出版社2019年版。

郭堂亮主编：《布依族古歌（上、下卷）》，贵州民族出版社2012年版。

何积全等：《社会转型期民族民间艺术演变发展调查研究》，民族出版社 2012年版。

何琼：《贵州原生态民族文化探究》，中国社会科学出版社2016年版。

何星亮：《中国自然崇拜》，江苏人民出版社2008年版。

何星亮：《中国自然神与自然崇拜》，生活·读书·新知三联书店上海分店 1992年版。

黄德林主编：《贵州蓝皮书·贵州册亨经济社会发展报告（2016）》，社会科学文献出版社2016年版。

黄海珠：《民族旅游村寨建设研究》，中国经济出版社2009年版。

黄理中编著：《黔西南文物古迹》，云南人民出版社2017年版。

黄燕玲、罗盛锋：《旅游感知视角下西南少数民族地区农业旅游发展模式研究》，科学出版社2017年版。

黄义仁：《布依族史》，贵州民族出版社1999年版。

黄义仁：《布依族宗教信仰文化》，中央民族大学出版社2002年版。

黄义仁、韦廉舟编撰：《布依族民俗志》，贵州人民出版社1984年版。

金露：《遗产·旅游·现代性：黔中布依族生态博物馆的人类学研究》，浙江大学出版社2016年版。

柯琳：《中国少数民族曲艺研究》，中国文联出版社2016年版。

来仪等：《西部少数民族文化资源开发走向市场》，民族出版社2007年版。

李文钢编著：《减贫摘帽　同步小康——贵州10个国家扶贫工作重点县减贫研究：册亨卷》，贵州大学出版社2017年版。

李秀良：《中国贵州镇山布依族风情》，贵州人民出版社2004年版。

刘玲玲:《贵州布依戏研究》,光明日报出版社 2013 年版。

梁思成:《中国建筑史》,百花文艺出版社 2005 年版。

梁燕敏:《中国建筑的传统风格与民族特色探析》,中国纺织出版社 2018 年版。

梁茵:《西南少数民族建筑景观研究》,中国原子能出版社 2018 年版。

陆寿鹏主编:《白酒工艺学》,中国轻工业出版社 1994 年版。

罗德启等编著:《千年家园 贵州民居》,中国建筑工业出版社 2009 年版。

罗洪庆主编:《布依学研究——布依族非物质文化遗产传承保护交流会专辑》,云南大学出版社 2017 年版。

罗祖虞:《中国布依族古百越文字首始调查暨研究》,云南民族出版社 2016 年版。

罗祖虞主编:《布依族历史与文化研究》,云南人民出版社 2007 年版。

吕思勉:《中国民族史》,江西教育出版社 2018 年版。

马启忠、王德龙:《布依族文化研究》,贵州民族出版社 1998 年版。

毛鹰:《布依戏史话》,贵州人民出版社 1985 年版。

梅其君、张莉等:《贵州民族村寨的现代技术传播与文化变迁》,知识产权出版社 2017 年版。

孟慧英:《中国原始信仰研究》,中国社会科学出版社 2010 年版。

彭娜娜等:《册亨布依族转场舞人类学研究》,中央民族大学出版社 2017 年版。

黔西南州文化局编:《贵州布依戏》,1993 年。

覃光广等编著:《中国少数民族宗教概览》,中央民族学院出版社 1988 年版。

斯心直:《西南民族建筑研究》,云南教育出版社 1992 年版。

申茂平等:《贵州非物质文化遗产研究》,知识产权出版社 2009 年版。

索晓霞:《并非两难的选择——云贵少数民族文化保护与开发问题研究》,贵州人民出版社 2003 年版。

索晓霞:《无形的链结——贵州少数民族文化的传承与现代化》,贵州民族出版社 2000 年版。

天龙主编:《民间酒俗》,中国社会出版社 2006 年版。

王伟、周国炎编:《布依语基础教程》,中央民族大学出版社 2005 年版。

［美］维克托·布克利：《建筑人类学》，潘曦、李耕译，中国建筑工业出版社 2018 年版。

韦廉舟编著：《布依族苗族风土志稿》，1981 年。

韦启光等：《布依族文化研究》，贵州人民出版社 1999 年版。

韦兴儒等编：《布依族摩经文学》，贵州人民出版社 1997 年版。

乌丙安：《中国民俗学》（新版），辽宁大学出版社 1999 年版。

吴洪凯、许静主编：《生态农业与美丽乡村建设》，中国农业科学技术出版社 2015 年版。

吴秋林：《图像文化人类学》，民族出版社 2010 年版。

吴秋林：《众神之域——贵州当代民族民间信仰文化调查与研究》，民族出版社 2007 年版。

吴晓梅等：《册亨布依戏人类学研究》，中央民族大学出版社 2017 年版。

吴晓萍、康红梅：《民族地区危房改造与少数民族传统民居保护研究——以贵州省为例》，人民出版社 2015 年版。

吴泽霖、陈国钧等：《贵州苗夷社会研究》，民族出版社 2004 年版。

伍文义等：《中国民族文化大观·布依族篇》，暨南大学出版社 2018 年版。

夏学英、刘兴双编著：《新农村建设视阈下乡村旅游研究》，中国社会科学出版社 2014 年版。

谢彬如等：《文化艺术生态保护与民族地区社会发展——关于贵州民族文化保护与发展的研究》，贵州民族出版社 2004 年版。

谢彬如主编：《中国节日志·查白歌节》，光明日报出版社 2014 年版。

肖青等：《西南少数民族地区村寨生态文明建设研究》，科学出版社 2014 年版。

徐新建：《罗更实录——关于黔中一个布依族社区的考察研究》，贵州人民出版社 1997 年版。

汛河编著：《布依族风俗志》，中央民族学院出版社 1987 年版。

严奇岩：《竹枝词中的清代贵州民族社会》，巴蜀书社 2009 年版。

杨昌儒、陈玉平编：《贵州世居民族节日民俗研究》，民族出版社 2009 年版。

杨方刚、张中笑主编：《贵州少数民族祭祀仪式音乐研究》，贵州人民出版社 2010 年版。

扬光：《临风把酒话干栏》，贵州科技出版社 2011 年版。

杨军昌：《西南民族人口文化研究》，中国社会科学出版社 2015 年版。

杨军昌、周梅编著：《贵州省非物质文化遗产田野调查丛书·黔西南布依族苗族自治州卷》，知识产权出版社 2018 年版。

杨圣敏、胡鸿保主编：《中国民族学六十年》，中央民族大学出版社 2012 年版。

姚宝瑄主编：《中国各民族神话：布依族　仡佬族　苗族》，书海出版社 2014 年版。

叶禾编著：《少数民族民居》，中国社会出版社 2008 年版。

张合胤主编：《册亨布依戏》，中国戏剧出版社 2013 年版。

赵东玉：《中华传统节庆文化研究》，人民出版社 2002 年版。

赵焜、吴启禄、陈亮明编译：《布依族酒歌》，贵州民族出版社 1988 年版。

赵之枫编著：《传统村镇聚落空间解析》，中国建筑工业出版社 2015 年版。

政协册亨县委员会编：《册亨风物志》，贵州民族出版社 2016 年版。

中华人民共和国住房和城乡建设部编：《中国传统建筑解析与传承：贵州卷》，中国建筑工业出版社 2016 年版。

中共中央宣传部编：《习近平总书记系列重要讲话读本》，学习出版社、人民出版社 2014 年版。

中国民间文艺研究会贵州分会编印：《民间文学资料》（第 64 集），1984 年。

中国民间文艺研究会贵州分会编印：《民间文学资料》（第 65 集　下），1984 年。

《中国戏曲志·广西卷》编辑部等编印：《滇桂黔壮剧、布依戏历史讨论会文集》，1988 年。

周国茂：《摩教与摩文化》，贵州人民出版社 1995 年版。

周国茂：《一种特殊的文化典籍——布依族摩经研究》，贵州人民出版社 2006 年版。

周国茂：《自然与生命的意义世界——贵州少数民族原始崇拜与民俗》，贵州教育出版社 2004 年版。

周国炎编著：《中国布依族》，宁夏人民出版社 2012 年版。

周相卿主编：《黔南涟江流域布依族文化研究》，中央民族大学出版社

2014 年版。

朱健刚、王超主编：《水边人家——一个布依族村寨的发展描述》，知识产权出版社 2006 年版。

朱天顺：《原始宗教》，上海人民出版社 1978 年版。

庄孔韶主编：《人类学通论》（第三版），中国人民大学出版社 2016 年版。

三 论文

白一凡：《云贵地区乡土民居建筑表皮的生态性研究》，硕士学位论文，上海交通大学，2011 年。

曹茂等：《布依族食物加工科技探析》，《农业科技与信息》2016 年第 8 期。

曹卿：《"政策—生计模式—文化"聚落变迁动力解释模式——以贵州省黔西南册亨县布依族板万村为例》，《西部人居环境学刊》2018 年第 4 期。

陈晓芳、田维丰：《册亨县转场舞传承现状研究》，《文体用品与科技》2018 年第 5 期。

戴志中：《西南地域建筑文化研究的意义及趋势》，载李纯、杨宇振主编《西南人居环境与地域文化》，科学出版社 2015 年版。

杜佳：《贵州喀斯特山区民族传统乡村聚落形态研究》，博士学位论文，浙江大学，2017 年。

樊敏：《黔南布依族"六月六"节日的文化特征及社会价值》，《黔南民族师范学院学报》2013 年第 5 期。

甘代军：《文化变迁的逻辑——贵阳市镇山村布依族文化考察》，博士学位论文，中央民族大学，2010 年。

何星亮：《中国少数民族传统文化与生态保护》，《云南民族大学学报》（哲学社会科学版）2004 年第 1 期。

胡艳华：《文化旅游视角下档案信息资源开发利用的创新》，《山西档案》2016 年第 4 期。

胡应林：《册亨布依族转场舞》，《理论与当代》2015 年第 3 期。

黄华芝、吴信值：《民族地区山地旅游助推扶贫开发之路径探讨——以黔西南坝盘布依古寨为例》，《兴义民族师范学院学报》2018 年第 4 期。

黄福建:《布依族"干栏"式吊脚楼》,载政协册亨县委员会编《册亨布依族百年实录》,2009 年。

黄萍:《尴尬与出路:旅游扶贫视角下西南民族村寨文化遗产管理研究》,《青海民族研究》2015 年第 1 期。

黄义仁:《望谟县布依族传统民歌特色》,《贵州民族研究》1981 年第 4 期。

黄正书:《浅谈册亨布依戏》,载黔西南州布依学研究会、黔西南州民族宗教事务委员会编《黔西南布依学研究》(第 5 集),2019 年。

金安江:《布依族地区文化旅游的思考》,《贵州民族研究》2003 年第 2 期。

来仪:《关于保护性开发西部少数民族传统文化的思考》,《贵州民族研究》2005 年第 6 期。

李辉:《贵阳市布依族民歌的社会文化功能探析》,《贵州社会科学》2013 年第 9 期。

李景繁等:《黔西南布依族转场舞传承叙事》,《武术研究》2016 年第 1 期。

李玲:《民族文化村寨旅游原生性开发理论与实践》,《贵州民族研究》2018 年第 3 期。

李小红、周丽玲:《都匀主体民族传统民居的现状及特点考察》,《铜仁学院学报》2011 年第 3 期。

李旭:《非物质文化遗产保护及其文化变迁研究——以镇宁县布依族为例》,《湖北民族学院学报》(哲学社会科学版)2016 年第 4 期。

李忠斌、单铁成:《少数民族特色村寨建设中的文化扶贫:价值、机制与路径选择》,《广西民族研究》2017 年第 5 期。

李忠斌:《论民族文化之经济价值及其实现方式》,《民族研究》2018 年第 2 期。

李忠斌:《民族地区精准脱贫的"村寨模式"研究——基于 10 个特色村寨的调研》,《西南民族大学学报》(人文社会科学版)2017 年第 1 期。

刘铁梁:《如何提高乡村民俗旅游项目的品位》,《旅游学刊》2006 年第 3 期。

龙平久:《浅释布依族建筑的精神寓意》,《贵州民族学院学报》(哲学社会科学版）1993 年第 1 期。

陆景川：《民俗旅游发展浅探》，《民俗研究》1988 年第 2 期。

罗正副：《文化采借转换、涵化整合与草根力量——汉族与布依族神牌的
　　比较人类学探析》，《贵州大学学报》（社会科学版）2008 年第 3 期。

吕君丽：《民族地区村寨旅游扶贫路径选择》，《贵州民族研究》2015 年第
　　4 期。

马启忠：《布依族石头建筑与民俗》，载贵州省布依学会、中共毕节地委统
　　战部编《布依学研究》（之六），贵州民族出版社 1998 年版。

马启忠：《布依族石头文化之我见》，载贵州省布依学会、黔南布依族苗族
　　自治州布依学会编《布依学研究》（之七），贵州民族出版社 2004
　　年版。

《美丽乡村建设的黔西南模式研究》课题组：《美丽乡村建设的黔西南模
　　式研究》，载贵州省社会科学界联合会编《贵州省社科联理论创新课题
　　选编》（2015—2016），贵州人民出版社 2017 年版。

彭礼福：《贵州民族民居建筑与"SAR"》，《贵州民族研究》1991 年第
　　1 期。

彭新：《布依"儒林村"高荡——镇宁县城关镇高荡村》，载贵州省安顺
　　市政协编《乡愁家园：安顺市传统村落实录》，2016 年。

沈茜：《布依族酒歌与礼仪交融形态》，《贵州大学学报》（社会科学版）
　　2007 年第 6 期。

孙乾卫：《布依族地区旅游景点开发建设思考》，载贵州省布依学会等编
　　《布依学研究》（之九），贵州民族出版社 2008 年版。

唐莉：《布依族村寨景观研究》，《贵州民族研究》2016 年第 1 期。

唐亚凯、李永勤：《发展生态农业　建设美丽乡村》，《经济研究导刊》
　　2015 年第 4 期。

陶钰倩：《基于旅游视角下美丽乡村生态景观的建设与探究》，《现代园艺》
　　2016 年第 3 期。

汪峰：《云南布依族村寨形态继承性发展研究——以鲁布革乃格村为例》，
　　硕士学位论文，华南理工大学，2019 年。

王海燕等：《少数民族特色村寨旅游开发对文化传承的影响与思考——以
　　川西北桃坪羌寨与上磨藏寨为例》，《广西民族研究》2018 年第 2 期。

王克松:《布依族农业生产工具浅析》,载贵州省布依学会、六盘水市民族事务委员会编《布依学研究》(之五),贵州民族出版社 1997 年版。

王璐:《镇山村聚落空间形态演变的探寻与分析》,硕士学位论文,天津大学,2007 年。

王鸣明:《布依戏的历史文化背景初探》,《贵州民族研究》2003 年第 2 期。

王其钧:《民俗文化对民居型制的制约》,载黄浩主编《中国传统民居与文化——中国民居第四次学术会议论文集》(第四辑),中国建筑工业出版社 1996 年版。

王仕佐等:《略论贵州酒文化及旅游功能》,《酿酒科技》2003 年第 5 期。

王文科:《布依戏——我国少数民族戏曲的又一瑰宝》,载《中国戏曲志·广西卷》编辑部等编《滇桂黔壮剧、布依戏历史研讨会文集》,1988 年。

王星虎:《布依族夜宴酒歌礼仪解析》,《贵州文史丛刊》2013 年第 4 期。

韦安健:《脱贫布依寨实现小康目标的路径构想——安龙县坝盘村"两不愁三保障"的调研报告》,载《黔西南日报》2019 年 8 月 13 日。

韦嘉:《民族民间舞蹈进校园调查及建议——以册亨县威旁乡大寨村布依族"转场舞"为例》,《贵州教育》2014 年第 11 期。

韦腾荣:《册亨民间舞蹈布依转场舞述评》,《群文天地》2009 年第 3 期。

吴桂宁、黄文:《黔西多民族地区石构民居材料的超民族性与民族性研究——以汉族、苗族、布依族村落为例》,《中国名城》2018 年第 8 期。

吴秋林:《中国土地信仰的文化人类学研究》,《宗教学研究》2013 年第 3 期。

吴文定:《大扶贫背景下少数民族特色村寨保护与开发刍议——以贵州省黔南州为例》,《黔南民族师范学院学报》2017 年第 6 期。

吴宇凡:《贵州镇宁县布依族传统村落景观空间形态研究》,硕士学位论文,华南农业大学,2016 年。

许佳琪等:《贵州不同地域布依族民居建造适应性对比研究——黔中白村与黔西南柯村两个案例的比较》,《城市建筑》2017 年第 19 期。

徐永志:《民俗风情:民族村寨旅游可持续发展的着力点》,《旅游学刊》2006 年第 3 期。

姚桂梅:《布依戏及文化生态调查——以册亨县布依族地区为例的调查分析报告》,载谢彬如等《文化艺术生态保护与民族地区社会发展——关于贵州民族文化保护与发展的研究》,贵州民族出版社 2004 年版。

杨昌儒、潘梦澜:《贵州民族文化村寨旅游发展问题与对策研究》,《贵州民族学院学报》(哲学社会科学版) 2004 年第 5 期。

杨俊:《布依族村寨乡村景观发展变迁研究》,硕士学位论文,西南大学,2007 年。

杨俊等:《布依族村寨景观初探》,《山西建筑》2007 年第 11 期。

杨祖恺:《浅谈贵州民族与酒》,载王玉桂主编《贵州酒文化文集》,1990 年。

张永吉:《布依族酒歌》,《酿酒科技》1999 年第 3 期。

郑长德:《深度贫困民族地区提高脱贫质量的路径研究》,《西南民族大学学报》(人文社会科学版) 2018 年第 12 期。

周国茂:《民族文化名片视域下的布依族六月六节日研究》,《贵州社会科学》2010 年第 11 期。

周国炎:《布依族民居建筑及其历史演变与发展》,《贵州民族研究》2002 年第 1 期。

周国炎:《越南北部的布依族及其文化》,载贵州省布依学会、安顺地区民委编《布依学研究》(之四),贵州民族出版社 1995 年版。

周连斌、罗琳:《布依族酒文化概览》,《酿酒科技》2007 年第 11 期。

周真刚、杨艳:《布依族传统民居的变迁研究——以镇宁高荡寨为例》,《广西民族大学学报》(哲学社会科学版) 2017 年第 5 期。

后　记

　　书稿终于完成了，可以暂时放下笔来，缓缓舒一口长气了。这本书是我与科研团队共同学习、合作研究、联合创造的学术成果。近十余年来，我们不间断地对布依族历史文化的学习，从文献收集到田野调查，个中艰辛，深刻体会，但有今日之小书，略可宽慰。关于我从事布依族历史文化的研究，有些话不得不说。一般人可能会这么问：你不是本地人，又不是布依族，怎么就想到从事这方面的研究呢？我只能说，是因为丰富多彩的布依族传统文化吸引了我，是我热爱布依族传统文化的结果。

　　2006年盛夏的一天，当生长于洞庭湖畔"银城"益阳的我背起行囊，带着十几箱研究资料，从美丽的黄河之滨"金城"兰州，乘坐火车，跨越人文荟萃的陇原、关中、中原大地，中转"江城"武汉，再转"绿城"南宁，行程二三千公里，历经四五十个小时，于第三日深夜抵达"中国金州"贵州省黔西南布依族苗族自治州首府兴义市时，就深深爱上了这片神奇而美丽的土地。水墨金州，多彩贵州，就是我应该努力耕耘的沃土。我暗下决心，要将自己学术研究的论文写在黔贵大地上。经兰州大学杜斗城教授、湖南师范大学已去世的熊伟民教授两位恩师的指导以及浙江大学冯培红教授、贵州省社会科学院王路平研究员、福建师范大学李小荣教授等师友点拨，结合所学专业，我将研究方向定位于布依族历史文化。研究的基础，必须要有研究资料，要充分了解学术前沿。实际上，那些研究资料是有备而来，部分与敦煌学有关，部分与布依族历史文化相关。当然，知识的养分不单从书本资料中得来，人类学、民族学的研究离不开田野调查这个基本的方法。单位地处兴义市中心，近郊即有不少布依村寨，我与同道者一起成为了这些村寨的常客。田野调查成为我们研究工作的常态。经多年田野调查的积累和研究工作的思考，我们的布依族历史文化研究稳步推进，获得一些收获。

近年，兴义民族师范学院非常重视学科、专业建设，采取强有力措施推进此项工作。2019 年 8 月，由我领衔申报的"中国少数民族史（布依史）"学科建设项目获得学校立项，从而为我们的研究工作提供了强有力的支持。为此，特别感谢学校领导及有关部门对项目研究及出版工作的大力支持；非常感谢著名民族学专家、贵州民族大学杨昌儒教授为本书作序，并提出宝贵修改意见；十分感谢学校组织的外审专家对本书的中肯评价，并提出宝贵的修改建议；感谢中国社会科学出版社孙萍等领导和工作人员为本书的出版所付出的辛勤劳动；真诚感谢所有为本项目的顺利实施而付出了辛苦的朋友们；特别感谢父母、岳父母、妻子、女儿等家人对我研究工作长期而坚定的支持，可以说，没有家人默默无闻的奉献，以我为负责人的科研项目均难以完成。尽管本著作在初稿形成至正式出版之间经历了一些曲折，但总算可以付梓了。

本著作是兴义民族师范学院硕士学位授权单位立项建设重点培育学科方向"中国少数民族史（布依史）"研究成果之一，是项目组集体攻关的智慧结晶。写作分工具体如下。

彭建兵负责本书框架整体设计、论文撰写、文稿统筹及修改与全书定稿工作。

绪论：由彭建兵撰写。

第一章：第一节由彭建兵撰写；第二节由彭建兵、袁峥撰写；第三节由韦亚撰写；第四节由黄旭、彭建兵撰写；第五节由岑柱志、彭建兵、申春燕撰写。

第二章：第一节由马旭撰写；第二节由马敏江撰写；第三节由彭建兵、黄兴梅撰写；第四节由吴永忠撰写；第五节由肖海线撰写。

第三章：第一、二、三节由岑鸿撰写；第四节由马文娟撰写。

第四章：第一节由申春燕、岑柱志、王洪清撰写；第二节由彭建兵、申春燕撰写；第三节由岑柱志撰写；第四节由王洪清撰写。

第五章：第一节之一由谢建辉撰写，之二由彭建兵、王耀富撰写，之三由彭建兵撰写；第二、三节由彭建兵撰写。

附录之一、二、三由彭建兵撰写，之四由马旭撰写，之五由岑柱志撰写。

本书少部分内容已以论文形式在《贵州民族研究》《山西档案》《兴义民族师范学院学报》《戏剧之家》等学术期刊公开发表，辑入本书时作了一定修改。近年，由我指导，由黄旭、申春燕、马旭等分别担任项目负责人的多个大学生创新创业训练计划项目获得国家级、省级立项。在较为严格的学术训练下，学生的创新能力大为提升，学习收获甚大。在我指导下的部分学生科研成果，经师生多次修改，辑入本书中，当视为对当代大学生创新创业发展之鼓励与支持。

本书写作过程中，对参考的有关专家、学者的研究成果虽然进行了较为详细的标注，但仍恐有遗漏之处，未能一一列举，敬请海涵。由于作者学识水平有限，不妥之处在所难免，敬请广大专家、学者、读者批评指正，以便我们进一步改进与完善。

"路漫漫其修远兮，吾将上下而求索。"学术道路永无止境。关于布依族历史文化方面的深入研究，我们将继续向前。

彭建兵识于兴义天马斋

2020 年 3 月 16 日